中学语文快乐阅读系列丛书

最悦读

人生之舞

《最悦读》丛书编写组

丛书主编：樊文春

本册主编：王　锋

编　　委：徐伟英　　林玉春　　刘广平

　　　　　王亚芬　　张彦民

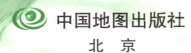

中国地图出版社

北　京

图书在版编目(CIP)数据

人生之舞 /《最悦读》丛书编写组编. — 北京：
中国地图出版社，2012.1
（最悦读）
ISBN 978 - 7 - 5031 - 5922 - 0

Ⅰ.①人…　Ⅱ.①最…　Ⅲ.①语文课—阅读教学—中学—课外读物　Ⅳ.①G634.333

中国版本图书馆 CIP 数据核字(2011)第 027219 号

最悦读·人生之舞

出　　版	中国地图出版社				
社　　址	北京市白纸坊西街 3 号		邮政编码	100054	
电　　话	010－83543902　010－83543949		网　　址	www. sinomaps. com	
印　　刷	北京世汉凌云印刷有限公司		经　　销	新华书店	
成品规格	170mm×240mm		开　　本	1/16	
印　　张	10.5		字　　数	280 千字	
版　　次	2012 年 1 月第 1 版		印　　次	2014 年 6 月北京第 5 次印刷	
定　　价	20.00				
书　　号	ISBN 978 - 7 - 5031 - 5922 - 0 /G · 2174				

在学习的要素中，阅读是必不可少的。然而，读者在阅读过程中又容易产生疲劳。为了提高广大学生的阅读效率，适应新课程标准下中考、高考的要求，增强人文关怀和情感意识，扩大知识视野，本丛书以教育学和心理学理论为支撑，用"另类文章"（篇目前有"*"号）调节阅读节奏，在经典选文之后，适当加入"另类文章"，加入讽刺、幽默、哲理、寓言、另类奇文等具有"新奇"元素的文章，刺激读者的阅读神经，形成"阅读兴趣和阅读刺激"的循环，以平衡阅读心理，实现快乐阅读和激情阅读，有效提高阅读质量。

我们曾在1000名中学生中进行"最悦读"与"普通阅读"的分组对比实验，结果证明，经过"另类文章"的刺激，"最悦读"组在长时间持续阅读中，仍能保持轻松、愉悦的情绪和清晰、流畅的思维，而"普通阅读"组随着阅读时间的延长，就会产生头晕、记忆模糊、思维迟钝的感觉。

阅读不仅是一种味道，也是一种心情的洗礼。

许多往事如辣味一样，诱人而刺痛。美味经过口腔而转瞬即逝，只剩下火辣辣的疼痛触动神经，在心底烙下鲜红的印记。

就是在这印记上，我们迈开流浪的脚步，用"悦读"温暖回家的旅程。

就是在这印记里，我们达成了情感的共鸣，用"悦读"烘干潮湿的心灵。

有人说，阅读是一种享受——享受阳光，明媚；享受空气，清新。

我说，阅读是一种刺激——刺激情感，沸腾；刺激生活，热烈。

有人说，阅读是一种情怀——关照自然，渴望倾听，亲近生命，走入心灵。

我说，阅读是悦读——痛楚，快乐，青春的奔放，自然的明丽。

欢迎你品尝"最悦读"的饕餮大餐，享受阅读的激情与温暖！

《最悦读》丛书编写组

目 录

Mu Lu

第一编　系在发丝的岁月

第二编　人生真谛

第三编　生命斗士

第四编　平平淡淡才是真

第五编　美丽的生活照片

第六编　幸福存在生命里

系在发丝的岁月

人生的天空变化无常，
风云雷电倾至身旁，
如果意志不能像钢铁一样坚强，
就无法迎来雨后的艳阳。

人生的道路坎坷艰难，
祸福难测迷雾茫茫，
如是没有远大的理想，
就无法迎风踏浪扬帆远航。

生活中有波折也有灾难，
生活中有雨露也有阳光，
沉舟侧旁有千帆经过，
病树前面有万里春光。

失败挫折是对人生的考量，
阳光雨露才是主流文章。
只要心中播下理想的种子，
生命的春天就会绽放出绚丽的光芒。

系在发丝的岁月

◇虹 珊

顶着一头葡萄红的长发进门。母亲愕然："啊？原来的黑头发呢？丢了么？"

其实当我在享受洗剪染烫吹这一条龙服务的时候，心里已是七上八下，就怕回家人不了母亲的眼。果然，我看见母亲眼里竟蓄着泪花，转过了身。

母亲一定认为我把过去的日子给弄丢了。

儿时对长发有着不可遏制的渴望。每当父亲按住我的头，用冰凉的推剪在我的头上犁来耕去的时候，我就对自己的身份开始怀疑——自己不过是父母饲养的一头牛罢了，头发一缕缕地掉，我就把说不清的怨一缕缕地往心里填。

母亲却仔细捡起这些失去了家园的头发，用两个五颜六色的碎花布角拼结成的口袋分类装好：长一些的，用绣花线扎成股，等走乡串户的卖货郎上门收购；短的，就一律集合，找个正月十五后的好太阳，晒一天，作为母亲缝制针线包的绝佳材料。

母亲用短发填充成的针线包，一般用净色的布做成封底与封面，绣上花花草草和一些嬉闹的小动物。于是，合上的针线包就成了一件刺绣精灵，打开却是一座针的藏馆：那些晶光闪闪、长长短短的针，因为享受着头发的干爽与润泽，时间愈久，就愈是清亮。母亲就用这些永不生锈的针，为我们纳鞋补袜、缝衣制帽。在那些穿着边边角角拼成衣服的岁月里，我们兄弟姊妹始终是左邻右舍艳羡的对象——那种光鲜，与排列在针线包里的针一样，散发着宁静与倔强，有着一种无法忽视的光芒。

那些长发却全部用来换取食品了。拇指粗的一股长发，可以换两颗黏糊糊的水果糖，攒够十股，就可换一包半斤粗劣劣的白砂糖了。偶尔也有例外，当黄豆没有全部卖完时，母亲省下那些换水果糖的头发，改换石膏，这将意味着大年三十的那一天，我家里会飘出豆腐的清香。

水果糖是过年的奖品：谁能写一篇毛笔字或者想一副对联得到父亲的"不错"这两个字，谁就可以吃一颗水果糖。白糖却是要储存一年四季的，用来招待远道而来的亲戚，因为蓄发的不易，所以白糖尤其珍贵。家里的那个陶瓷储糖罐儿，就因为四岁的我偷吃而被摔碎了一个角，从而留下了永远的豁口。母亲在抬手给我一巴掌后，惊慌地收拾着撒在地上的白糖，我就呆呆地立着，模糊地看着那个豁口。

在头发的修修剪剪中终于走过了那些磕磕绊绊的岁月，工作后，我总算第一次蓄起了梦寐以求的长发。我常常因此而窃喜，以为自己找到了作为女人的最佳表达方式。

却不曾料到母亲因此而心痛。

临镜而立，我的红发已经掩盖了漫漫青丝或仄仄白发。"白发三千丈，缘愁似个长。不知明镜里，何处得秋霜。"细细的发丝，曾经承载了多少重量：温饱不足时，一发也为生存所依；人生郁郁间，千丝竟为情绪所寄。就像那个陶瓷罐儿的豁口，虽已蒙尘为痴，却有盐渍斑斑；还有那列队而立的 32 个针线包，虽是肃而无声，却总会在某个时刻击溃心堤。它们始终清晰着我的记忆：

那些用头发绾结的岁月，想丢却丢不掉，想忘已忘不了。

可是我的母亲呵，我还是宁愿把头发仅仅当做一种形象的表征，用那红色的浪在你的眼海里扬一片活泼的波，与你相依相携，在阳光下轻歌。

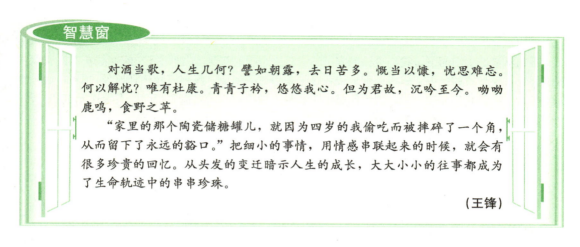

智慧窗

　　对酒当歌，人生几何？譬如朝露，去日苦多。慨当以慷，忧思难忘。何以解忧？唯有杜康。青青子衿，悠悠我心。但为君故，沉吟至今。呦呦鹿鸣，食野之苹。

　　"家里的那个陶瓷储糖罐儿，就因为四岁的我偷吃而被摔碎了一个角，从而留下了永远的豁口。"把细小的事情，用情感串联起来的时候，就会有很多珍贵的回忆。从头发的变迁暗示人生的成长，大大小小的往事都成为了生命轨迹中的串串珍珠。

（王锋）

阅览室

逛　　街
◇李秋萍

　　今天天气晴好，是逛街的好日子。我正想买件棉袄，手机一按，叫姐姐陪我逛街。姐姐家庭条件不是很好，外甥女有点小毛病，经常住院。全家就靠姐夫开汽车挣钱维持生活。但姐姐为人性格开朗，乐善好施，喜欢交朋结友，我很喜欢和她在一起。

　　元旦前夕的萍城比平时更加热闹，街上人群熙熙攘攘，各个商场张灯结彩，装扮一新。我们一个商场一个商场地逛，从南门逛到北门，但始终没看到中意的衣服。姐姐说今年流行"波司登"羽绒袄，"心连心"商场有专卖，叫我去买一件。她还说我的经济比较宽裕，穿高档衣服有气质。她自己有几十块的衣服就满足了……

　　我们边聊边朝"心连心"商场进军。路过公园路，此街地处繁华地段，更是热闹非凡。我挽着姐姐的手，随着人流前进，边走边浏览街道两旁五彩缤纷、琳琅满目的服饰。忽然，我无意间看见在离我们1.5米处有个瘦弱的老妇人，双腿跪在人行道旁的墙角处的地上，膝盖下压张有字的长方形纸，旁边放着个不大的陶瓷盆，不用说，讨钱的。我像看到掉在地上的一片树叶那样自然地把头一扭，继续观赏着美丽的街市。

　　"唉，老人家，你是干什么的，多可怜！"随着姐姐的声音，我看见姐姐慌忙地从她那个很旧的、不时髦的皮包中掏出一张五元的钞票，弯下腰，轻轻地放在老妇人身旁的缸子里，并说："不好意思，老人家，我就只有这点零钱。"

　　老人抬起头，眼里蓄满了感激。然后连弯了几个腰，嘴里不停地说："谢谢！谢谢！"

　　我的脸霎时觉得火辣辣的热。因为老人弯腰谢姐姐的时候，身子似乎也倾向了我这边。

"姐，你每次看到乞讨的人都会给吗？"

"会的，特别是老人和残疾人。"

"你不怕受骗？"

"我们不能因为少数骗子而使自己变得没有同情心呀。"

"帮助需要帮助的人"这几个很平常很实在的字，在我心里竟是那么的遥远和生疏，我惭愧地扪心自问。

不知不觉，太阳西下，我们也该回家了，我什么也没有买到。"波司登"的羽绒袄有我喜欢的款式但没有我喜欢的颜色。姐姐调侃我说我今天是白逛一趟街。我却满脸认真地说："不，姐，今天是我人生中收获最大的一天，因为你照出了我身上的冷漠——对需要帮助的人熟视无睹。"

姐姐脸上漾着满意的微笑，我也高兴地笑了。

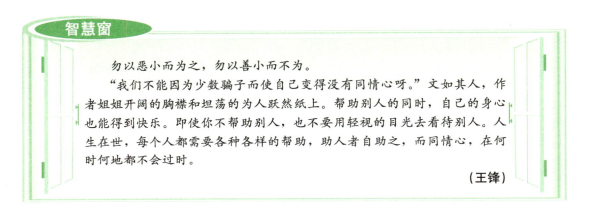

智慧窗

勿以恶小而为之，勿以善小而不为。

"我们不能因为少数骗子而使自己变得没有同情心呀。"文如其人，作者姐姐开阔的胸襟和坦荡的为人跃然纸上。帮助别人的同时，自己的身心也能得到快乐。即使你不帮助别人，也不要用轻视的目光去看待别人。人生在世，每个人都需要各种各样的帮助，助人者自助之，而同情心，在何时何地都不会过时。

(王锋)

阅览室

关于生死的思考

◇无语樱花

伫立在街头，马路上车行如流，匆忙的行人来来往往，整个世界都陷入紧张和忙碌。地球被踩在脚下，蓝天被当成阳伞，太空已不是幻想，这一切证明了人类的伟大。可是有多少人停下脚步想过："这么匆忙是为什么？劳累一生只有那一抔黄土是我们的永恒，那么我们该追求些什么？人生奋斗的价值和意义又是什么？"

曾经因为我的天真和稚气，大方地将铸成生命的时间潇洒地投向昨天。日子从指尖滑过，在混沌中度过了童年、少年……直到有一天，当我真的跨入白墙之内，看到那一张张熟悉的、陌生的面孔怀着对生的渴望而纷纷归属于黄土下面那个永恒的世界时，我才体味到死亡的可怕、生的不易和可贵。

病床上的那个青年，他曾经很快乐地活着。提起"死亡"，于他是那样遥远，他曾以为自己是最硬的汉子。可如今，他抓着氧气的鼻塞，似乎想直接塞进心脏，他躺下、坐起、躺下、坐起……他数着："一——二——三——四——……一——二——三——四……"听着他急促的呼吸，你的心在颤，你感到恐惧，你体味着生命的脆弱。分明看到他跪在死神的脚下："乞求您，让我再享受一会儿这美丽的人生吧！我想生！我才32岁！我想生啊！我将会珍惜生命，珍惜所拥有的一切！用我的整个灵魂享受生命的伟大，让我生吧！"可冰冷的死神，无情地宣判了他的死刑，它夺走了青年的一切希望和生的渴求。他丢下了老父、老母……丢下了对人生的幻想，对死亡的拒绝……丢下了因他的生而带来的一切快乐、痛苦……

还有那个人，那张畸形的面孔已找不到一丝昨日的痕迹。身高不足 1.2 米，体重不足 60 千克，全身上下唯一能令人知道他还活着的只有那双终日盯着天花板的眼睛。他，似乎生来就这样，直至现在。曾经他也年轻，也有精神，也有灵魂，也有精彩……可现在，只有死神知道他在想些什么。难道他不愿拥有昔日的风采？可这对他来说是多么遥不可及。我想他也会呐喊，可他的呐喊在死神面前却显得多么无力和渺小，甚至也许他已连呐喊的勇气都没有了。

鉴于此，难道我们不该思考，我们这些生者难道不该好好体味生的意义，生的不易？活着，就为活得更好，更充实。我们那么匆忙，是为了在这短暂的时间中做永恒的事，能在人类历史的长河中投下自己的影，哪怕这影并不闪光。只为自己这一生无憾、无悔……我们该奋斗！奋斗是人生的主题，就像运动是风的生命。奋斗的价值就是用"短暂"创造"永恒"！热爱生命吧！把热血洒向生活，把活力注入大地！无论你是少年、中年、老年，只要心不老，你就能拥有绿色青春，你就能享受奋斗的乐趣，真正体现生的价值、伟大和不易！朋友们，难道不是吗？

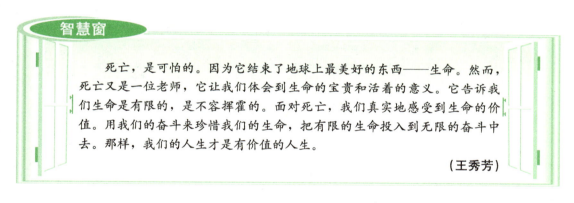

智慧窗

死亡，是可怕的。因为它结束了地球上最美好的东西——生命。然而，死亡又是一位老师，它让我们体会到生命的宝贵和活着的意义。它告诉我们生命是有限的，是不容挥霍的。面对死亡，我们真实地感受到生命的价值。用我们的奋斗来珍惜我们的生命，把有限的生命投入到无限的奋斗中去。那样，我们的人生才是有价值的人生。

（王秀芳）

阅览室

停　下
◇李春红

在欧洲阿尔卑斯山中，有一条风景很美的大道，道旁挂着一句标语，写着："慢慢走，请注意欣赏！"现代人看起来太忙了。许多人在这忙碌的世界上过活，手脚不停，就好像在阿尔卑斯山上旅行，乘汽车匆匆忙忙地过去，没有什么时间回一回头，或者停一停脚步，欣赏一下风景。结果，使这原本丰富美丽的世界，在我们眼中空无所有，只剩下了匆忙和紧张，劳碌和忧愁。

有位好莱坞的歌王，曾经说了一些很令人感慨的话，他说："当我年轻的时候，急急爬到山顶上，就像参加赛跑的马，戴着眼罩拼命往前跑，除了终点的白线之外，什么都看不见。我的祖母看见我这样忙，很担心地说：'孩子，别走得太快，否则，你会错过路上的好风景！'我根本不听她的话，心想：一个人，既然知道要怎么走，为什么还要停下来浪费时间呢？我继续往前跑，一年年过去了，我有了地位，也有了名誉和财富，以及一个我深爱的家庭。可是，我并不像别人那样快乐，我不明白我做错了什么。"

这位歌王继续说："有一次，一个歌舞团在城外表演，我是主角。当表演完了，观众的掌声久久不停。这一次的表演很成功，我们都很高兴。可是这时候有人递给我一份电报，是我的妻子拍来的，因为我们的第四个孩子出生了。突然，我觉得很难过，每一个孩子的出生，我都不在家，我的妻子独自承担生孩子的辛苦。我从来没看过孩子们走第一步的样子，他们天真的哭、笑，我都没听过，只有从他们母亲那里，得到间接的描述。"

"我想起祖母对我说的话——的确，我和我的朋友也疏远了，我好久没去摸书本，或者看看花园里的树木。我曾经答应和妻子一起去度假，总因为忙碌而取消了。"

有一位哲学家说："单凭思想而劳动，当然不能生活，但一生像机器一样不停地转，那更加没有意义了。"

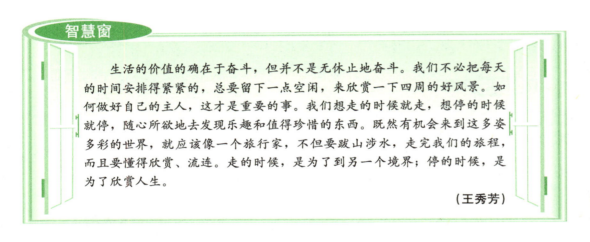

智慧窗

　　生活的价值的确在于奋斗，但并不是无休止地奋斗。我们不必把每天的时间安排得紧紧的，总要留下一点空闲，来欣赏一下四周的好风景。如何做好自己的主人，这才是重要的事。我们想走的时候就走，想停的时候就停，随心所欲地去发现乐趣和值得珍惜的东西。既然有机会来到这多姿多彩的世界，就应该像一个旅行家，不但要跋山涉水，走完我们的旅程，而且要懂得欣赏、流连。走的时候，是为了到另一个境界；停的时候，是为了欣赏人生。

（王秀芳）

 **阅览室**

境　界

◇谢海英

　　我国著名哲学家冯友兰曾把各种不同的人生境界划分为四个等级，即自然境界、功利境界、道德境界、天地境界。自然境界是人们做事情，顺着本能或社会的风俗习惯；功利境界是人们做事情其后果已经能够有利于他人，但动机还是利己的，还有功利；道德境界是"正其谊不谋其利"，人们所做的事情都是符合严格的道德意义的道德行为；天地境界是一个人能了解到超乎社会整体之上的一个更大的宇宙，自觉为世界的利益而做各种事，才是最高的人生境界。按照冯友兰的说法，能达到道德境界的人就是贤人，能达到天地境界的人才是圣人。应该说林尚沃从经商的人生中，确实已经达到了最高的天地境界了，我想也可以排入所谓的圣人之列了。难怪韩国由于小说《商道》的发表，兴起了一股强烈的林尚沃研究热。其实若把人生比作一座大山，每个人都是大山的向往者和攀登者；若把人生比成波涛汹涌的大海，每个人又都是船上的水手；若把人生比成一个棋局，每个人就正是棋局中的棋手。

林尚沃身上也完全可以折射每个人的人生经历。我从17岁到农村插队走向社会，至今已经30多年，也说得上历经风雨与沧桑。1968年，"文革"使我成了一个"知青式"的农民。在农村生活的8年，我真正尝到了生活底层的苦辣酸甜。这期间，我拔过麦子，耢过大地，赶过大车，出过河工；还护过场，教过书，办过案；也曾在修建公路的会战中来回转战，与沥青、石头为伴，在根治海河的千里长堤上纵横驰骋，与黄土、小车为邻，在县办的化肥厂烧过锅炉，当过保管，与煤炭和钢材为友……直到1977年，我25岁时才选调进城当了一名工人。后来我的命运突然出现了转折。也许是我在农村8年的潜心修炼和积累见到了成效，也许是由于遇到了好的环境，我进了北京的党政机关。虽然在事业的发展上，进步有快捷也有拖沓，中途有变幻也有挫折，待遇有过特别的恩宠，也有过不公的冷面，但是我感到只要能够力所能及地为自己、为他人、为社会做一些有益的事情，就很充实，很有价值。

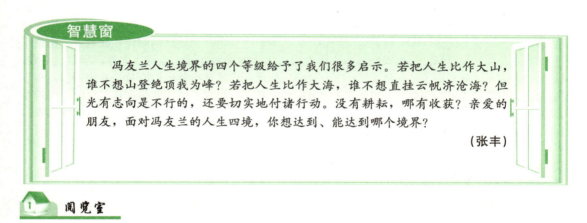

智慧窗

冯友兰人生境界的四个等级给予了我们很多启示。若把人生比作大山，谁不想山登绝顶我为峰？若把人生比作大海，谁不想直挂云帆济沧海？但光有志向是不行的，还要切实地付诸行动。没有耕耘，哪有收获？亲爱的朋友，面对冯友兰的人生四境，你想达到、能达到哪个境界？

（张丰）

阅览室

活出真我的风采

◇期　待

人生要精彩一点，生活才能丰富一点。但是，什么是精彩？平凡的人生要如何展现精彩？其实，人生不必伟大，只要好好实现生命中每个精彩的想法，就够了。

一个人能够不受世俗的制约，勇敢地去冒险，不向生命妥协，不向命运低头，在任性和认真之间，不管是守着边缘的位置，还是主流的位置，都能在漂泊和安定的生命中，去体悟人生、了解人生、分享人生、探索人生、创造人生，这就是一种精彩，而且是一种非常美丽的精彩。有的人像闪电一样声名显赫，有的人像彩虹一样绚丽夺目；也有人像流星，只出现一瞬的光芒，就销声匿迹；另外，还有些人像是绵密的雨丝，普降大地，滋润万物。

不管你是贩夫走卒也好，达官贵人也罢，每个人都能在有限的生命中，展现无限的自己。别人记住的，不一定是你的头衔或功业，但一定不会忘记你曾经拥有过的精彩。能够活得精彩的人，就是能够透透彻彻了解自己在做什么，自己到底要什么，自己又有什么地方能够做到让别人自叹不如、五体投地、深感佩服。让别人对你产生敬意的，不会是你的头衔、职业、收入，甚至地位。其实，这些并不重要，不妨仔细想想看，和你交换过名片的人，你又记得几个？有的人挂了董事长的头衔，有的人是大学教授，有的人号称月收入数十万，然而，一转眼，你就会把这些人忘得干干净净。但是，那些精彩的人物，总是叫你想忘也忘不了，即使事隔多年，你仍然会记得某一位作家的名字，因为，他曾写过一本影响你一生的书；也许，你会怀念一位理发店的设计师，因为，只有他能做出令你满意的发型；又或许，你还会记得某一位曾令你敬佩的师傅，因为，他的言行令你深深感动。

在我们记忆中回旋的，都是具有魅力的精彩人物。他们的特质是，拥有绝佳的生命力，智能、内涵胜过华丽的外表，他们的一颦一笑，一举手一投足，都充满了动人的神韵。他们未必拥有显赫的头衔，也不一定开着豪华轿车，戴着名贵珠宝；他们不必有多么高级的头衔。重要的是，他们活出了自己的精彩，也活出了自己充满魅力的人生。

每个人，只要能诚诚恳恳，去做他最喜爱的事就行了。当你写了一本好书，帮别人做了一个漂亮的发型，完成一项艰巨的任务，在使别人快乐的同时，也让自己变成一个具有吸引力的人，这就是一种精彩。这样说来，道理好像很简单，其实，要做到并不容易。

在芸芸众生中，有许多人做着自己不喜欢的工作，在自我框架中被局限，想要逃离，却没有足够的勇气。仔细想想，你做到了吗？你认为自己是一个精彩的人物吗？你热爱你现在的工作吗？你热爱你周围的人吗？你热爱你每天所做的事吗？或者说，你现在活得快乐吗？你整天脑子里想的是赚更多的钱？买更好的进口车？戴更名贵的钻石、翡翠？还是爬升到更高的职位？或者是，你也不晓得该追求什么样的目标？你每天花多少心思在思考人生的种种问题？也许，你浑浑噩噩地活着，只是憧憬着未来，却忘记了眼前最重要的事；也许，你永远只是觉得梦想始终只是梦想而已，却忘了要自己去成就梦想。久而久之，当你每天过着同样的日子，却看不到任何的进步，也没有任何令人满意的成就时，人们很轻易就把你忘记，而你，也只有眼睁睁地看着时光飞逝，然后继续感叹自己的一事无成。这一切的错误，皆因你没有认清自己，不了解自己。

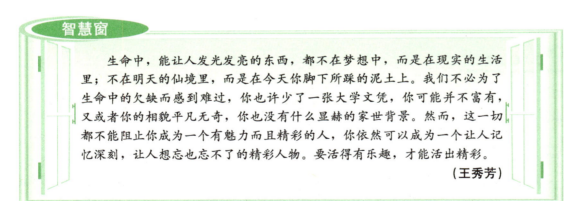

智慧窗

生命中，能让人发光发亮的东西，都不在梦想中，而是在现实的生活里；不在明天的仙境里，而是在今天你脚下所踩的泥土上。我们不必为了生命中的欠缺而感到难过，你也许少了一张大学文凭，你可能并不富有，又或者你的相貌平凡无奇，你也没有什么显赫的家世背景。然而，这一切都不能阻止你成为一个有魅力而且精彩的人，你依然可以成为一个让人记忆深刻，让人想忘也忘不了的精彩人物。要活得有乐趣，才能活出精彩。

（王秀芳）

阅览室

另眼看人生

◇磊 垒

老和尚叫小和尚拿着一块花石头，到市场问价钱，人家说值3元钱。老和尚又叫小和尚拿着这块石头去古玩商店问价钱，老板说值 300 元钱。

同样一块花石头，放在市场它仅值 3 元钱，放在古玩商店它就价值 300 元钱，原因何在？就是因为把它放在了不同的环境里，所以它的价值也跟着产生了变化，有时候这样的落差还相当大。

由此我想到了人的价值，如果把我们放在很轻松很闲散的环境里，我们就是平凡慵懒的；如果我们放在很忙碌很紧张的环境里，我们就是精明强干的。人的潜力是很大的，人的能力也是不可估量的，人的性格更是可以塑造的，所以人的价值在不同环境里、在不同的人生层面上也是有不同体现的。因此当机遇来的时候，我们不要畏惧、不要担心，一定要赶快行动起来，为完成工作任务做好充分的准备。不仅要做好知识上的准备，更要做好精神上的准备。

当我们希望得到的机遇降临之时，我们说运气好，我们的才能就要发挥出来了，我们的价值就要得到体现了。那么当我们接到超过自己能力范围的工作任务时该怎么办呢？首先要确定这又是一个锻炼自己的机会，然后自信我能行！紧接着就要行动起来，为迎接新工作做好各方面的准备，切不可满腹牢骚、怨气冲天、委靡不振，这样只能给领导、同事带来负面的情绪污染，对自己也是一种无济于事的伤害，更说明在重要的工作面前不相信自己的能力，人生态度也不是积极向上的，所以我们对于领导安排下来的工作任务一定要尽力去做，即便是到了最后工作成绩平平、毫无起色，没有得到领导的肯定和同事的赞许，那我们也是走过来了。这一路上很多风景在我们身边一闪而过，而且自己也提高了，进步了，这就没有白忙活，就没有白受辛苦，就没有愧对人生。我们的价值由此就得到了充分的体现，自己满意就是最大的收获和喜悦。

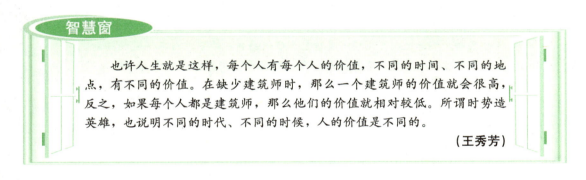

智慧窗

也许人生就是这样，每个人有每个人的价值，不同的时间、不同的地点，有不同的价值。在缺少建筑师时，那么一个建筑师的价值就会很高，反之，如果每个人都是建筑师，那么他们的价值就相对较低。所谓时势造英雄，也说明不同的时代、不同的时候，人的价值是不同的。

（王秀芳）

阅览室

尊　严

◇草　原

人是万物之灵长，是有尊严的，在任何情况下都要维护人格的尊严。布朗的母亲是在他 7 岁那年去世的，继母来到他家的那一年，小布朗 11 岁了。刚开始，布朗不喜欢她，大概有两年的时间他没有叫她"妈"，为此，父亲还打过他。可越是这样，布朗越是有一种很强烈的抵触情绪。然而，布朗第一次喊她"妈"，却是在他第一次也是唯一的一次挨她打的时候。

一天中午，布朗偷摘人家院子里的葡萄时被主人给逮住了，主人的外号叫"大胡子"，布朗平时就特别畏惧他，如今在他的跟前犯了错，他吓得浑身直哆嗦。大胡子说："今天我也不打你不骂你，你只给我跪在这里，一直跪到你父母来领人。"听说要自己跪下，布朗心里很不情愿。大胡子见他没反应，便大吼一声："还不给我跪下！"迫于对方的威慑，布朗战战兢兢地跪了下来。这一幕，恰巧被他的继母给撞见了。

她冲上前，一把将布朗提起来，然后对大胡子大叫道："你太过分了！"继母平时是一个没有多少言语的性格内向之人，突然如此震怒，让大胡子这样的人也不知所措。布朗也是第一次看到继母性情中另外的一面。回家后，继母用枝条狠狠地抽打了两下布朗的屁股，边打边说："你偷摘葡萄我不会打你，哪有小孩不淘气的？但是，别人让你跪下，你就真的跪下？你不觉得这样有失人格吗？不顾自己尊严的人，将来怎么成人？将来怎么成事？"继母说到这里，突然抽泣起来。布朗尽管只有13岁，但继母的话在他的心中还是引起了震撼。他猛地抱住了继母的臂膀，哭喊道："妈，我以后不这样了。"

智慧窗

　　人活着不能没有自尊，如果人活着连自尊都不要了，那么与动物没有什么区别。俗话说：男儿膝下有黄金。体现的并不是下跪与不下跪的问题，而是一种自重与自尊。不要轻易下跪，也就是不要轻易丧失自尊。即使要跪，也要跪得值得，跪得有尊严。

（王秀芳）

阅览室

品茗小语
◇一粒沙

　　我有喝茶的习惯。每次用沸水冲茶时，看见那一团团墨绿的茶叶由杯底慢慢腾起，那一个个伸展的小叶片时而旋转，时而四处游荡，如一个个绿衣仙子，围着透明的玻璃杯，衣袂飘飘地跳一支欢快的清茶舞。看着它们在水杯里自由自在地呼吸，努力张开每一个毛孔，来释放自己的快乐。茶的姿态悠然自得，清新脱俗。此时，它将潜藏在内心深处的能量全部释放，竟然忘了沸水的煎熬，而展现出自己的美丽。最后，我闻到的是一杯清香扑鼻、甘润心脾的香茗。

　　此时，我在想人生路上是不是也在经历过风雨之后，才会变得多姿多彩呢？

　　古人云："不以物喜，不以己悲。"

　　人生如一条抛物线，从低谷走向高潮，然后再由高潮慢慢走向低谷。在低谷与高潮的两极之间，把握机遇是人生的一种境界。

漫漫人生路，我们会遇到数不清的坎坷。有些坎坷你可以绕道而行，有些坎坷你必须迎面而上，没有一丝回旋的余地。此时，不能改变的是现实，可以改变的是你的心态。如书中所说：两人透过牢房的铁窗，一个人看到的是星星，另一个人看到的则是烂泥。因此，改变你所能改变的，接受你所不能接受的，则是人生的一种境界。

人生如一杯酒，满了之后，自然会溢出来；空了之后，自然会再满起来。在得与失的过程中，把握平衡是人生的一种心态。

所谓"不如意事十之八九"，明知有几多的不如意，为什么还不唱着歌去面对它呢？

在琐碎的生活中，点点滴滴的小事也许会牵动着我们的某一根神经，这时，你可以选择置之不理，也可以选择杞人忧天，不同的心态会有不同的结果发生。此时，你如果跳出怪圈，打破常规，奇迹就一定会发生。

在锅碗瓢勺的齐奏声中，生活是一本耐人寻味的书，酸甜苦辣是它永恒的旋律；只有一个被泪水洗净双眼的人，才能看清眼前的生活。当经历过痛楚的挣扎与裂变之后，学会保持内心的一份平静，以一种平淡不惊来看待生活中的喜怒哀乐，则是对生活的一种升华。

人生如竞技赛场，从失败走向成功，再从成功走向失败。在成功与失败的轮回中，吸取经验与教训是人生的一种经历。

每一个人都有自己的生活轨迹，成败与否也许就在那一念之间。藐视失败，你就会释放自己的心怀。看看自己身边的芸芸众生，看看身边整日在温饱线上挣扎的人，你会感到自己是那么的幸福；想想那些身患残疾的人们，你会觉得自己是如此的幸运。毕竟活着就有希望，哪怕是百分之一的希望，它也是希望。

因此，在成功路上，有失败的陪伴，你不会寂寞，过程是值得回味的，失败是起点，成功才是终点。

一个人可以不伟大，但是他可以让自己的生活丰富多彩，坦然去面对生活中的种种磨炼，快乐地去接受人生的种种挑战。忽略生活中的失意，用放大镜去看待生活中的快乐。不要在和别人比较了之后，再来确定自己的价值。

人生是自己的，梦想是可以打造的，未来是握在自己手中的，关键在于你的心态，所谓有心动才会有行动，三思而后才行，这是做人做事的因果关系。

记住：自信是你的权利，聪明是你的选择，美丽是你的招牌。

人生最珍贵的不是得不到的和已失去的，而是现在手里所拥有的。不懂得珍惜眼前的所有，才是最可惜的。因为拥有的总会失去，与其因失去而懊悔，不如拥有时学会珍惜。

月圆月缺，花开花落，一切都是那么自然，无须任何理由。星移斗转，似水流年，生命，也必然由兴盛走向凋零，无法阻挡。那么，既然结果都如此，我们为何不好好珍惜眼前的生活呢？

智慧窗

古人云："不以物喜，不以己悲。"经历风雨才能见彩虹，大雨过后天空才会更加晴朗。人是属于自己的，要自己来规划蓝图。人生是一个过程，有来就有去，有生就有死，事物的本身就是作为过程而存在的，因此要珍惜所拥有的，才能期待更完美的人生。

（王秀芳）

人生如路

◇原　野

　　这是一条我常年行走的土路。与近在咫尺的柏油路相比，这样的路是寒碜而缺乏风度的。在这熙来攘往的闹市里，决定了难有路遂人愿的时候。阳春三月，煦风轻吹，消融了一度沉睡的残雪。绵延不绝的细流顺势而下，将路面搅和成一道无处落脚的泥浆；夏日晴时多，凹凸不平的路径上，却尘土飞扬，由此激起民怨，是土路难以回避的尴尬；秋天也不太平，道旁的杂草上凝聚的晨露夕珠会脏湿了女人们摇曳的裙裾，植株的子实会招惹绅士们换季的新装；到了冬天，冰雪覆盖的路面，更是寸步难行。于是，诟病与成见让这条路臭名昭著，但又因附近仅此一路，人尽恶之却也别无选择。

　　寒来暑往，面对人们的轻视与责难，面对公平也罢、偏激也罢的态度，路只管无动于衷地扮演着既定的角色，一心一意地让行人在身上踏踩过去。任凭别人评说，它仿佛懂得：坚持就是胜利，希望就在前方。而于我，在与这条路打了长年累月的交道后，它的境遇便如同故事的引子，诱使我续读，且由此构思另一条路，那关乎我们的人生的路。

　　"立于世，有所求。"在人生路上，我们双手高高地、虔诚地托举着那些若隐若现的理想，渴望实现它们，以将生活之路装点得平坦。可是，在这条路上，顺境只是意外，挫折才是常态。走了很多路，蓦然回首，却常常发现依然徘徊在起点，而所谓收获，不过是鞋边沾染的疲惫的泥泞，还有沉淀于心的踽踽前行的孤独。虽然，寻梦的路上不是没有阳光，可是总觉得明媚常被无法逾越的梅雨稀释；待到盼望雨露，龟裂的心田却往往洒满骄阳；还有风刀，将昨日的喜悦切割成今日的忧愁；还有霜剑，把曾经的希望劈裂为现实的绝望。

相比于我们人生历程中的种种失魂落魄，土路显得那么泰然自若，它宠辱不惊，以他人眼中的缺陷支撑起世人的脚步，用淡泊去消融生活的飞短流长。面对荣辱得失，土路并不消沉于土的宿命，而是以路来标示土的本色。路有所用却无所求，卑微的容颜下包容的是一颗昂然挺拔、无所畏惧的心，所以土得高尚，土得坦荡。这或许正是土路不苟且世俗，勇于坚守自己的思想基础吧。

那我们中的大多数人对待人生之路又是什么态度呢？不可否认，人生世事无常，喜忧难料，所谓失意事十之八九。但是纵观那少数潇洒人生者，之所以为人中龙凤，只因他们无不有土路之操守，他们胸怀宽广，志向远大，不以物喜，不因己悲，舍己为人，失意处更坚韧，困境中亦笑傲。因此他们的人生路如土路，落拓的尽头，必然是新生。反观我辈人生困窘者，莫不是有所求而无所用，山重水复时，或心不坚而半途而废，或志不远而畏首畏尾，如此，怎能柳暗花明？九曲回肠处，或迷失自我毫无主见，或目光短浅随波逐流，如此，何得曲径通幽？

于是方知，经营人生之路，务必明确：路亦路，非常路，既然"事多磨为之业，人历难乃为生"，那么，人生有路，以心走之；前路不明，用心筑之；路有不直，以心正之；路有不畅，以行顺之；路有不宽，以爱拓之；路有不平，以义助之。如此，人生理想终将实现，人生之旅必将顺畅。

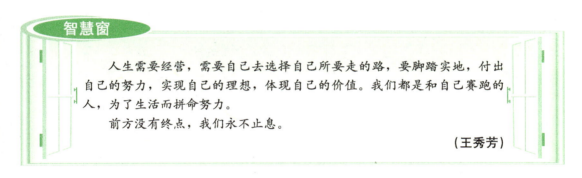

智慧窗

人生需要经营，需要自己去选择自己所要走的路，要脚踏实地，付出自己的努力，实现自己的理想，体现自己的价值。我们都是和自己赛跑的人，为了生活而拼命努力。

前方没有终点，我们永不止息。

（王秀芳）

阅览室

谈人生价值
◇朱光潜

每个人都不免有一个理想，或为温饱，或为名位，或为学问，或为德行，或为事功，或为醇酒美妇，或为斗鸡走狗，所谓"从其大体者为大人，从其小体者为小人"。这种分别究竟以什么为标准呢？哲学家们都承认：人生最高目的是幸福。什么才是真正的幸福？对于这个问题也各有各的见解。积学修德可被看成幸福，饱食暖衣也可看成幸福。究竟谁是谁非呢？我们从人的观点来说，人之所以高贵于禽兽者，在于他的心灵。人如果要充分地表现他的人性，就必须充实他的心灵生活。幸福是一种享受。享受者或为肉体，或为心灵。但是我们也须明白：肉体的享受不是人类最上的享受，而是人类与鸡豚狗彘所共有的。人类最上的享受是心灵的享受。哪些才是心灵的享受呢？就是真善美三种价值。学问、艺术、道德无一不是心灵的活动，人如果在这三方面达

13

到最高的境界，同时也就达到最幸福的境界。

一个人的生活是否丰富，这就是说，有无价值，就看他对于心灵或精神生活的努力和成就的大小。如果只顾衣食饱暖而对于真善美不感兴趣，他就成为一具行尸走肉了。这番道理本无深文奥义，但是说起来好像很迂阔。灵与肉的冲突本来是一个古老而不易化除的冲突。许多人因顾到肉遂忘记灵，相习成风，心灵生活便被视为怪诞无稽的事。尤其是近代人被"物质的舒适"这个观念所迷惑，大家争着去拜财神，财神也就笼罩了一切。

末了，我希望我们青年人都及早确定自己一生的使命，自己去寻求自己的终身工作。

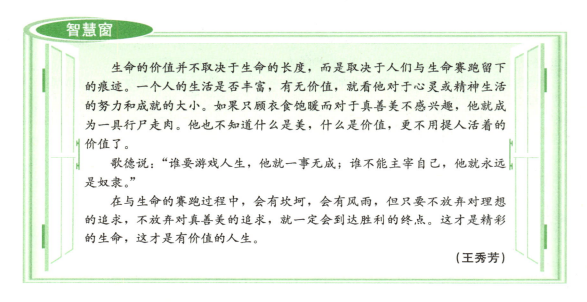

智慧窗

生命的价值并不取决于生命的长度，而是取决于人们与生命赛跑留下的痕迹。一个人的生活是否丰富，有无价值，就看他对于心灵或精神生活的努力和成就的大小。如果只顾衣食饱暖而对于真善美不感兴趣，他就成为一具行尸走肉。他也不知道什么是美，什么是价值，更不用提人活着的价值了。

歌德说："谁要游戏人生，他就一事无成；谁不能主宰自己，他就永远是奴隶。"

在与生命的赛跑过程中，会有坎坷，会有风雨，但只要不放弃对理想的追求，不放弃对真善美的追求，就一定会到达胜利的终点。这才是精彩的生命，这才是有价值的人生。

（王秀芳）

欢乐吧

＊隐身的下场

◇何　菜

有一次在网络上看小说，正看到精彩处听到音箱里不停地传出敲门声，虽然我听过无数次QQ里配置的好友上线时发出的敲门声，但是这么密集又这么长时间的倒是第一次。

好奇心下，拉出QQ窗口看个究竟。原来是一个叫"淮南非非"的家伙在不停地上线下线。

实在无法忍受……我将隐身的状态切换成上线，扔了一句话过去："你这个变态变态的，干吗老是上线下线的?"那边立马扔回一句话来："你才是变态变态的，不这样怎么知道你隐身啊?"

我不理他，只是用消息群发器给所有的好友发了一条消息："全国所有的QQ虫们，当你们听到有人不断敲门的时候不要理睬，坚决不暴露自己的目标……将隐身进行到底!"

好心没好报，千万句话扔了过来："大哥，我来了!"

还是在看小说，还是正看到精彩处……有一个消息过来了："你好！"

又是淮南非非那个变态，决心不理他！

他的消息继续发过来："为什么？"

莫名其妙！什么为什么？我不理他，关了消息窗口继续看小说。

还是他的消息："没关系的，明天我再帮你问问。"

虽然很疑惑，但是我还是不上当不受骗地关了他的消息窗口，继续看小说。

他的消息又再发过来："好吧，我没空，以后这个问题你和西岭雪联系就好了。"

我再也忍不住了，第一个念头就是有没有人用我的 QQ 号码在和他聊天，并且关系到我在网络上其他地方使用的名字，于是赶快发个消息给他："什么和什么啊。"我不明白地说。

最后的结局是我吐出来的血染红了整个键盘，因为我看到了他发过来的这句消息："嘿嘿，你小子，不用这个方法怎么知道你隐身啊……"

我在电脑的屏幕边上贴上用我吐出来的血写的八个大字——"坚决不理淮南非非"。

然后看小说，在网络上。

有消息过来了，是只狐狸的头像……防止受内容诱惑，我闭着眼睛抓着鼠标在屏幕上乱点一通，偷偷睁开眼睛瞄了一下，嘿，消息窗口被我关了。

淮南非非啊，我看你还有什么把戏。

不好，整个 QQ 只有飞狐千年是用狐狸做头像的，她可是个大编，我的衣食父母，昨天又发一个稿件给她，说不定有重要消息呢，连忙点了她的头像，发个消息给她："我在，你找我？"

我受内伤了，这次不是因为淮南非非，而是飞狐千年，她在消息上和我说了一句话："在就好，淮南非非和我打赌，说你如果在他要请我吃一顿大餐！"

兄弟们啊，千万不能贪小便宜，会害死人的！

我实在想不出还有什么办法可以让我动摇坚决不回消息、不暴露我在线的方法。

虽然我妈妈说我头脑有点迟钝，但是在经历了这么多的惨痛教训以后，再迟钝的头脑也都不会再上当了。

小说确实精彩，特别是网络上的。

有敲门声不断……不用看也是淮南非非那变态的家伙，不理！

"为什么？"

"没关系的，明天我再帮你问问。"

"好吧，我没空，以后这个问题你和西岭雪联系就好了。"

老套，不理！

有 MM 头像发信息过来："看了你的《你这个变态变态的》，很有意思，我有好几个题材，你要吗？"还来？关了消息窗口，不理！

有狐狸头像发过来，我在冷笑，那绝对是飞狐千年的那句："你在吗？"打开一看，果然是，不理！

世界安静了……我的心却不安静了，所有的招式都用完了，难道淮南非非就这样算了？

绝对有阴谋！我反复地对自己说千万要警惕……奇怪，怎么没动静了……到底是什么阴谋？

唉，发个消息过去问问吧："狒狒，你还活着吗？"

果然还活着："我就知道你小子受不了会主动来问我的，嘿嘿，又玩隐身啊？"

我妈妈的话是错了，我不是头脑有点迟钝，而是非常的迟钝！

悦客群

含月弯弯：

所谓"魔高一尺，道高一丈"，就算是再先进的电脑技术，也可以被聪明的有心人抓住漏洞。那些坐享其成的人可要注意了，没准儿哪个你信任的程序让人家钻了空子，到时候就只能怪自己"不是头脑有点迟钝，而是非常的迟钝"了。

阅览室

飘起飘落的梦想

◇张军霞

我常常会想起小镇上那个女孩。

冬天的早晨，朋友领着她叩响我的房门，说，看，我给你带来一个小朋友。我很喜欢读你写的文章呢，她羞红着脸，抖落一身的雪花。

一个上中学的女孩，正是落花成梦的年龄，钟爱三毛的每一本书，梦想着将来可以到远方去流浪，甚至，在沙漠中造一座属于自己的小木屋。我静静地听着，浅浅地笑着，哪个少女不曾有过美丽的梦想，虽然最后的结局总是不同。

以后，她便常来我的小屋，有时是写了一首朦胧的小诗，有时是谈谈坐在她后排的那个帅男孩，也有时是因为数学小考又没有及格。

"每次上数学课，我眼睛都不敢眨一下，只是那些几何图形啊，函数啊，忽然就变成了一行行的诗。"她低着头，一声声地叹息……我呵呵地笑了：这孩子，怎么和我当初一个样儿呢？

有一阵子不见她，再来时，明显地瘦了，那个男孩考上理想的大学走了，而她已经好久不写诗，每天苦苦演算习题到半夜，可是，意料中的落榜还是来了。

她平静地收起书包，到镇上的工厂去打工，弟弟妹妹正上学，哥哥要娶媳妇，现实的生活，不允许再有一丁点儿的浪漫。渐渐地，同龄的女孩一个个做了新娘，她却依然孤单，说，我不知道自己的心在哪儿，也不知道自己在等待什么，我不能就这样把自己嫁了啊，生活中总好像还少点什么。说这番话的时候，她的长发被风吹得纷乱，眼里有雾一样的迷茫，和跟她一起打工的那些女孩一点也不一样，让人无端地有些心痛。

她最终还是把自己嫁了，小镇上很普通的一户人家，男人长得高高壮壮，除了种田，还在家门口开了一间小店，卖些盆啊、碗啊之类的小东西。

举行婚礼的那天我也去了，她的嫁妆和别人也没什么两样，只是，那时候镇上的女孩结婚很少有穿婚纱的，偶尔有人穿，也是去影楼租一套，她却坚持要买一款价值不菲的纱裙，谁劝也不听。

一袭洁白的婚纱下，薄施脂粉的她，果然飘逸如童话故事中的公主，美丽得令人心醉。

不久，我离开了小镇，她偶有书信寄来，男人做生意时，她帮着数钱；男人下田时，她也跟在后面，小日子过得还算殷实，凡俗的日子里享受着凡俗的幸福。

再后来，好久没有她的消息。终于又有信来，写道，今天的阳光真好，把压在箱底的婚纱拿出来晒，忽然就有些想哭。姐，还记得《廊桥遗梦》吗？那个在少女时期就有过很多很多梦想的弗朗希斯卡，也曾邂逅了最浪漫的爱情，也曾有机会去远方流浪，当现实与梦想指向不同的方向，经历了辗转反侧的痛苦之后，她最终还是选择了做一个普通的家庭主妇。我，也一样，最终不能免俗。生命中，有些梦想，原来也只能放在心底，在夜深人静时独自咀嚼，流泪，然后，忘记。

"小镇的生活平淡，却真实，我已经好久不曾看书了。"

还有："他，人很好，我快要做妈妈了。"一阵风吹来，信纸哗哗地响着，似乎还要诉说什么。

窗外，天空中有大朵大朵的白云寂寂地飘过，穿越了城市，田野，一直飘向小镇的上空，经久不散。

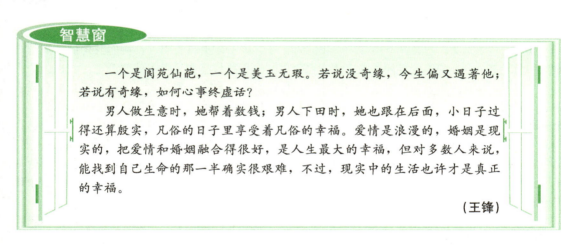

智慧窗

一个是阆苑仙葩，一个是美玉无瑕。若说没奇缘，今生偏又遇著他；若说有奇缘，如何心事终虚话？

男人做生意时，她帮着数钱；男人下田时，她也跟在后面，小日子过得还算殷实，凡俗的日子里享受着凡俗的幸福。爱情是浪漫的，婚姻是现实的，把爱情和婚姻融合得很好，是人生最大的幸福，但对多数人来说，能找到自己生命的那一半确实很艰难，不过，现实中的生活也许才是真正的幸福。

(王锋)

 阅览室

能屈能伸

◇海 啸

看到时下很多的大丈夫不甘受辱，因妻子红杏出墙，就拔刀相向；也看到很多的人为情所困，因工作不甘受辱，而做出过激的事件。更多的夫妻，为了一句话，一个玩笑，咽不下那口气的太多了。我在想，一个人的自尊真的可以在瞬间摧毁一个人的未来吗？脸面那么重要？一次做砸了，就砸了牌子了，就不活了？我常常想一个人的价值究竟在哪里，是他人生的那么一个瞬间重要，

还是他的长长的一生更加可贵。

很多人都知道姜子牙。我记得小时候看过一本小人书，讲的是姜子牙刚出道的时候，卖鸡鸭贵、卖鸭鸡贵的故事。他当时连老婆也养不活，被老婆一气之下抛弃了。在今天一些大丈夫看来，那是咽不下这口气的。可在他好像没有什么特别的感觉。后来，他在渭水边钓鱼反而钓到一个拜相的机会，以今天的说法，那叫做飞黄腾达了。

孔子也有多次被辱的历史。他四处奔走游说，被人辱之为落水狗，他并不因此就怒火中烧。更有屈原放逐，乃赋《离骚》；左丘失明，厥有《国语》；孙子膑脚，《兵法》修列；不韦迁蜀，世传《吕览》。最惨的要数汉朝的司马迁了。他因受牵连被判死刑，有两种减免办法：一是拿五十万钱赎罪，二是受"腐刑"。司马迁官小家贫，当然拿不出这么多钱赎罪。腐刑既残酷地摧残人的身体和精神，也极大地侮辱人格，司马迁当然不愿意忍受这样的刑罚，悲痛欲绝的他甚至想到了自杀。可后来他想到，人总有一死，但"死或重于泰山，或轻于鸿毛"，死的轻重意义是不同的。他觉得自己如果就这样"伏法而死"，就像牛身上少了一根毛，是毫无价值的。面对最残酷的刑罚，司马迁痛苦到了极点，但他此时没有怨恨，也没有害怕。他只有一个信念，那就是一定要活下去，一定要把《史记》写完，"是以肠一日而九回，居则忽忽若有所亡，出则不知所往。每念斯耻，汗未尝不发背沾衣也"。正因为还没有完成《史记》，他才忍辱负重地活了下来。这是中国人。还有国外的拿破仑，数次被囚；林肯也因为卑微的身世数次在大庭广众之下被辱。可是他们在乎过吗？也许我们会说，我们不是伟人。可是首先伟人也是普通人，他们也有我们这样的情感。只是他们和我们不同的是，他们自身有一种使命感。所以他们比我们看得远，不在乎这些小坎坷。

我们这些普通人，也都是有使命的，我们的父母、孩子，我们的朋友，我们身处的环境都需要我们为之努力。我们不能推卸这些责任，把眼光盯在那些自己的、个人的尊严上。我以为个人价值的体现，不在乎别人怎么尊重你，而在乎你自己怎么给自己定位。真正的自尊来自对自我人生的价值有一种认可，因为了解自己，知道自己的目标，那么他会对外界的反应不那么在乎。一个有尊严的人，他首先是一个自信的人。要得到大众的尊重，就要相信自己，寻找机会把自己完善的一面显露给世人看。何必在乎一部分人的眼光呢？约瑟在《圣经》里是一个了不起的人物。他在家里被弟兄排挤，被卖为奴。后来他的品行感动主人，被委以重任，却被陷害入狱。可他却不因这些而受到打击，他一直相信自己的人生终会取得成就。直到他后来被埃及王拜相，带领他自己弱小的民族渡过难关，并变得繁荣昌盛。

智慧窗

　　我们每个人都是带着使命来到这个世界的。只是很多人还没有看到自己的使命，他们只看到脚底下这一点土地，看不到更广阔的蓝天。他们计较一句话，一分钱，在里面争斗，把自己的人生白白地浪费在无意义的事情上面。人生的价值不在于争取别人的认可，就如同和氏璧，在石头里面它也是一块玉。人生的价值在于不断地充实自己，把外在的干扰简单化。在我看来，真正的价值来自别人以及自己对自己的认可。对得起自己，对得起别人，就是一种价值；实现自己的理想，追求自己的梦想，就是价值的体现。

（王秀芳）

人生幸福的公式

◇赵鑫珊

人生幸福或快乐，有个古老公式：人生幸福＝物质消费/欲望。如果这仅仅是一道算术题，那连小学生都会做。但这是一道人生哲学或世界哲学大课题，复杂得很。

就我本人来说，我是个"知足常乐"的人。有三条裤子换洗和两菜一汤（甚至一个菜），我便心满意足，快快活活。我骑自行车，从没有想到要买辆"别克"或"欧宝"，尽管我会经常站在一辆豪华轿车前欣赏老半天，只因为我爱车子的造型，它是流动的建筑艺术。我理解许多人有购买家用轿车的强烈欲望，只是我没有。我也许是这个城里婆婆众生中的例外。

根据以上公式，我的分母（欲望）很小很小，所以我的人生快乐（物质生活）便显得很大很大。

我从没有觉得自己寒酸、低人一等。有一次，我在秋风秋雨中骑着一辆除了铃不响其他部件都响的破自行车走在马路上，突然被人叫住："赵老师，好久不见了，您去哪儿？下雨，当心路滑！"这是一位35岁左右的建筑师，驾着一辆崭新的"Honda"，特意靠边停下来向我问好。他过去在同济大学当博士生的时候，我作为校外评委，参加过他的论文答辩。

"知足常乐"是个人对人生世界（尤其是对物质生活）所抱的一种哲学态度。——这是个人的自由选择，悉听尊便。但对人类文明的进化，它却是最大的敌人。

如果人人都像我，只满足于一辆自行车，世界汽车工业怎能发展起来？

如果人人都像我，只满足于三条裤子，世界的服装行业岂不要关门，几百万、上千万职工（包括纺织厂工人）岂不要下岗？

如果人人都像我，只满足于一台黑白电视，只满足于家里有部电话机，今天的世界上哪来彩电和移动电话？

推动人类文明的车轮滚滚向前的动力正是"人不知足"的天性，正是人人双肩上扛着的那个脑结构。我们遇到了一个无法战胜的敌人，这个敌人就是我们自己，是我们的脑。因为一切欲望均由脑调节和管辖。

上面讲了有关物质生活的公式，现在来讲讲有关精神生活的公式。有物质消费，就有精神消费。奥古斯丁、贝多芬、爱因斯坦或者李白、杜甫和苏东坡的精神消费就很大很大。

精神消费也会产生垃圾，破坏生态环境。比如书籍便属于精神消费。它和造纸有关，而造纸要砍伐森林，造纸厂排出的污水对水域的污染相当严重。

这里有个精神生活快乐的公式：人生幸福＝精神消费/欲望。我承认，我的分母（欲望）很大很大，力图将当代世界哲学化或将哲学当代世界化，这欲望还不大吗？幸好，我的分子（满足欲望的精神领域）同样也很大很大。从量子物理的基本概念到古典音乐，从战争与男性荷尔蒙到世界建筑艺术，从评估人类文明功过到鸟瞰整个人类文明之旅，再从大自然的诗化哲学到脑科学的当代成就，学科的跨度和视野涵盖面之广，不能说不大。其结果，便是我的精神生活也算充实。我是不得已而为之。我是仆人，我的脑是主人。我是身不由己。

在这个世界上，亿万个脑有共性，也有个体差异。我对面楼上的邻居夜夜搓麻将，音响随秋风传来，我缓缓放下了手中的笔，看着窗外一弯月，觉得也有一种悲壮：人生原是一场戏。星星或天体的一生，从诞生、发光到最后陨落，又何尝不是戏？戏充塞宇宙，谁能逃避？只是各有各的玩法。每种游戏又各有各的规则。我只爱玩三张牌：科学、艺术和哲学。

我是一个重生存不重占有的人。

这是最近 20 年在我脑海中形成的一个人生哲学命题，是受弗洛姆的影响最后形成的。他的主要著作《占有或存在》对当代欲望论是一大贡献。不过对城市的灯红酒绿和人欲的恶性膨胀毕竟是一种抑制。

就我个人而言，我会平衡。我是这样一个人：既出世，又入世。这便是我的自画像。我的住处也表明了这一点：在浦东，城乡交界处。站在阳台上，我可以看到田野。散步的时候，我经常同菜农神聊。他们常施用农家肥（包括传统的发了酵的人粪人尿），尽管刮北风有一股臭味飘来，但那是健康的，比化肥、农药安全得多。有好几条线的公交车就在我附近。乘 730 路公交车，半小时便到上海市中心。爱城市文明是我身上的主流，"反都市情结"也是有的。我不是逃避，避世，而是参与改变世界，尽我绵薄之力。

哲学不仅仅在于解释世界，更重要的是改变世界。——这是马克思说的。

谁也不能从乡村直接走向世界大舞台，成为"世界历史伟人"或"世界级人物"。你不能跳过城市这个伟大的中间环节。只有城市才能直接走向世界。一位音乐家若要扬名天下，能不在米兰、纽约、伦敦、柏林、巴黎或东京亮相吗？只有这些城市的掌声才是全世界的掌声。10 万个小山村合起来鼓掌，对着你喊"太棒了"，也不管用。尽管这欢呼声在山峦和河谷间此起彼伏，久久回荡。

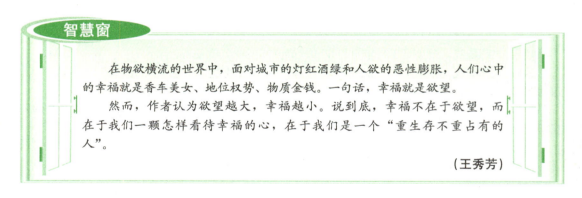

智慧窗

在物欲横流的世界中，面对城市的灯红酒绿和人欲的恶性膨胀，人们心中的幸福就是香车美女、地位权势、物质金钱。一句话，幸福就是欲望。

然而，作者认为欲望越大，幸福越小。说到底，幸福不在于欲望，而在于我们一颗怎样看待幸福的心，在于我们是一个"重生存不重占有的人"。

（王秀芳）

阅览室

尊重是相互的

◇江南小调

一个人，可能犯错误，但是不能丧失尊严。只有捍卫了自己的尊严，信念才不会缺失，人生的阵地才不会陷落，才能够克服重重困难，获得辉煌的人生。

乌克兰诗人谢甫琴科，于 1814 年生于一个农奴之家。他后来虽然赎了身，却因为写了许多革命诗歌，被流放到奥伦堡草原。他为人幽默而倔犟，尤为傲视权贵。谢甫琴科喜欢随渔民去划船，捕鱼后就到小店去闲坐。

有一次，他在那儿遇见一位权贵，此人和他聊了一会儿，分别时，他向谢甫琴科伸出手来，却只给了一个指头，说："当我向地位相等的人表示敬意时，我伸出双手；比我低一级的人，我伸出四个指头；再低一点的是三个指头；更低一点的是两个指头；对其他一切人则是一个指头。"

谢甫琴科笑道："我是个农民，没有官位，怎么办呢？先生，我给你半个指头吧。"

说罢，他将拇指夹在食指与中指之间，露出半个指头，向权贵伸出手去。

尊重是相互的，谁也没有讽刺他人、藐视他人的权力。

智慧窗

　　每个人都有自己的人生，谁也没有讽刺他人、藐视他人的权力。人生的价值不在于你有多少土地，多少财富，而在于你是否有一颗充满人性的心，在于你是否用有限的生命真正地做一番有益于人民有益于社会的事业。妄自尊大地鄙视别人不也恰恰降低了自己的素质，暴露出人性丑陋的一面吗？尊重别人也就是尊重自己。

(王秀芳)

＊相信，不相信
◇车前草

有一位顶尖级的杂技高手，一次，他参加了一个极具挑战的演出，演出的主题是在两座山之间的悬崖上架一条钢丝，而他表演的节目是从钢丝的这边走到另一边。杂技高手走到悬在山上的钢丝的一头，然后注视着前方的目标，并伸开双臂，慢慢地挪动着步子，终于顺利地走了过去。这时，观众们报以热烈的掌声和欢呼声。

"我要再表演一次，这次我要绑住我的双手走到另一边，你们相信我可以做到吗？"杂技高手对所有的人说。我们知道走钢丝靠的是双手的平衡，而他竟然要把双手绑上。但是，因为大家都想知道结果，所以都说："我们相信你，你是最棒的！"杂技高手真的用绳子绑住了双手，然后用同样的方式一步、两步终于又走了过去。"太棒了，太不可思议了！"所有的人都报以热烈的掌声。但没想到的是杂技高手又对所有的人说："我再表演一次，这次我同样绑住双手然后把眼睛蒙上，你们相信我可以走过去吗？"所有的人都说："我们相信你！你是最棒的！你一定可以做到的！"

杂技高手从身上拿出一块黑布蒙住了眼睛用脚慢慢地摸索到钢丝，然后一步一步地往前走，所有的人都屏住呼吸为他捏了一把汗。终于，他走过去了！表演好像还没有结束，只见杂技高手从人群中找到一个孩子，然后对所有的人说："这是我的儿子，我要把他放到我的肩膀上，我同样还是绑住双手蒙住眼睛走到钢丝的另一边，你们相信我吗？"

所有的人都说："我们相信你！你是最棒的！你一定可以走过去的！"

"真的相信我吗？"杂技高手问道。

"相信你！真的相信你！"所有的人都说。

"我再问一次，你们真的相信我吗？"

"相信！绝对相信你！你是最棒的！"所有的人都大声回答。

"那好，既然你们都相信我，那我把我的儿子放下来，换上你们的孩子，有愿意的吗？"杂技高手说。

这时，整座山上鸦雀无声，再也没有人敢说相信了。

悦客群

含月弯弯：

在我们现实工作中，许多人都会说：我相信我自己，我是最棒的！当我们在喊这些口号时，我们是否真的相信自己？我们会不会遇到一点困难就忘掉刚才所喊的这句话呢？内心强大的人，才是真正的强者，外表的柔弱并不能说明什么。相信自己，保持自信，才能达到自己的目的。

 阅览室

要摆脱对朋友的依赖
◇江海潮

黛博拉坐在客厅里，紧握着拳头气愤地说："我永远也改不了，我一错再错！"

黛博拉所指的是她一次又一次地听从她的朋友嘉莉劝她做这做那。这一回，她听了嘉莉的意见，把她的厨房糊上一层最新式的红白条墙纸。"我们一块去商店选中了这种墙纸，因为嘉莉喜欢这一种，说这墙纸能使整个房间活跃起来。我听了她的话。而现在，是我在这个蜡烛条式的牢房里做饭。我讨厌它！我怎么也不习惯。"她感到，这一折腾既花费了钱，又一时无法改变。

黛博拉意识到自己不仅是对选墙纸一事愤怒，而且气愤自己又受了嘉莉意志的摆布。

同样也是嘉莉，说黛博拉的儿子太胖了，劝她叫儿子节食。她还说她的房子太小，使她为此又花了一笔钱。

黛博拉问题的关键在于要学会尊重自己的意见。过去她的意见总要事先受嘉莉的审查或者某个类似嘉莉的人物的审查。后来她有了进步，尽管嘉莉说那双鞋的"跟太高，价也太贵"，她还是买了那双高跟鞋。黛博拉回忆说："我差点又让她说服了。但我还是买了，因为我喜欢，您可以想象当时嘉莉的脸色多难看！"最有趣的是，最后嘉莉自己也买了一双同样的鞋，因为鞋样很时髦。

黛博拉现在所作的调整只是与另一个女人的关系的界限。她仍然把嘉莉当做好朋友。

并不是每个人都有类似的朋友，在特殊情况下，有的人愿意受朋友的控制，是因为他缺乏主见，产生了对朋友的依赖，而过分的依赖会让朋友产生反感。

苏珊是位年轻妇女，她愿意让一位朋友摆布她的生活。与黛博拉不同的是，苏珊却是主动要求受控制。当她的垃圾处理装置出毛病后，她给好朋友玛莎打电话，问她怎么办。订阅的杂志期满后，她也去问玛莎是否再继续订。有时她不知晚饭该吃什么时，也给玛莎挂电话问她的意见。玛莎一直像个称职的母亲一样，直到有一天出了乱子。那天，玛莎的一个儿子摔了一跤，衣袖给划了个口子，需要缝针。苏珊又打电话问问题了，由于非常疲倦，玛莎严厉地说道："天哪！看在上帝的份上，苏珊，您就不能自己想想办法？就这一次！"说完就挂了电话。苏珊对玛莎的拒绝感到迷惑不解，她说："我还以为玛莎是我的朋友呢。"过分的依赖会损害你和朋友的关系，而且是双方的。朋友并非父母，他们没有指导和保护你的义务，他们能给你支持，但不可能包办代替，你必须清楚，他只不过是朋友而已。你自己不能做决定，缺乏主见，就会使你受到朋友正确或错误的意见的影响。为此，你应该立刻决定，摆脱对朋友的依赖。

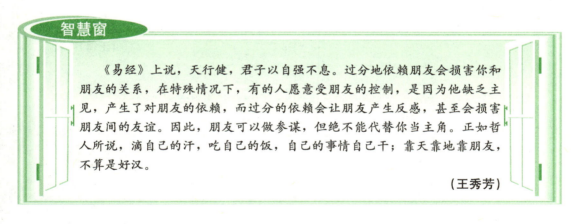

智慧窗

《易经》上说，天行健，君子以自强不息。过分地依赖朋友会损害你和朋友的关系，在特殊情况下，有的人愿意受朋友的控制，是因为他缺乏主见，产生了对朋友的依赖，而过分的依赖会让朋友产生反感，甚至会损害朋友间的友谊。因此，朋友可以做参谋，但绝不能代替你当主角。正如哲人所说，滴自己的汗，吃自己的饭，自己的事情自己干；靠天靠地靠朋友，不算是好汉。

（王秀芳）

阅览室

两块豆腐

◇郭德宁

许多年前的一个傍晚，寒风凛冽，天上飘着鹅毛般的雪花。在城里买完母亲叮嘱要买的物品

后，我背着竹篓，踏上了十多里远的返乡之路。走着走着，忽见街边一位老大爷正在卖白嫩的豆腐，此时我脑海中闪现出母亲的音容："我最爱吃豆腐了。"我于是走上前买了两块，可是没地儿放，只得请卖豆腐的老大爷把豆腐放在我的手掌上。我双手托着豆腐继续赶路。天渐渐黑了下来，呼啸的北风中似乎还夹着怪兽的嘶吼，十五里的返家路程变得恐怖而漫长。

终于到家了，迎接我的是母亲欣喜的眼神和关切的问候。又冷、又怕、又饿的我终于脱离了黑暗、寒冷的环境，甩掉了心中的恐惧，脸上露出了微笑。

这时，母亲的脸色变了，她一边念叨着"真笨，真傻"，一边从我手上接过两块结成冰的豆腐，"真傻到家了，你见过谁下雪天把豆腐托在手上？怎么会养了你这么个笨孩子……"母亲边唠叨边把我冻得僵硬通红的双手拉到她温暖的手中揉搓。

我心中真是委屈，不禁哭了起来，我不是想着她爱吃豆腐才买的吗？可背篓里的东西全是不能沾水的，自然不能把水嫩的豆腐放在里面。想到这儿，我不禁脱口说道："我是想到你爱吃豆腐才买的，谁知不但没讨到好，还挨了骂。"母亲怒吼道："知道冷就别买，什么时候吃豆腐不行？偏要下雪天买。"我无言以对。再瞧母亲，她正擦着眼泪。

后来，我长大成人了，也有了孩子。当我也骂他们"真笨、真傻、真不晓事"时，才深深地理解了母亲当年的唠叨。

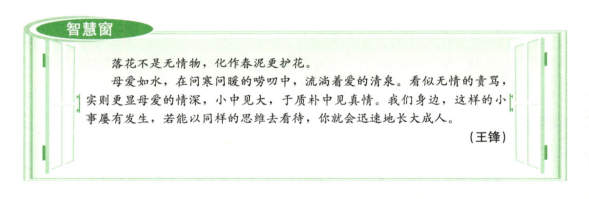

智慧窗

落花不是无情物，化作春泥更护花。

母爱如水，在问寒问暖的唠叨中，流淌着爱的清泉。看似无情的责骂，实则更显母爱的情深，小中见大，于质朴中见真情。我们身边，这样的小事屡有发生，若能以同样的思维去看待，你就会迅速地长大成人。

(王锋)

人生真谛

累了
不要倒下
想想家中的父母
也要挺住
告诉自己这不算什么

倦了
不要放弃
其实放弃的不是一些事物
是自己
珍惜自己

烦了
不要抱怨
上帝不知道你是谁
要好好生活
享受你正在做的事情

受到打击了
不要垂头丧气
不要认为自己天生可以把每件事都做好

但要努力把每件事都做到自己的最好
看到自己的快乐
珍惜自己的幸福
感恩自己的拥有
追求自己的理想

阅览室

拿得起，放得下

◇稻田拾穗者

没有放弃就没有选择，没有选择就没有发展。

人生并非只有一处风景如画，别处风景也许更加迷人。当你失意的时候，你不妨好好地品味这句话所包含的哲理。翻开成功人士的历史，你就会发现可以借鉴的例子到处都是。生命并非只有一处灿烂辉煌，包容过去，融通未来，创造人生新的春天，人生将更加明媚和迷人。认真思考自己该如何生活、如何为人处世，永远不嫌太早或太迟。未雨绸缪不但没有损失，反而使人获益良多，你必须让思想尽情地展翅翱翔，飞得越高，望得越远，才会走出眼前困窘的疆界，突破现有的成见。现在就跨出新生活的第一步，对于自己的过去，大可不必耿耿于怀，是好是坏都已过去，且把它看做一张白纸，你心中就没有了埋怨与不满，生活的一切都会顺利平稳。

如果你认为人来到世上是应该有所作为的，那就更要重视自己的存在。每个人的生命都是伟大的、富有创造力的，只是我们常忽视这一点。生活中永远不乏体验与成长的机会，即便身处绝境，不也正是开辟新天地的大好时机吗？

如果你一味沉浸在过去的回忆里，只是在浪费生命。选择什么样的生活是你自己的权力，这是别人无法取代的。如果此时此地的生活并不快乐，也不成功，何不勇敢地尝试改变，去另辟蹊径呢？有的人坚持着"矢志不渝"的思想，守着最初的道路不放。如果你坚信这条路是正确的，可以去坚持；如果从实际出发认为有偏颇，应当毫不犹豫地退回来，另走别的路。一件事情未成功，不要因此轻视自己的能力，许多人之所以最后没有成功，多半因为小看自己，或者是方向不对。其实，每个人都有很大的发展领域。这时你应当重新审视自己是否应当改弦更张。固守一处，看不到希望，会使你失去发展的机会，失掉可能的成功。

生活有时会逼迫你不得不交出权力，不得不放走机遇，甚至不得不抛弃爱情。你不可能什么都得到，所以，在生活中应该学会放弃。而常常是，生活中不是拿不起来，而是放不下。我们手中的东西不想丢掉，却又要拿起更多的东西。苦苦地挽留夕阳的，是傻子；久久地感伤春光的，是蠢人。什么也不愿放弃的人，常会失去更珍贵的东西。干大事业者不会计较一时的得失，他们都知道放弃，放弃些什么，如何放弃。放弃，你就可以轻装前进；放弃，你就可以摆脱烦恼和纠缠，使整个身心沉浸在轻松悠闲的宁静之中。

智慧窗

拿得起，实为可贵；放得下，才是人生处世之真谛。学会放弃吧！放弃失意的痛楚，放弃屈辱留下的仇恨，放弃心中所有难言的负荷，放弃费尽精力的争吵，放弃对权力的角逐，放弃对虚名的争夺……凡是次要的、枝节的、多余的，该放弃的都要放弃。只有放得下，才能将该拿得起的东西更好地把握住，从而抓住最重要的东西。只有这样，你的人生才会有一个更好的结局。

（王秀芳）

一毛钱的人生哲理

◇求 知

一直以来，我都只抽本地的一种廉价烟，倒不是买不起好一点的，只是特别喜欢它那种纯而不厚的味道罢了，别的烟我反而抽不惯。前些日子烟价上涨，本来两块钱的烟钱多出了两毛钱的零头。虽然微不足道，但也算是件颇为尴尬的麻烦事儿。我的口袋里一般不喜欢放一些毛票零钱，总觉得现在用得着的地方不多了。可为了买烟，又总会被找回一大把。于是我只好记得出门前装上两个一毛钱的硬币，以备买烟之用。前天和朋友小蔡外出的时候，碰巧我俩的烟都抽完了，于是我便掏钱打算再买一包。可摸来摸去，口袋里原有的两毛钱不知什么时候只剩下一毛了，我实在是不想再为了这一毛钱而去兑开一张整钱了，

可小蔡正好也没有带零钱的习惯，我也只好硬着头皮拿着准备好的两块一毛钱走到一个中年妇女的烟摊前，一脸谦恭地说：

"不好意思，我没有零钱了，就差一毛，能给我拿一包'黄许昌'烟吗？"正在和别人海侃的中年妇女一脸不耐烦地说：

"我卖一包烟才挣一毛五，你就少给我一毛，要是人人都像你一样，那我喝西北风吧。"

长这么大，我还是头一次因为一毛钱被人当街给了没趣，我当时真想掏出一张百元大钞摔在她脸上叫她给我拿一包"中华"，结果小蔡拉了拉我，叫我离开了那儿。看我一脸的不平，小蔡劝我说：

"不值当的，你要是真买包'中华'人家看不看得起你是另一说；但你的钱包受损却是不争的事实。不过你要是真咽不下这口气，就让我去试试吧。"说完，他从我手中拿走那两块一毛钱，走到一个有烟卖的书报亭前，泰然自若地说："给我一包'黄许昌'。"人家把烟递给他，他把那两张一块的纸币放在桌子上，然后转身就走。人家赶紧叫住他说还差两毛，他一脸惊讶地说："什么，涨价了？"然后装模作样地在口袋里掏了半天，才把一直夹在指缝里的那一毛钱递过去说："就一毛了，欠你一毛，下次补给你吧。"人家爽快地答应了。小蔡一脸得意地撕开了烟盒。

整个过程令我大跌眼镜，同样是一毛钱，居然可以有不同的效果。小蔡点上烟说："其实我只是抓住了人的心理罢了。像你那样，直接告诉人家你要少给她一毛钱，就等于强迫她要接受少挣一毛钱的事实，人家本身已经很不爽了，可接下来还要站起来接你的钱，为你拿烟，所以人家宁愿不做你这五分钱的生意。而我，却用了相反的方法，等他完成了拿烟和接钱的动作之后，才告

诉他差一毛钱的事实。而且是在差两毛钱的情况下又补给了他一毛，直观上，他会有一种'还能少亏一毛'的错觉。综合起来，换了是你估计也懒得再为了这一毛钱多费唇舌了。最重要的一点，我最后说的那句话也有着它微妙的作用。我说'欠你'，证明我认可了'欠'这个事实，说'下次补给你'，则暗示我也许下次还会来消费。我既然暗示了以后还会来买东西，你觉得他还有必要为了这一毛钱惹得我再也不来了吗？何况我还因势利导地为其理清了利害呢。虽然只是一毛钱的便宜，可道理都是相通的，平时你买其他东西的时候一样适用。"

我听了真是心悦诚服，五体投地。可我毕竟不像他是念心理学的，我情愿以后出门多拿几个硬币。

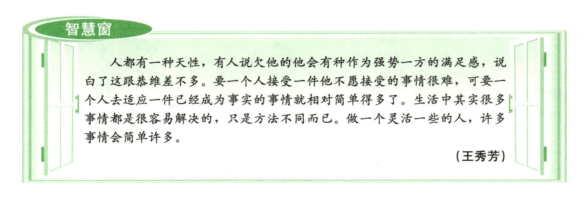

智慧窗

人都有一种天性，有人说欠他的他会有种作为强势一方的满足感，说白了这跟恭维差不多。要一个人接受一件他不愿接受的事情很难，可要一个人去适应一件已经成为事实的事情就相对简单得多了。生活中其实很多事情都是很容易解决的，只是方法不同而已。做一个灵活一些的人，许多事情会简单许多。

（王秀芳）

阅览室

关于友情

◇余秋雨

常听人说，人世间最纯净的友情只存在于孩童时代。这是一句极其悲凉的话，居然有那么多人赞成，人生之孤独和艰难，可想而知。我并不赞成这句话。孩童时代的友情只是愉快的嬉戏，成年人靠着回忆追加给它的东西很不真实。友情的真正意义产生于成年之后，它不可能在尚未获得意义之时便抵达最佳状态。

其实，很多人都是在某次友情感受的突变中，猛然发现自己长大的。仿佛是哪一天的中午或傍晚，一位要好同学遇到的困难使你感到了一种不可推卸的责任，你放慢脚步忧思起来，开始懂得人生的重量。就在这一刻，你突然长大。

我的突变发生在十岁。从家乡到上海考中学，面对一座陌生的城市，心中只有乡间的小友，但已经找不到他们了。有一天，我百无聊赖地到一个小书摊看连环画，正巧看到这一本。全身像被一种奇怪的法术罩住，一遍遍地重翻着，直到黄昏时分，管书摊的老大爷用手指轻轻敲了敲我的肩，说他要回家吃饭了，我才把书合拢，恭恭敬敬放在他手里。

那本连环画的题目是：《俞伯牙和钟子期》。

纯粹的成人故事，却把艰深提升为单纯，能让我全然领悟。它分明是在说，不管你今后如何重要，总会有一天从热闹中逃亡，孤舟单骑，只想与高山流水对晤。走得远了，也许会遇到一个人，像樵夫，像隐士，像路人，出现在你与高山流水之间，短短几句话，使你大惊失色，引为终生莫逆。但是，天道容不下如此至善至美，你注定会失去他，同时也就失去了你的大半生命。

故事是由音乐来接引的，接引出万里孤独，接引出千古知音，接引出七弦琴的断弦碎片。一个无言的起点，指向一个无言的结局，这便是友情。人们无法用其他词汇来表述它的高远和珍罕，只能留住"高山流水"四个字，成为中国文化中强烈而缥缈的共同期待。

那天，我当然还不知道这个故事在中国文化中的地位，只知道昨天的小友都已黯然失色，没有一个算得上"知音"。我还没有弹拨出像样的声音，何来知音？如果是知音，怎么可能舍却苍茫云水间的苦苦寻找，正巧降落在自己的身边、自己的班级？这些疑问，使我第一次认真地抬起头来，迷惑地注视街道和人群。

差不多整整注视了四十年，已经到了满目霜叶的年岁。如果有人问我："你找到了吗?"我的回答有点艰难。也许只能说，我的七弦琴还没有摔碎。

我想，艰难的远不止我。近年来参加了几位前辈的追悼会，注意到一个细节：悬挂在灵堂中间的挽联常常笔涉高山流水，但我知道，死者对于挽联撰写者的感觉并非如此。然而这又有什么用呢？在死者失去辩驳能力仅仅几天之后，在他唯一的人生总结仪式里，这一友情话语乌黑鲜亮，强硬得无法修正，让一切参加仪式的人都低头领受。

当七弦琴已经不可能再弹响的时候，钟子期来了，而且不止一位。或者是，热热闹闹的俞伯牙们全都哭泣在墓前，那哭声便成了"高山流水"。

没有恶意，只是错位。但恶意是可以颠覆的，错位却不能，因此错位更让人悲哀。在人生的诸多荒诞中，首当其冲的便是友情的错位。

智慧窗

　　人生的荒诞，荒诞的人生。许多错位带给我们波折起伏的生活。有一天，当我们老去，当我们变得孤独，回忆往昔，那些曾经认为的自己单纯的感情是否会再次让你感动？错位是人生不可避免的，令人伤感，当我们放宽了心去接受和面对时，错位也是一种美，一种缺陷美。

（王秀芳）

欢乐吧

﹡孙悟空破产
◇小　齐

　　话说西天取经归来，唐僧师徒四人依依惜别。悟空自回花果山水帘洞后，每日里只是与众猴吃酒取乐，游山逛水，期间又受不住外界的诱惑，在《宝莲灯》中客串了一把，顺便拍了几个广告，捞到了不少出场费，日子倒也过得逍遥自在。

　　却说花果山洞天福地，气候适宜，但悟空却疏于管理，又没有搞好计划生育工作，现在猴口已经从大闹天宫时的三千多激增到六万七千，可谓是猴丁兴旺。偏偏山上的果树也进入了衰老期，结的果实是一年不如一年，山上早已闹起了粮荒。悟空这几年也是东西南北到处想办法：大前年到东海找龙王婉转地要了三千两珍珠（用悟空的话说那叫"借"），前年去观音那儿说了几句暖人心窝的好话（俗称"马屁"），观音让散财童子赞助了五千斤鲜藕，去年"助人为乐"地去了一趟王母娘娘的桃园，"帮"王母娘娘解决了万把斤桃子，如此才算渡过难关。一想起这些事情，悟空不禁是愁上眉头，酒也不喝了，一个筋斗翻到了长安城外大雁塔，找师傅帮忙。

唐僧听了悟空的述说，笑道："悟空，你怎么不早说呢？前段时间太白金星给为师透了个信，天宫马上就要扩建了，需要大量的石材。花果山上什么都缺，就是不缺石头，你何不办个石材厂？"悟空大喜，告别师傅，先找到雷公借出雷管炸药，又到牛头马面那里赊了一批最先进的金刚锯，去天宫办了注册手续，就在花果山后山选定了厂址，挂起了"花果山大圣石业集团有限公司"的大牌子，这牌子上的字虽然不怎么样，却是托唐僧去求如来亲笔书写的，一个字一万天币的润笔费，共花了悟空十三万的积蓄。

都说名人好办事，这话不假，有名气就有面子，办起事来效率就是高。"花果山大圣石业集团有限公司"很快就万事俱备顺利开业。开业这天，天界大大小小三千六百名神仙齐聚花果山，悟空亲自作陪。酒足饭饱之余，玉帝以重建南天门为名，预支了三十万立方的花岗岩；如来说要扩建灵山寺，也预支了二十万立方的晚霞红大理石地板砖；观音又预支了二十万立方的海浪花石材，去新建她的莲花池。

领导带了头，底下有劲头，别的神仙也一吨一吨地往外拉石材。宴会结束，悟空送走诸神，回来一查账本，乖乖，不得了，一天竟然卖出了总值三百六十五万天币的货物，不禁感慨朋友的力量真伟大。其实朋友就是与你的友谊关系已经发展到了某种程度的人，由于这种友好但又不是很亲密的关系，使得他可以向你借钱，而你却不好意思叫他还钱。

这一点直到"花果山大圣石业集团有限公司"开业若干天之后，悟空才感觉到。各地建筑都已完工了，悟空却连一分钱的货款都没收到，在此期间，悟空天南海北跑了 N 次，遇到的不是财政紧张就是资金困难，最后都是劝他年轻人要有耐心，心急吃不了热豆腐。一向意见有分歧的众神大仙们在这个问题上竟然如此一致，倒弄得悟空自己也觉得"谈钱有点伤感情"了，于是摆摆手，不急不急，等你们手头宽裕点再说吧。

谁知这一等竟等来了个"天长地久"，等到了个"海枯石烂"。由于资金大量外流且长期收不回来，再加上负债累累，悟空只能宣布破产，于是曾经轰轰烈烈的"花果山大圣石业集团有限公司"也未能免俗，就这样步入了无数先辈的后尘。

破产后的悟空，日子比以前更难过了，但他却没有沮丧，比我这更大的企业破产的多得是，就当是花钱买了个教训，钱这玩意儿又不是什么好东西，越多越危险，散了好散了好，安全第一。想到这儿，悟空又乐了，去找猴崽们喝酒去了。

悦客群

含月弯弯：

高尔基说，文学是人学。本文可以从两个方向去理解：一是，孙大圣武艺超群，做生意不是他的强项，其实做任何事情，想赚钱的同时，应该做好赔钱的准备，所以思虑要尽可能周密，否则，会出现最坏的结局；没有做好认真的准备，匆忙应急所做的事情，十之八九要失败。二是，把文中虚的东西摒弃掉，从中会看到许多现实生活中的社会百态，任何事情都不是表面上呈现的那样简单。

寻求完美
◇周正东

我们都在寻求完美，可是完美究竟是什么呢？

我离开学校已经四年多了，四年的时间让我尝到了人世的艰难与困惑，也让我得以自省，越来越相信许多烦恼都源于一个错误的观念：我们必须尽善尽美才能走向成功，才能得到人家的尊敬。

有一次，因为我决策上的失误，差一点影响到公司在整个中国地区的发展，我曾就此事向集团董事局检讨认错，并且担心他们会因此轻视我。结果令我深感意外，因为我能坦诚认错，他们对我更加信任，并且赋予我更多的权力。他们重视的是我的人格，而不是完美与否。

还有一次，我同一位走红国际的女影星共聚一桌，我问她是否觉得自己长得完美，她道："我觉得正因为长相上的某些缺陷才让观众能接受我。"我为了这个回答一饮而尽，连干三杯。

我想给大家说一个小故事，讲的是有个圆被切去了好大一块，想让自己恢复完整，没有任何残缺，于是四处寻觅失落的部分。因为它残缺不全，只能慢慢滚动，所以能在路上欣赏野花，能和毛毛虫聊天，享受阳光。它找到各种不同的碎片，但全不合适，所以只能把它们留在路边，继续往前寻找。

有一天，这残缺的圆找到了一个非常合适的碎片，开心得很。它把残缺拼上，开始滚动。现在它是完整的圆了，能滚得很快。结果不用说了，它终于发觉因为滚动太快，它看到的世界好像完全不同，便停止滚动，把补上的碎片丢在路旁，慢慢地滚走了。

我认为故事的寓意是：说来虽然有点玄，但在失去什么东西的时候我们往往比较完整。什么都有的人换个角度来说可能是个可怜人，他永远不会知道，企盼——希望更美好的事物来临，是什么感觉。他也永远不会知道，有人爱他并给予他一直渴盼的东西是什么感受。

能认识到自己有种种遗憾，勇于放弃不切实际的梦想而坦然无愧的人，可以说是完整的。知道自己够坚强，熬得过悲伤而重新振作，丧失至爱而觉得自己并非残缺的男男女女，可以说都是完整的。你已经历了最坏的境遇，而依然是完整的。

智慧窗

人生并非上帝为人类设计的陷阱，好让他谴责我们的失败。人生也不是一盘棋，不会走错一步就步步皆错。人生就像足球赛，即使最强的队也会在比赛中失手，即使最差的队也有扬眉吐气的一天。我们的目标是所获多于所失。

我们每一个人天生都有这样或那样的不足，能如残缺之圆继续在人生之途滚动并细尝沿途滋味，就能达到其他人只能渴望的完整。我相信这就是生命所能赋予我们的：不求事事如愿，但求问心无愧。

（王秀芳）

阅览室

人生如诗

◇林语堂

我以为，从生物学角度看，人的一生恰如诗歌。人生自有其韵律和节奏，自有内在的成长与衰亡。

人生始于无邪的童年，经过少年的青涩，带着激情与无知、理想与雄心，笨拙而努力地走向成熟。后来人到壮年，经历渐广，阅人渐多，涉世渐深，收益也渐大。及至中年，人生的紧张得以舒缓，人的性格日渐成熟，如芳馥之果实，如醇美之佳酿，更具容忍之心。此时处世虽不似先前那么乐观，但对人生的态度趋于和善。再后来就是人生迟暮，内分泌系统的活动减少，若此时吾辈已经悟得老年真谛，并据此安排残年，那生活将和谐、宁静，安详而知足。终于，生命之烛摇曳而终熄灭，人开始永恒地长眠，不再醒来。

人们当学会感受生命韵律之美，像听交响乐一样，欣赏其主旋律、激昂的高潮和舒缓的尾声。这些反复的乐章对于我们的生命都大同小异，但个人的乐曲却要自己去谱写。

在某些人心中，不和谐音会越来越刺耳，最终竟然能掩盖主曲；有时不和谐音会积蓄巨大的能量，令乐曲不能继续，这时人们或举枪自杀或投河自尽。这是他最初的主题被无望地遮蔽，只因他缺少自我教育。否则常人将以体面的运动和进程走向既定的终点。在我们多数人胸中常常会有太多的断章或强音，那是因为节奏错了，生命的乐曲因此而不再悦耳。我们应该如恒河，学她气势恢弘而豪迈地缓缓流向大海。

人生有童年、少年和老年，谁也不能否认这是一种美好的安排。一天要有清晨、正午和日落，一年要有四季之分，如此才好。人生本无好坏之分，只是各个季节有各自的好处。

如若我们持此种生物学的观点，并循着季节去生活，除了狂妄自大的傻瓜和无可救药的理想主义者，谁能说人生不能像诗一样度过呢？莎翁在他的一段话中形象地阐述了人生分七个阶段的观点，很多中国作家也说过类似的话。奇怪的是，莎士比亚并不是虔诚的宗教徒，也不怎么关心宗教。我想这正是他的伟大之处，他对人生秉着顺其自然的态度，他对生活之事的干涉和改动很少，正如他对戏剧人物那样。莎翁就像自然一样，这是我们能给作家或思想家的最高褒奖。对人生，他只是一路经历着、观察着离我们远去了。

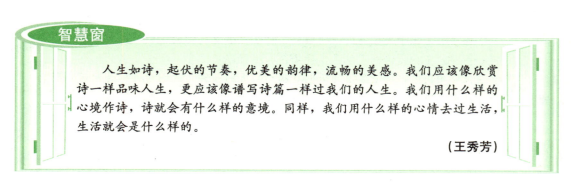

智慧窗

人生如诗，起伏的节奏，优美的韵律，流畅的美感。我们应该像欣赏诗一样品味人生，更应该像谱写诗篇一样过我们的人生。我们用什么样的心境作诗，诗就会有什么样的意境。同样，我们用什么样的心情去过生活，生活就会是什么样的。

（王秀芳）

* 孔乙己玩CS

◇推　宝

学校旁边这家网吧的格局，和别处差不多：都是外面有个曲尺形吧台，吧台里面替人结账，预备着鲜橙汁之类的饮料。上学的人，傍晚放了学，每每花 10 块钱，玩两个小时，这是两年前的事，现在降到 3 块钱一小时了。找个位置，点开游戏，玩会儿 CS，若肯多花两块钱，就可以到 17屏、带隔间的机子上去玩了，如果再多花点钱，就可以去 VIP 包间玩了，但是这些 CS，多是 32人野战的，大抵对装备不要求那么严格，只有那些自带鼠标、鼠标垫的职业战队的人，才踱进VIP 包间，抽根烟，约个战队打比赛！

我从一上大学起，就在校门口的 e 时空网吧做兼职，老板说，样子傻，怕招待不好职业战队，就在外面做点事。外面野战客户，虽然水平菜，但是骂骂咧咧、唧唧歪歪的也不少。他们大都喜欢抽烟，不让他们抽，就要打架，所以，过了几天，老板说我干不了这事，幸亏荐头情面大，辞退不得，便改为在网吧转悠、处理小故障、开关机的无聊网管了。

我从此便经常转悠在网吧里，专管我的职务，由于都是小 CS，总觉得有些单调，有些无聊。老板是一副凶脸孔，网民也专心游戏，叫人活泼不得，只有孔乙己来了，才可以笑几声，所以至今还记得。

孔乙己是自带鼠标而在外面打野战的唯一的人。他身材瘦长，青白脸色，黑眼窝里有双无神的眼睛，一头乱蓬蓬的头发。虽然自带鼠标，可却是一般 "LG" 光电鼠标，根本不是什么 MX300或是 IE3.0。他对人说话满口战术，走位，叫人半懂不懂的。因为他姓孔，别人便从他的 ID "YJ｜KONG" 这半懂不懂的 ID 里，替他取下一个绰号，叫做孔乙己。孔乙己一到店，所有 CS 便都看着他笑，有的叫道："孔乙己，又来找虐了。"他不回答，对吧台说"开台机子，亮点的"，便排出 10 块钱。他们又故意高声嚷道："你一定又被人虐很惨吧！"孔乙己睁大眼睛说："你怎么凭空污人清白……""什么清白？我前天亲眼见你打倒数第一，还被骂菜瓜。"孔乙己便涨红了脸，额上青筋条条绽出，争辩道："他们那是开了作弊器……改了 config，这……这我能打过吗？"接连便是难懂的话，什么隔墙穿人啦，见面暴头之类的。在这时候，众人也都哄笑起来，店内外充满了快活的空气。

听人家背地里谈论，孔乙己原来也加入过战队，但终究太菜，又不参加队内训练，于是越来越菜，弄到没人要了。幸而还算能阴人，便替人家打打替补，混一下战队。可惜他又有一样坏脾气，便是输了就开骂，偶尔阴死一个，就给人喷 logo。如是几次，叫他打替补的也没有了，孔乙己没办法，便免不了在野战里混。但是他在我们网吧，品行却比别人好，因为他真打架打不过别人，虽然间或来两句牢骚话，但是人家一瞪眼，定然不吱声，继续在里面悄悄地打。

孔乙己战罢一局，loading 新图的时候，旁人便又问道："孔乙己，你当真加过战队吗？"孔乙己看着问他的人，显出不屑置辩的神气，他们便接着说道："那你怎的连个替补都打不上呢？"孔乙己立刻显出颓唐不安模样，脸上笼上了一层灰色，嘴里说些话，这回可是全是怀才不遇之类的，一些不懂了。这时候，众人也都哄笑起来——店内外充满了快活的空气。

在这些时候，我可以附和着笑，老板决不责备的。而且老板见了孔乙己，也每每这样问他，引人发笑。孔乙己自己知道不能和他们谈天，便只好向更菜的说话。有一回对我说道："你会玩CS？"我略略点一点头。他说："玩过 CS……考你一考，M4 消声器，怎么上？"我想：你个大菜鸟，也配考我？便回过脸去，不再理会。孔乙己等了许久，很恳切地说道："不会上吧？……我教给你，记着！这个技巧应该记着，将来阴人的时候，好用！"

我暗想，谁跟你一样猥琐，就爱阴人，而且上消声器！又好笑，又不耐烦，懒懒地答他道："谁要你教，不就是点一下右键？"孔乙己显出极高兴的样子，将两个指头的长指甲敲着电脑桌，点头说："对呀对呀！……可是具体实战用法，比如加消声器的，枪管会露出来，你知道？"我愈不耐烦了，努着嘴走远。孔乙己刚买了M4想给我具体演示，见我毫不热心，便又叹一口气，显出极惋惜的样子。

有几回，他带着同学来，也没钱，围住孔乙己看。他便安上自己的鼠标，进到32人服务器，开始野战。同学要求玩两局，可是玩完两局，同学仍然不动。孔乙己着了慌，伸手抢鼠标，弯腰说道："别打了，你再玩我又负了。"坐下又按一下Tab键，自己摇头说："快负、快负了，正不多了。"于是同学又在骂声中推他的头，说："你原本就正一个！"

孔乙己是这样的使人快活，可是没有他，别人照样玩CS！

有一天，大约"五一"前后，老板正在慢慢结账，看下账单，忽然说："孔乙己好久没有来了，还欠两小时网费呢！"我才觉得他的确好久没有来了。一个CS说道："他怎么会来丫？……都快拿不到毕业证了。"掌柜说："哦！"他总仍旧是挂科，这一回，是自己发昏，竟然四级又挂了，四级这东西，是能挂的吗？"后来呢？""后来？先被院里叫去骂，骂了一下午，再被父母骂。""后来呢？""后来去买英语资料了！""买了又怎样呢？""怎样？……谁晓得？许是开始背单词了吧。"掌柜也不再问，仍然慢慢地看他的账单。

"五一"过后，来网吧找资料写毕业论文的学生越来越多，我整天很忙。一天很早，还没来一个客人，我正检查机器，忽然听得一个声音："开台电脑。"这声音虽然极低，却很耳熟。可是却一下认不得，仔细一看，那孔乙己便在我身后站着。他脸上带着尴尬的微笑，头发梳得光溜，穿着西装，拿着U盘和一些书，见了我转过身，又说道："开台电脑。"老板也走过来，一面说："孔乙己吗？你还欠两小时网费呢！"孔乙己很尴尬地答道："这……下回还清，这回是现钱，开台带USB接口的，我下点英语资料。"老板仍然同平常一样，笑着对他说："孔乙己，你英语又挂了？"但他这回却不十分分辩，单说了一句："不要取笑！""取笑，你要是英语没挂，怎么人家写毕业论文，你下英语资料呢？"孔乙己低声说道："这回能过，能过，能……"他的眼色，很像恳求老板，不要再提。

此时已经聚集了几个人，便和老板都笑了。我开了电脑，找出USB连接线，他从衣袋里摸出五块钱，放在我手里，见他手里一摞英语书，写着"四级最后冲刺""四级词汇详解与速记"之类，原来他真的四级没过。不一会儿，他上完电脑，便又在旁人的说笑声中，夹着这摞书慢慢走出去了。

从此以后，又长久没有看见孔乙己。到了年关，老板看着账单说："孔乙己还欠两小时网费呢！"到了第二年的妇女节，又说，"孔乙己还欠两小时网费呢！"到了"五一"没有说，到了年关也还没有看见他。

我到现在终于没有见到，大约孔乙己的确没有毕业。

悦客群

含笑弯刀：

我们在泛娱乐化情绪的怂恿下，放弃了思想，放弃了内容，关注表象，注重形式，"娱乐至死"。哀哉！少年穷则国穷，吾国复如何？

柳暗花明

◇白月光

女儿对父亲抱怨，生活是如何如何的痛苦与无助，接踵而至的难题，让她无力招架。父亲带着女儿走向厨房，烧了三锅水，水开之后，他在第一个锅里放进萝卜，第二个锅里放了一个鸡蛋，第三个锅里则放进咖啡粉。女儿疑惑地望着父亲，父亲只示意她静静地看着。

一段时间过后，父亲把锅里的萝卜、鸡蛋捞起来放进碗中，把咖啡粉倒进杯子。女儿问："这是什么意思？"父亲解释，这三样东西在面对相同的逆境时，却各有不同的反应。原本坚实的萝卜，在滚烫的水中却变软、变烂了；原本非常脆弱的蛋，经过沸腾的水后，蛋壳内却变坚硬了；而咖啡粉却在滚烫的热水中，变成香醇的咖啡。

大多数人遭逢挫折时，不免怨天尤人，自怨自艾，一味地指责与谩骂，让自己沉浸在挫折失败的体验中，无法自拔。然而，众所周知，世上的伟人，都是历经千锤百炼的磨难，才能名留千古，永垂不朽。

如同故事中的食材，遇到变化时，要懂得改变自己，顺应局势。因此，挫折并不可怕，可怕的是不知道如何从挫折中汲取人生的经验，作为日后成功的基石。

俗话说："命好不怕运来磨。"培养接受挫折的能力是十分重要的，因为太过一帆风顺，太过养尊处优，是很难面对人生旅途中的疾风骤雨的。古人云："山重水复疑无路，柳暗花明又一村。"因此，只有越过重重无尽的山头，发现绿柳成荫、百花鲜艳的桃花源，让自己有"行到水穷处，坐看云起时"的恬适，在遭逢逆境时，不要让逆境打倒你，那样，你才有可能扭转逆境。

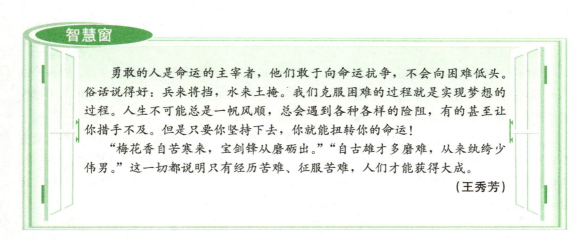

智慧窗

勇敢的人是命运的主宰者，他们敢于向命运抗争，不会向困难低头。俗话说得好：兵来将挡，水来土掩。我们克服困难的过程就是实现梦想的过程。人生不可能总是一帆风顺，总会遇到各种各样的险阻，有的甚至让你措手不及。但是只要你坚持下去，你就能扭转你的命运！

"梅花香自苦寒来，宝剑锋从磨砺出。""自古雄才多磨难，从来纨绔少伟男。"这一切都说明只有经历苦难、征服苦难，人们才能获得大成。

（王秀芳）

正确面对人生

◇无色光芒

对于周围的人和事，是否很满意，是否很知足，只是自己的一种感觉。如果期望高于现实，那么表现出来的就是不满足；如果期望低于现实，那么就会知足常乐。对待周围的人和事，满足和接受现有的，追求希望得到的，这是一种理想的状态。最怕的是不满足现有的，对现有的不珍惜，总认为拥有的一文不值，得不到的总是最好的。快乐与不快乐只是一念之差。

自己想要的，并且已经拥有的就是最好的。我们要学会享受生活赋予的一切，感谢生活给我们的所有恩赐。如果不能像大树一样顶天立地，那就像小草一样享受四季的更替，享受轻风的抚慰，享受春雨的滋润。如果我们的工作，不是那么如意，我们也可享受工作给我们带来的快乐，在工作中勇于奋斗，在这种奋斗中体验每一次成功的喜悦。

立足现有的环境，不怨天尤人。调整好自己的坐标，积极地适应生活，而不消极地埋怨所面对的种种不如意，充分调动自己的主观能动性，不断拓宽自己的空间。面临的环境可能不一样，但这不是决定事物成败的关键。关键的是有一颗锐意进取、永不服输的心。有些人和事，给我们启发很大，在那种处境下，他们有一千个理由选择消极沉沦。但是他们能够在不如意的环境下，有所作为。

一个人的心态很重要，没有任何一个人能让你不快乐，真正让自己感觉沮丧的还是自己。为什么我们看到有些人，别人都羡慕他拥有很多值得自豪的东西，可是自己并不快乐？以前听到一个女孩因为自己是单眼皮而郁郁寡欢，这真是太没有必要了。没有经历过大喜大悲的人，不会懂得自己所拥有的是何等的珍贵。每一天的日出是那么美丽，身边的人是那么的可爱，生活是那么的自由和幸福。如果这其中的任何一样永远地离我们远去，那么我们最终才会真正懂得它们真正的价值。

最灿烂的笑容可能并不在亿万富翁的脸上，最开心的事不一定是功成名就。身份、财富可以给你带来一段时间的快乐，但不会给你带来永久持续的开心和喜悦。真正给自己带来恒久幸福和喜悦的是一颗容易满足的心，一颗感恩的心，一颗永远不向命运低头的心。

如果不能有锦衣玉食，那么就享受粗茶淡饭带来的健康和满足；如果不能驾名车，那么骑个自行车也比较方便实用，还能锻炼身体，又安全，只是自己不要因为骑自行车而感觉低人一等。生活是自己的，不是过给别人看的，没有必要跟别人比。你官没有他大，钱没有他多，你也没有必要向他低头，见到他你也可以头抬得比他高，因为你属于你自己。

不要观望和犹豫，找准自己的理想和追求，自己只要没做坏事，就不必在意别人的观点和看法。主动权在自己，大胆地去追求自己想要的东西，接受自己所处环境的艰难，勇敢地承认自己的平凡与渺小，珍惜自己所拥有的一切，在现有的条件下认真地勾画出一片绚丽的天空。

保持自己的本色

◇原　野

　　爱默生曾经说过，当我们真正感到困惑、受伤，甚至痛苦时，我们会从柔弱中产生力量，唤起不可预知的具有无比威力的愤慨之情。人立命于世，首先要自尊自重。遭到歧视，决不低头，在强大的势力面前不卑不亢，这样就会赢得别人的敬重。

　　伊笛丝有一个很古板的母亲，她认为把衣服弄得漂亮是一件很愚蠢的事情。她总是对伊笛丝说："宽衣好穿，窄衣易破。"而母亲总照这句话来帮伊笛丝穿衣服。所以，伊笛丝从来不和其他的孩子一起做室外活动，甚至不上体育课。她非常害羞，觉得自己和其他的人都不一样，完全不讨人喜欢。

　　长大之后，伊笛丝嫁给一个比她大好几岁的男人，可是她并没有改变。她丈夫一家人都很好，也充满了自信。伊笛丝尽最大的努力要像他们一样，可是她做不到。他们为了使伊笛丝开朗而做的每一件事情，都只是令她更退缩到她的壳里去。伊笛丝变得紧张不安，躲开了所有的朋友，情形坏到她甚至怕听到门铃响。伊笛丝知道自己是一个失败者，又怕她的丈夫会发现这一点，所以每次他们出现在公共场合的时候，她都假装很开心，结果常常做得太过分。事后，伊笛丝会为这个难过好几天。最后不开心到使她觉得再活下去也没有什么道理了，伊笛丝开始想自杀。

　　后来，是什么改变了这个不快乐的女人的生活呢？只是一句随口说出的话。随口说的一句话，改变了伊笛丝的整个生活，使她完全变成了另外一个人。

　　有一天，她的婆婆正在谈她怎么教养她的几个孩子，她说："不管事情怎么样，我总会要求他们保持本色。"

　　"保持本色！"就是这句话！在那一刹那之间，伊笛丝才发现自己之所以那么苦恼，就是因为她一直在试着让自己适合于一个并不适合自己的模式。

　　伊笛丝后来回忆道："在一夜之间我整个改变了。我开始保持本色。我试着研究我自己的个性，自己的优点，尽我所能去学色彩和服饰知识，尽量以适合我的方式去穿衣服。主动地去交朋友，我参加了一个社团组织——起先是一个很小的社团——他们让我参加活动，把我吓坏了。可是我每发言一次，就增加一点勇气。今天我所有的快乐，是我从来没有想到可能得到的。在教育我自己的孩子时，我也总是把我从痛苦的经验中所学到的结果教给他们：'不管事情怎么样，总要保持本色。'"

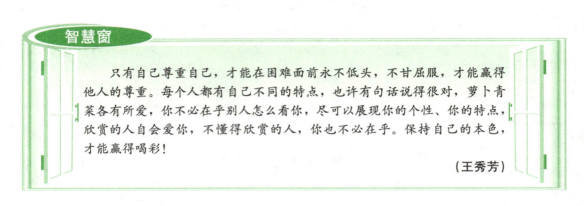

智慧窗

只有自己尊重自己，才能在困难面前永不低头，不甘屈服，才能赢得他人的尊重。每个人都有自己不同的特点，也许有句话说得很对，萝卜青菜各有所爱，你不必在乎别人怎么看，尽可以展现你的个性、你的特点，欣赏的人自会爱你，不懂得欣赏的人，你也不必在乎。保持自己的本色，才能赢得喝彩！

（王秀芳）

阅览室

宁静以致远

◇丰　收

有人说，博大可以稀释忧愁，深色能够覆盖浅色。看似单薄实而厚重的生命，如月般静静挥洒着清幽的光芒，似云般默默浮掠着尘世的悲伤。宁静以致远，正是这一份优雅的心境，把忧愁雕刻成永久的历史，把忧郁嵌进古老的屏风，把狭隘衔入流水般的时光，把失落冲散为点点雪花，消融于满怀感激的土地。

宁静，是一种典雅的气质，一种古朴的情怀。细细品味那句"曲径通幽处，禅房花木深"，就仿佛置身于一个幽静的小院，在挤满花蕾的树下，品一本自己喜欢的书，抒几句深情的感悟，倾听那四季花开的声音。或许在某个苦雨孤灯的夜晚，乘着一叶诗的扁舟，摇进那古色古香的荷花丛中，轻吟"留得残荷听雨声"，感受那份纯净似水的清凉与感动。也许这些会让人觉得平凡，但平凡也有高雅的风度。宁静，是一种生命的态度。眼前的这个世界越来越光怪陆离、色彩斑斓，她灿烂的笑容几乎迷倒了身边所有的人。每个人都在忙忙碌碌、马不停蹄地追赶，追赶心中的梦想，就像一位旅人，补充了袋子里所缺的东西之后，又开始了新的旅程。然而，生命的美不在它的绚烂，而在它的平和；生命的动人不在它的激情，而在它的平静。当你失落时，当你得意时，当你快乐时，当你痛苦时，请给自己找一片天空，一片宁静的天空，它会让你忘掉所有的痛苦与失意，给你带来崭新的一切。"抚长剑，一扬眉，清水白石何离离"的感觉是酒，"宠辱不惊，闲看庭前花开花落；去留无意，漫随天上云卷云舒"的感觉是茶，而宁静却是"落日平台上，春风啜茗时"的悠闲安逸，是"雪液清甘涨井泉，自携茶灶就烹煎"的怡然自适，是"夜扫寒英煮绿尘，松风入鼎更清新"的闲情逸致，更是"雪沫乳花浮午盏，蓼茸蒿笋试春盘，人间有味是清欢"的清旷达观。雨打芭蕉，谁都可以拥有的境界。只要有一天，你把心交给一片芭蕉叶和快活的雨滴，浮躁与尘俗一点一点地消去，清逸与纯真却一缕一缕地从纤尘不染的内心流出，红了樱桃，绿了芭蕉，为雨打造过的芭蕉叶，也显得格外灵秀而清新。

有的人崇尚"鹰击天风壮，鹏飞海浪春"的豁达与豪迈，那是一种生命激越的姿态，然而，"行到水穷处，坐看云起时"的古典与浪漫更能深入人心，扣人心弦。豪放是种美德，含蓄则是种性格。就在这种含蓄的静穆中，那份清幽淡雅的幸福渗透出了生命的悠远和旷达，而这正是宁静以致远的禅机。

智慧窗

宁静是一种心境，也是一种处世的态度。当你失落时，当你得意时，当你快乐时，当你痛苦时，请给自己找一片天空，一片宁静的天空，它会让你忘掉所有的狂喜、痛苦与失意，给你带来崭新的一切。

(王秀芳)

✳ 可怜天下老师心

◇林 化

有一天，我在班里表扬了一位同学，说他那个"青翠欲滴"用得好。下一次交上来的作文，几乎每个人都用了"青翠欲滴"："教室的一角里，有盆青翠欲滴的花""爸爸拿起青翠欲滴的玉酒杯""她穿上一件绿色的裙子，真是青翠欲滴"……有一个男生居然还写"我的鼻涕青翠欲滴……""我愿化作那棵青翠欲滴的油菜，如果它可以为生病的姐姐补充一点点维生素；我愿化作一顿美味的红烧牛肉，如果它可以为因生病而面黄肌瘦的姐姐恢复健康；……如果我化作了一只大熊猫或者东北虎什么的，你可千万别吃我，因为我希望你是个环保主义者；如果我化作了……"

我的旗下也不乏一些另类写手。有个看来十分文静的女孩子在《最难忘的一件事》中写道："我的记忆是一只美丽的木匣，打开它，里面放着许多珍珠。每一颗珍珠就是我的一件童年往事。"然后她写了小时候在乡下姥姥家时如何用尽酷刑将两只鸡折磨致死的故事。接着是："事情过去很多年了，每当我回想起来，脸上仍会露出会心的微笑。我觉得，这是那些珍珠中最大最璀璨的一颗。"

还有一个男孩写了他养的一只狗，狗后来吃了耗子药，行将死去。当他赶到时，"只见小狗瘫在地上抽搐着，用无神的眼睛望着我，好像在说：'小主人，我就要走了，你就是为了我，也要好好学习呀！我的在天之灵也会保佑你每次都考一百分！'"

另一个学生的作文让我不敢给分。一篇四百字的东西，居然每一句都没有丝毫的联系。比如说，第一句是写每天早晨有个大叔在街头卖豆浆，第二句却是公园里划船的人很多，第三句能写到月亮像个鸡蛋黄。所以我怎么看都好像是几十个造句拼起来的，其思维跳跃幅度之大，今日之中国恐怕无人能比。我不允许自己一不小心将一颗后现代派或意识流大师的种子扼杀在摇篮里，因此小心翼翼地给了个"良"。

再有一篇作文名为《挑食》，全文如下：

"如果你不爱吃青菜，你就会缺少维生素。如果你不爱吃肉，你就会面黄肌瘦。如果你不爱吃米饭，你就是北方人。如果你不爱吃面，你就会没劲儿。如果你不爱吃鸡腿，你就会跑不动步。如果你不爱吃鸡翅膀，你就不会梳头。如果你不爱吃鸡蛋，你的脑子就会很笨。如果你不爱喝牛奶，你就长不高个儿。如果你不爱抽烟，你老婆一定很厉害。如果你不爱喝酒，你酒量肯定小。如果你不爱吃补药，你可能没钱。如果你不爱吃野生动物，那你是个环境保护者……挑食的坏处有很多，你不爱吃什么，就对照前一段。"

我对照了半天，发现我居然是个面黄肌瘦、跑不动步、没钱、老婆很厉害的环境保护者。

其实我印象最深刻的一篇还是《扫墓》，我被作者那种与生俱来的幽默感所征服。许多段落我很久以后还能背出：

当"一年一度"的"扫墓节"来到祖国神州大地的时候，我们"终于"又可以到烈士陵园去"春游"了。

四月五号早晨，"金灿灿"的阳光普照着大地，几朵白云飘在"蓝蓝的"天上，小鸟在我们耳边"唱歌"。我和丁海龙一人背了一包"好吃的"，跟着学校的队伍到郊外去扫墓。到了那里，"人可真多呀"。平时这儿"根本没人来"，今天周围的农民和小贩儿却都跑出来"摆摊儿"了。我和丁海龙一看，有卖"袜子"的，有卖"发卡"的，有卖"吃的喝的"的，还有卖"半价盗版书"的。丁海龙和我在陵园里"逛了一会儿"，觉得太挤了，就出来"等老师"。"闲着也是闲着"，我们就每人吃了一盆（疑为错别字，应为"盘"）凉皮。

"一盆凉皮"的饭量着实不小，但我的班上还有更能吃的孩子。一天吃三"吨"（顿）：一"吨"早饭，一"吨"午饭，还要吃一"吨"晚饭。我疑心他创吉尼斯世界纪录了，但看到另一个女孩的日记，才明白自己下结论过早，强中还有强中手……

悦客群

含笑弯刀：

小时候我们说过太多的傻话，有时是因为粗心大意，有时是因为心不在焉，更多却是我们天真地认为，说话是不要什么规矩，想什么就可以说什么的。

是啊，可能是我们被太多的规范束缚，说出许多诸如"我叫红领巾"之类的套话，可能当我们真的学会了说话的艺术，也许却忽略了与人交流重要的不是艺术，而是真诚的态度。

 阅览室

<h2 style="text-align:center">浅悟生命</h2>

◇孤 帆

美学家朱光潜曾经这样感叹：一阵清风吹来，你不在你最亲爱的人的眼光里。突然在你心中涌现的那一点灵感，你不能把莎士比亚的佳妙处奉献给你的母亲，你也不能使你的妻子也觉得东墙角的一枝花影比西墙角的一枝花影意味更加隽永。情感是人对世界万物的感受，情感的差异和微妙，产生了人们的心灵隔阂和自我孤独感。在现代社会中，个人的孤独感日益普遍、沉重。因此我们要学会适应，适应社会，适应环境，适应他人。缺乏适应能力的生命个体，与生活的隔阂与疏离，在其心理意识中恐怕就难以排除愤世嫉俗的涌动，或是妄自菲薄的悲叹。哲人有言：一滴水的最好去处是哪里呢？那就是江河、大海。是的，孑然孤处的一滴水固然显得独立不羁，却难以指望它拥有长久的生命力，正如一个特立独行的人，虽不乏桀骜不驯的嶙嶙风骨，却很难为世人所接纳；不免要陷入凄凉孤独的境地。那么类似为一滴水的个人，尽管很晶莹，最好的去处自然是挤满芸芸众生的社会了。

当然人生而有情。当你呱呱坠地甚至还来不及睁开双眼，你就用你第一声啼哭表达了你对这个世界的情感；随之不断地生长，从家庭到社会，从社会到自然，你的经历越广，见识越多，你的情感就越丰富深厚。当你走到生命晚年的时候，回顾自己一生的经历，会惊奇地发现以微薄之躯，短暂一生，经受了多少自然界的春夏秋冬与阴晴圆缺，容纳了多少喜怒哀乐，盛衰荣辱，并在我们的生命中建造了一个不可言喻的情感世界。

人作为一种高等动物，会自然地感受着这个世界的冷暖、饥饱、爱憎、安危。但是，人不只是个自然生物，他同时还是一个社会的理性的生物，因此他的感受必然加入了他的社会意识、理性原则、个人情趣和人生理想。一个单纯的动物只能用自身物种的标准本能地感受外在的刺激，它的情感与感受是用"需要——满足"的因果关系决定的。正如一个心性不高的人，其幸福和快乐的源泉是他的感官嗜好，充其量过着一种自认为舒适的家庭生活，与粗俗的伴侣在一起俗不可耐地消磨时光。有些富人也不过如此，真正喜欢的是获取肉体的安适与享受，美味佳肴在他们来讲是最高的幸福所在了。但是他们也不免时常厌倦生活。于是他们找各种方法，不切实际地去弥补，喝酒、赌博、到处游玩等等。没有知识的渴求，他们用金钱满足了虚荣心，这就是他们得到的快感，其他一无所有。人的最高、永恒、丰富的快乐是在心灵深处。一个具有丰富情感理智的人在完全孤独的时候，也能沉浸在自己的怀念与遐想中其乐无穷。正如陶渊明诗中所云："结庐在人境，而无车马喧。问君何能尔，心远地自偏。采菊东篱下，悠然见南山。山气日夕佳，飞鸟相与还。"一个有着温和优雅性格的人就是在贫乏的环境中也能怡然自得，所以古代哲人就用"万物一体，天人合一"的观念表达了类似的思想并倡导对无限天地的倾心热爱。冯友兰先生提出的自然境界、功利境界、道德境界、天地境界，我们一生都要经过，但我们最终能否登上天然境界？是否依然见山还是山，见水还是水？正如罗丹所说："生命之泉是由心中飞涌的，生命之花是自内而外开放的。"

智慧窗

黑格尔说："人不仅要追求物质需要的满足，更应该追求精神需要的满足。"如果只满足了物质需要，那只是满足了动物的本能的需要。而人是要有一点精神的，"人的最高、永恒、丰富的快乐是在心灵深处"，是在为国家为社会为人民多作贡献。这样，你才是悟到了人生的妙谛。

（张雨生）

阅览室

人生就是一场苦旅

◇林间枫树

艾明波说过："人带着自己的第一声啼哭来到这个世界，又带着别人的一串哭泣离开尘世，这是一次简单的而又复杂的旅行。"

的确，人的一生就是一场苦旅。当母亲带着疲惫的微笑将你捧给世界时，不管你心情如何，你已踏上人生之旅。这一生，别无选择，便都在途中。人在旅途，就注定有风有雨，有苦有难，有坎坷更有不平，有失意更有挫败。学会经营，让旅途少一些艰辛多一些美好。

人在旅途，要学会珍惜，学会坚强，一路走来，总有太多不平事。心海浮沉，忧喜掺杂，不断希望，不断失望。然而，太阳每一天都升起，每一个落日都承载着一段逝去，时间抓起来是黄金，抓不起来就是流水。每一天都无理由懈怠，日子不会因为你的心情而等待。哭过笑过，旅途还要继续，无论生活交给你什么，都要勇敢地抬头。面对命运的风吹雨打，接受苦难的洗礼，在苦难中成长，在成长中更坚强。做人生旅途中的铿锵玫瑰，挫败是坚强者的天堂，也是懦弱者的地狱。将苦难踩在脚底，打点雄心继续前行。

人在旅途，要学会包容，学会豁达。人在途中总有太多的人太多的事，扰乱你的心扉，破坏你的安宁，逆着你的思维，甚至走着与你相反的轨迹。这个世界总有太多不如意、不完美。一切的一切让你苦闷，让你备受煎熬。然而我们应该承认，每个人都有各自不同的生活方式，我们也都无权要求别人，每个人也都有权我行我素。用海纳百川的豪气，包容身边的一切。学会理解，学会宽容。少一些抱怨，少一些格格不入。举世皆浊，唯我独清，终究是一种悲哀，一种伤感。人在旅途，本已有太多艰辛，何必再让别人的阴影挡住你幸福的光亮呢？用一颗豁达的心，看身边潮起潮落，风起云涌。我的旅途我只要"面朝大海，春暖花开"。

人在旅途，要学会坦荡，学会从容。将尘世的礼物堆积到愚人的脚下，我们只求不受烦扰的心灵。包容别人，做好自己，哪怕收获的只是以怨报德，只求问心无悔。坦坦荡荡做人，从从容容做事，在这纷杂的尘世中，为自己寻求一片心灵的绿色，收获自然之大美。拥有坦荡才会轻松，拥有轻松才会快乐。

人生真谛

人在旅途要珍惜拥有的一切。用坚强迎接生活赐予的一切。用真情、真爱和真心宽容所有，然后以一颗豁达的心，笑对人生百态。以坦荡和从容经营自己的心境。最后，收获的将是自己人生的幸福和完美。

智慧窗

　　人在旅途要学会坚强，一路走来，总有太多不平事，要学会面对，不要逃避；人在旅途要学会珍惜，学会从容；人在旅途要珍惜所拥有的一切。的确，人生是一场苦旅，一定会经历许许多多的风雨考验。

（王秀芳）

阅览室

人生哲理
◇紫色光

　　爱默生说过："偏见常常扼杀很有希望的幼苗。"为了避免自己被"扼杀"，只要看准了，就要充满自信，敢于坚持走自己的路。

　　同伴们都有了自己的恋人，但是，没有人会邀请害羞的姑娘玛莉。玛莉沿着走廊走着，耷拉着头。从她的样子来看，心情很沉重。一块标着"吸引异性物"的招牌挡住了她，牌后放着一些丝带，周围摆着各式各样的蝴蝶结，牌上写着：各种颜色应有尽有，挑选适合你个性的颜色。

　　玛莉在那儿站了一会儿，尽管她有勇气戴，但还为她母亲是否允许她戴上那又大又显眼的蝴蝶结而犹豫不决。是的，这些缎带正是伙伴们经常戴的那种。

　　"亲爱的，这个对你再合适不过了。"女售货员说。

　　"噢，不，我不能戴那样的东西。"玛莉回答道，但同时她却渴望地靠近一条绿色缎带。

　　女售货员显得惊奇地说："哟，你有这么一头可爱的金发，又有一双漂亮的眼睛，孩子，我看你戴什么都好！"也许正是售货员这几句话，玛莉把那个蝴蝶结戴在了头上。

　　"不，向前一点。"女售货员提醒道，"亲爱的，你要记住一件事，如果你戴上任何特殊的东西，就应该像没有人比你更有权戴它一样。在这个世界上，你应抬起头来。"她用评价的眼光看了看那缎带的位置，赞同地点点头，"很好，哎呀，你看上去无比地令人兴奋。"

　　"这个我买了。"玛莉说。她为自己做出决定时的音调而感到惊奇。

　　"如果你想要其他在集会、舞会、正规场合穿着的……"售货员继续说着。玛莉摇摇头，付款后向店门口冲去。速度是那么快，以至于与一位拿着许多包裹的妇女撞了个满怀，几乎把她撞倒。

　　过了一会儿，她吓得打了个寒战，因为她感到有人在后边追她，不会是为那缎带吧？真是吓死人了。她向四周看看，听到那个人在喊她，她吓得飞跑，一直跑到一条街区才停下来。出人意料，玛莉眼前正是卡森咖啡馆，她意识到她开始就一直想到这儿来的。这儿是镇上每个姑娘都知道的地方，因为伯特——大家都喜欢的一个好小伙每个星期六下午都在这儿。他果然在这儿，坐在卖饮料的柜台旁，倒了一杯咖啡，并不喝掉。"莉妮把他甩了，"玛莉暗想，"她将与其他人去跳舞。"

玛莉在另一端坐下来，要了一杯咖啡。很快她感觉到，伯特转过身来在望着她。玛莉笔挺地坐着，昂着头，意识得到，非常意识得到头上的那绿色缎带。

"嘿，玛莉！"

"哟，是伯特呀！"玛莉装出惊讶的样子说，"你在这儿多久了？"

"整个一生。"他说，"等待的正是你。"

"奉承！"玛莉说。她为头上的绿色缎带而感到自负。

不一会儿，伯特在她身边坐下，看起来似乎他刚刚注意到她的存在，问道："你的发型改了还是怎么的？"

"你通常都是这样注意吗？"

"不，我想正是你昂着头的样子。似乎你认为我应该注意到什么似的。"

玛莉感到脸红起来："这是有意挖苦吧？"

"也许。"他笑着说，"但是，也许我有点喜欢看到你那昂着头的样子。"

大约过了十分钟，真令人难以相信，伯特邀她去跳舞。当他们离开卡森咖啡馆时，伯特主动要陪她回家。

回到家里，玛莉想在镜子跟前欣赏一下自己戴着绿色缎带的样子，令她惊奇的是，头上什么都没有——后来她才知道，当时撞到那人时，绿色缎带被撞掉了……

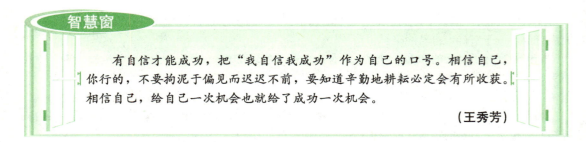

智慧窗

　　有自信才能成功，把"我自信我成功"作为自己的口号。相信自己，你行的，不要拘泥于偏见而迟迟不前，要知道辛勤地耕耘必定会有所收获。相信自己，给自己一次机会也就给了成功一次机会。

（王秀芳）

阅览室

生活到底是什么

◇林　源

一位满脸愁容的生意人来到智慧老人的面前。

"先生，我急需您的帮助。虽然我很富有，但人人都对我横眉冷对。生活真像一场充满尔虞我诈的厮杀。"

"那你就停止厮杀呗。"老人回答他。

生意人对这样的告诫感到无所适从，他带着失望离开了老人。在接下来的几个月里，他情绪变得糟糕透了，与身边每一个人争吵斗殴，由此结下了不少冤家。一年以后，他变得心力交瘁，再也无力与人一争长短了。

"哎,先生,现在我不想跟人家斗了。但是,生活还是如此沉重——它真是一副重重的担子呀。"

"那你就把担子卸掉呗。"老人回答。

先生!我现在……

生意人对这样的回答很气愤,怒气冲冲地走了。在接下来的一年当中,他的生意遭遇了挫折,并最终丧失了所有的家当。妻子带着孩子离他而去,他变得一贫如洗,孤立无援,于是他再一次向这位老人讨教。

"先生!我现在已经两手空空,一无所有,生活里只剩下了悲伤。"

"那就不要悲伤呗。"生意人似乎已经预料到会有这样的回答,这一次他既没有失望也没有生气,而是选择待在老人居住的那个山的一个角落。

有一天他突然悲从中来,伤心地号啕大哭了起来——几天,几个星期,乃至几个月地流泪。

最后,他的眼泪哭干了。他抬起头,早晨温煦的阳光正普照着大地,他于是又来到了老人那里。

"先生,生活到底是什么呢?"

老人抬头看了看天,微笑着回答道:"一觉醒来又是新的一天,你没看见那每日都照常升起的太阳吗?"

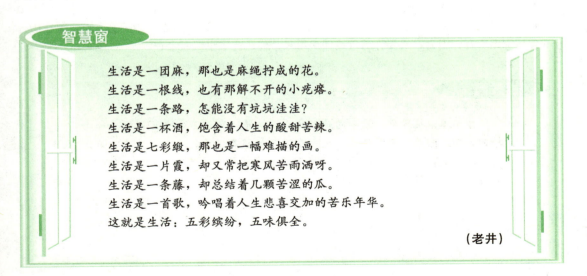

智慧窗

生活是一团麻,那也是麻绳拧成的花。

生活是一根线,也有那解不开的小疙瘩。

生活是一条路,怎能没有坑坑洼洼?

生活是一杯酒,饱含着人生的酸甜苦辣。

生活是七彩缎,那也是一幅难描的画。

生活是一片霞,却又常把寒风苦雨洒呀。

生活是一条藤,却总结着几颗苦涩的瓜。

生活是一首歌,吟唱着人生悲喜交加的苦乐年华。

这就是生活:五彩缤纷,五味俱全。

(老井)

阅览室

手留余香

◇武长江

我的一个朋友开了一家公司，运转不到三年就倒闭了。他不但没有挣到钱，而且还血本无归。负债累累的他，几乎每个礼拜都有人登门讨账，往日的挚友越来越少，亲戚邻居冷眼相看，年轻貌美的妻子也离他而去，他承受不了这样的打击。就在万念俱灰时，他来到附近一座庙宇中找到了很有名的禅师。

他向禅师诉说了自己内心的苦痛。禅师只是闭目静静地听着。等他凄凄悲悲地诉完后，禅师让他伸出手来，问道："你现在手上有什么？"他沮丧地说："一无所有。"禅师说："不对，你现在手里留有余香。"

他若有所悟，回去之后，努力奋斗，终于东山再起。

有言道："心无物而宁安，身无杂而神静。"我们认为世间的一切事物都是以我为轴心而旋转，内心病态的浮躁便油然而生，慢慢地侵蚀到生命的每个细胞，使宁静的心灵找不到栖息地。

记得三毛曾说过："快乐是国王的新衣，只有聪明人才看得见。"人生总是寻找快乐的时间多过享受快乐的时间，而我们总是在路上追求所谓更好的生活。

那么，就让我们心平气和做个凡人，适当放松自己的情感，原谅自己的过失，莫忘春光好处黄花正香；留点时间与空间来爱自己，爱自己也是生存的目的。

人性好攀比，适度、公平、友好的对比，你追我赶，是彼此进步的动力。人生本来就很简单，只是被人为地复杂化了。活着只需要一个宗旨：从你出生的一刻，你的小拳头就紧紧握住了你的命运，你的人生该怎么去开始、进行、结束，都掌握在你的手中。甚至到最后，上苍也是公平的，他不会让你一无所有，到最后，人人都终会手留余香！

人活在世上，失败和成功常伴随，痛苦和快乐常拥有，得意和失意也是常有的事情。请相信吧，如果你现在正处在人生的痛苦和失落的低谷，这不要紧，要紧的是你赶快走出来。现在的你绝不会是一无所有，因为，只要你勇敢地伸出手来，你还会手里留有余香。

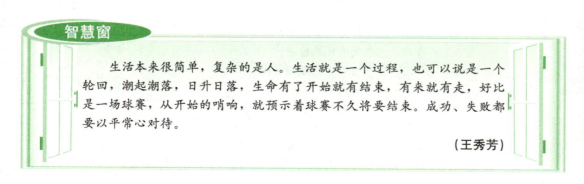

智慧窗

生活本来很简单，复杂的是人。生活就是一个过程，也可以说是一个轮回，潮起潮落，日升日落，生命有了开始就有结束，有来就有走，好比是一场球赛，从开始的哨响，就预示着球赛不久将要结束。成功、失败都要以平常心对待。

（王秀芳）

母亲的泡桐树

◇李荣欣

清明前的一天，我在河堤上转悠，碰到一棵干挺枝茂、花儿开得灿灿烂烂热热闹闹的泡桐树。闻着那清香馥郁的花香，就不由想起乡下老家院子里的泡桐树，想起我的母亲。

那还是生产队的时候，村里给我们家划了一处新宅基，秋末冬初盖起了三间青砖瓦房。到了来年的春天，父亲指着宽宽的院子说："该栽几棵树了。"母亲听了，扛上铁锹就走了。一顿饭工夫，她扛着几棵泡桐树苗儿回来了。父亲摇头说："不如栽几棵果树。"母亲一边挖坑，一边说："栽这树吧，长得快，用场大。"那时我还在西藏服兵役，这些是后来休假时听父亲说的。听父亲的话音儿，母亲不让他栽果树他老大不高兴。

三五年后，母亲栽下的泡桐树开花了。那年春节，我休假回来，说起泡桐树开花，妹妹说："可香啦，香气可好闻了。"母亲笑着说："香甜得喷人，你就不能等它开花再走?"母亲是想用她特有的方式，留我在家多住些日子，可我的时间不允许。又过了三五年，泡桐树都长大了，我还在部队，还老是春节前回来休假，过了春节就走，还是闻不到母亲栽下的泡桐树的花香。

那年，我工作忙，超过休假时间了还没回家。从边防一线刚回到机关，同事给我一封电报。是家里发来的，说母亲病危，让我速回。这是我入伍十多年来，家里第一次给我发电报；我知道母亲已经不大行了，否则他们是不会打扰我的!我买上飞机票，紧赶慢赶，回到家，母亲都过了一七了。我发现母亲在院子里栽下的那几棵泡桐树，除了一棵小的外，都刨掉了。砍下的树枝，凌乱地在院子里堆放着，正是花期，那上面还开着蓬蓬的花儿，有一股淡淡的香气弥漫着。我终于闻到了母亲栽下的泡桐树的花香，可却是在这种情形下，我不由得泪流满面悲伤难忍。

年迈的父亲走过来对啜泣的我说："你娘的棺木，是用她栽的这几棵泡桐树拼的。我现在才明白，她为啥当初要栽泡桐树。要不是这几棵树，家里得花一千多块钱呐。你娘一辈子不连累人，为别人操心惯了。"父亲说着，随手从身旁的树枝上，摘了一朵泡桐花，在鼻子上闻闻说："一辈子俺俩争吵不断，没想到她现在走了。"

在父亲的述说下，我想起小时候，母亲因我做"贼"的那件事。

我的母亲出生在佃户人家，旧社会家里穷，该读书识字的年龄，她每天拎着荆条篮子给牛马割杂草、给人畜剜野菜；该刺龙绣凤的岁月，她每天场里、地里丢了锄头拿锹把，干着男子汉的活，荒废了女儿家的本领。

简朴粗陋的生活，造就了母亲大度的性格。她从不说人闲话，不道东家长西家短，不占人便宜。借人粮面，她总是平碗来，尖碗去。母亲就是凭着这种大家气度，赢得了大家的信赖。新中国成立后，村里选举贫协代表，尽管母亲连个正经名字都没有，大伙还是把那神圣的一票投给了她。

"三年自然灾害"的第二年春天，我家断粮，为了活命，母亲天天领着我去野外挖野菜。

一天下午，夕阳西下，母亲和我提着野菜匆匆往家里赶。我们路过村里的粮库时，人们正在分发粮食，瞅着那黄灿灿的玉米粒，我的腿再也迈不动了。万般无奈的情况下，母亲跑到麻袋旁，伸手抓了一把玉米粒塞到我手中。就在她拉着我要走开的一瞬，一只大手钳住了我，我吓得哇哇哭了起来。母亲对那汉子说："你别怪孩子，这玉米是我抓的，打、罚俺都认。"看着瘦骨嶙峋的母子，那人似乎也没有什么好的处罚办法，就说："你把地给我们扫干净再走吧！"于是，母亲就拖起同她体力已不相当的大扫把，从台阶上扫到院子里，从院子扫到门前。夜色裹住整个村庄的时候，母亲终于把偌大的院落给打扫得干干净净，但已累得筋疲力尽。

就这样，母亲在清白的一生中，竟为了我这个不争气的儿子做了一次贼！

那天晚上，母亲没有咽下一口野菜，待我啜泣着睡下后，她坐在我的床头，黑暗中用粗糙的双手不停地在我脸上、头上摩挲，似乎有什么话要对我说，可她始终没有吐露一个字。

多年后，我终于悟出母亲要对我说的话：手莫伸，伸手必被捉！

作为她的儿子，我始终不知如何来报答她的舐犊深情。当我有能力在她面前尽一点孝道的时候，她却与世长辞了。多年来，母亲拖着硕大的扫把扫地的身影经常在我眼前显现，它催我奋进，引领我走好人生的每一步。

有两张照片，是我家的宝贵纪念。在过去的年代里，拍照属于奢侈行为，很少人家有合影，庆幸的是我家倒有两张。原因是我1969年入伍后，为了让我在部队好好服役，不思念家人，在公社卫生院当医生的父亲就领着母亲、姐姐和弟弟，跑到二十多里外的市里照了一张合影，给我寄到了部队。另一张，是我1975年从西藏部队回家探亲时，找了一架旧相机，自拍了这张除了出嫁的姐姐外的全家合影。当时是冬天，为了装点，妹妹找来了一个花瓶，可家里穷，连一张放花瓶的桌子都没有，只得用那个自行车圈打的简易餐桌凑合。

这两年，我经常在闲暇时拿出这两张发黄的照片翻看，聊慰我对父母的思念之情。

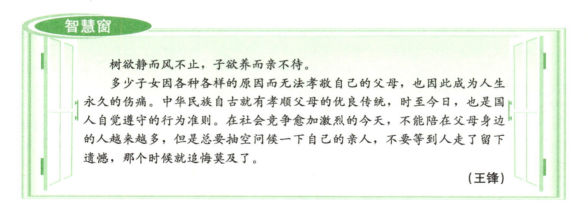

树欲静而风不止，子欲养而亲不待。

多少子女因各种各样的原因而无法孝敬自己的父母，也因此成为人生永久的伤痛。中华民族自古就有孝顺父母的优良传统，时至今日，也是国人自觉遵守的行为准则。在社会竞争愈加激烈的今天，不能陪在父母身边的人越来越多，但是总要抽空问候一下自己的亲人，不要等到人走了留下遗憾，那个时候就追悔莫及了。

（王锋）

阅览室

给树留个柿子
◇毛甲申

在扫盲班，教员点名让我妈用"毛"字组词造句，我妈说，毛，毛甲申，毛甲申是我的大儿……

一般，黄昏我要打个电话给我妈，常常是电话响一声就接了。我说，妈，你吃饭了吧？我妈说，吃了。我说，你喝药了吧？我妈说，喝了。然后汇报一样地说，早上喝了两片，晌午喝了两片，还有两片等睡觉时再喝。

接下来我妈会问我吃饭没有，吃啥饭，有些啥菜，我一一汇报。然后再说些别的：谁家的二姑娘出嫁了，谁家的老头儿过世了，家里的花猫不肯捉老鼠，喜欢上逮兔子了……有时忙忘了，没打电话回去，我妈也不说什么。

去年我回到老家的那个黄昏，跟我妈坐在院子里说话，说得正好呢，我妈起身回屋了，过了一会儿，我也回去了。我妈坐在电话机旁边，出神地看着电话。我说，妈，你干啥啊？我妈说，我在等甲申的电话啊。我说，我这不是回来了嘛。我妈拍着脑袋说，你看，你看，我都糊涂啦……

那时我明白了，我妈是一直在等我的电话。从那以后，在外面，我每天都打个电话回去，没早请示、晚汇报也是好的。我这样说，我妈一下就慌了，说不敢不敢，早请示晚汇报，那是对毛主席说的。

我妈不识字，进过扫盲班，那时我刚上小学。她的课本跟我的不一样，里头有《新百家姓》，以"毛"字起头的。有天，教员点名让我妈用"毛"字组词造句，我妈说，毛，毛甲申，毛甲申是我的大儿。教员忍不住笑了，说这句子造得不对，说"毛甲申"不是词，说了半天我妈还是不懂，红着脸说，毛甲申是我大儿，怎么就不对了？教员又费了不少口舌，可我妈依然坚持自己是对的，"我是他妈，我还不晓得他是不是我的大儿！"

我妈认会了一二十个字，扫盲班就结束了，后来这些字她又忘记了，她说"它认得我，我认不得它了"。除了认得钱，她认得我的名字，说"甲申"两个字模样周正，就像栽在地上的木牌子。

我妈对木牌子印象深刻，因为她的脖子上曾经被挂过木牌子。那是很久以前的事情了，那时她还年轻。我家成分不好，祖父祖母被划为"四类分子"，经常，开会时，他们就会被安排站在台前，脖子上挂个牌子，写着"四类分子某某某"。有一回，我祖母病在床上，实在去不了，大队长派人一遍一遍来"请"，说哪怕背也要背去，祖母想硬撑着起来，起了几回，身子骨还是面条一样溜在床上，起不来。我妈就去了，把祖母的牌子挂在脖子上，跟那一群老头儿老太太站成一排，低着头接受批判。

后来，我问我妈，站在台上被批斗的感觉咋样？我妈说，我也没听他们说啥，就是想着屋后地里还有一片嫩灰灰菜，想等批斗完了，赶紧弄回来，不然就让别人抢了先……

那时，我们都饥饿着，整天吃煮着野菜的玉米糊糊。我和弟弟妹妹端着碗坐在门槛上，喝一口糊糊，看一眼堂屋里贴着的马克思恩格斯像，他们的眼睛都很有神，都长着大胡子。我就问我妈，他们那么长的胡子怎么吃玉米糊糊啊？我妈说，人家那么大的领导怎么会吃玉米糊糊，肯定吃细粮吃面条的。

面条在那时是很奢侈的吃食，我妈说，好好念书，公社的干部才有面条吃的，烧点菜油一拌，喷喷，半里路闻着都香……

我也用了心念书，可还是没有考上大学，很是落寞了一阵子，像是天塌下来了。我妈觉得没什么，说现在日子好了，咱们有地了，不当干部也天天吃面条嘛，你小时候说要养一群羊的，以前念书没时间，现在正好养嘛。

我知道我妈的心思，她想每天都能看到我在她身边。可是我的心思已经走得很远，我要去城里，我向往街道。我妈不愿意，说城里吃饭要钱，上个厕所要钱，车又多，人生地不熟。

我铁了心要走，我妈抹了一把眼泪说，你可要回来啊！那语气像是我一去不返一样的。

那年冬天的早晨我的两只脚丫子带着我迈向了城市，我妈送我，跟着汽车跑，跟我说，你要少喝酒，酒喝多了又没人扶……

最开始我妈以为我会在城里待不下去，就先是喂了一头羊，准备着等我回来发扬光大的。我没有回去。后来又让父亲给我写信，说是有个女子模样好看，又勤快得很，要我回家，我也没有回去。我妈又让父亲写信来，说是她病了。收到信，我立马回去了。我妈正在地里忙活，一点病也没有。我妈很高兴，说没病，就是想看我是不是饿瘦了，还好，还胖了。

晚上我妈又说起那个女子，她甚至还幻想着生一大群孩子的事情，而那时我的心思不在这事上。这让我妈难过，跟媒人说："这娃不晓得要媳妇，可能还没懂事吧。"这事才算罢了……

时间一晃就是几年，妹妹去了城市，再后来是弟弟，都离开了老家，一个比一个远，父母一直都在那里，像一棵被摘光了果子的树。

那年秋天，我回家，帮着从树上夹柿子，我妈说，别都夹完了，留几个柿子看树。我问为啥要留呢，她说给树留着啊。我说，树又不吃。我妈说，结了一树柿子，一个柿子都不留，树也难过嘛。

我愣了一下，这话说得很有意思。我妈说树，也是说自己，她有儿有女，可没有一个在她身边。好在，这样的叹息也不是经常的，我们都待在城里，有自己的工作，我妈是高兴的，只有一点担忧，好是好，就是样样都要钱，要待在家里，随便摘点辣子，抽点青菜，就是一桌子菜嘛。

接我妈来城里，她很不习惯，操心父亲不会做饭，操心家里的花猫，操心地里的庄稼，还没待几天，就今儿要回明儿要回，吃不好睡不好的。但一来几千里，我们肯定要留她。

有天我睡午觉，迷迷糊糊地半睁了眼睛，看见我妈坐在床边，一声不响地看着我，于是我赶紧闭上眼睛，继续睡着。我妈就那样看了很久，好像我浑身都是她的目光。在那样的目光里，我妈一定想起了我小的时候，在她的怀里，尿床，淘气，哭鼻子……而现在，却睡得安稳。

我妈来了，我和妻子都想着她在家里成天劳累，就想让她过几天饭来张口的日子，不让她切菜，不让她洗碗，不让她拖地。我妈总是抢着做，而我们总是拦着她。这让她很难受，叹息说，这些我都会做啊，都洗洗涮涮一辈子了嘛。这样，我们由着她，她一下就高兴了，就是嘛，我又不是神仙，光玩怎么行？

后来，我在一篇文章里写，要给母亲凝视你的机会，安静地让她凝视，让她回味你成长的点滴，回味远去的美好。同时，要给母亲洗碗的机会，这样她会觉得她还能为你做点什么。其实，母亲一辈子都要为我们劳累。

日子一天一天过着，不知不觉中我妈就老了，头发花了，一颗牙掉了，接着一颗牙又掉了，穿不了针线了……

因为高血压，常年服药，一直很瘦的她虚胖了，我常常为这个担心。我妈笑说，胖点好，看着富态。我劝她和父亲别种地了，他们答应得很干脆，说不种啦不种啦，种了一辈子的地，还没种够吗！嘴上这样说，却还是要种的，反正我们都不在眼前，看不见的。

后来我问我妈，为啥要嘴上一套手上一套？我妈说，种子都留了，地也挖了，不种，她心里慌。又说，咱们又不是没粮吃，我就是想着弄点麦草，麦草引火烙饼子软和，还得给猪做窝，冬天垫些麦草，猪也暖和些。

我妈总是有理由的，想想也是，种了一辈子地，和地都成了搭档。这样，我们也就不再拦她。

我们不拦她，我妈就得意了，说豆角长得很好，黄瓜长得很好，玉米长得很好，南瓜长得很好，土豆长得很好……她说那些农作物时，就像介绍她的孩子。

没想到，我妈锄草时突然手臂不听使唤了，她慢慢地挪回家。那时只有她一个人在家里，父亲在县医院做手术，还没有出院。

那也是个黄昏，我打电话回去，我妈声音很弱地说，好像半边身子不能动弹……头好像有点昏，还尿床了。可能怕我担心，我妈说，不要紧的，睡一觉，明早就好了……

我的头轰的一响，这不是睡一觉就好了的事情，明显的中风症状。我像疯了一样，不停地打电话，告诉妹妹，告诉弟弟，向所有离家近的亲朋好友请求支援，深夜我妈被救护车送到县里……

是脑出血，幸好出血量少。她慢慢地康复，能下地了，能扶着墙走了，能拿勺子吃饭了，再后来能拿筷子了。三个月之后，我妈在电话里说，今天切了土豆丝，切得像个土豆棍子。

那一刻我的眼睛忽然一湿，这多么难得啊！

后来，我妈对我说，这一场病花了不少钱，就当是你们几个花钱买了一个妈。我要好好给你们活几年。不然，太不划算了……

我笑了，我妈也笑了，都笑出眼泪了。

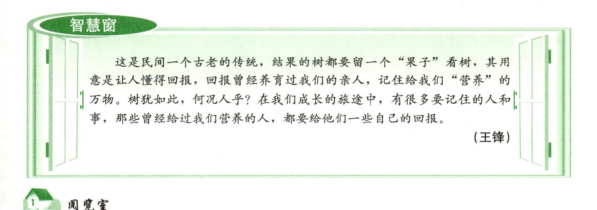

智慧窗

这是民间一个古老的传统，结果的树都要留一个"果子"看树，其用意是让人懂得回报，回报曾经养育过我们的亲人，记住给我们"营养"的万物。树犹如此，何况人乎？在我们成长的旅途中，有很多要记住的人和事，那些曾经给过我们营养的人，都要给他们一些自己的回报。

（王锋）

阅览室

梦里不知身是客

◇碧　螺

这几天，我又一次梦见了那个戏园子。

在梦里，看不清楚戏园里的轮廓，只觉得空旷落魄，一排排旧损的座位已经蒙尘，戏台上墨绿色的幕布也无力地低垂着。

一切还是老样子，只是没有了观众。

小小的我独自站在台下张望，看着眉目如画的青衣叹气落泪，径自唱着我理解不了的戏词。

咿咿呀呀的唱腔婉转低回，几次将我从睡梦中惊醒。

这个戏园子离我家很近，总是到了下午三点钟戏才开场。那时的我很小，每天被奶奶牵了小手去听戏，心中并不情愿，京剧的西皮二黄与唱念做打，实在不是我的喜爱。

我始终弄不明白，奶奶为什么每次都单单选我，而不选妹妹，也许她太小，爱哭；而我，每次也总是看了一半，大口喝完带去的麦乳精，就熟睡在奶奶的怀里。

一个细雨蒙蒙的下午，天有些冷，奶奶又带我去那家戏园子听戏。淅淅沥沥的雨声，昏暗的天空，都不如舞台上青衣的声音凄哀。那唱腔，如同山间溪流一般清脆圆润，又像滴雨一样缠绵萦绕，千回百转。

那个下午，我竟然没有睡着，而是静静倾听，被深深地吸引住了；心似乎已不属于自己，随着那声音忽悲忽喜，嬉笑怒骂；每一个字都如同一颗珍珠，抛入玉盘，绵长悱恻又掷地有声。

四岁的我，居然为舞台上人物行云流水般飘逸的身形身段而如醉如梦，为她们艳若桃李、灿若朝霞的扮相所折服，第一次被优美的唱腔和押韵的唱词所打动。后来问奶奶，才知道那出戏叫《锁麟囊》，也听明白了一波三折的故事情节，原来是个关于施恩、报恩的故事。

再随奶奶去看戏时，心里就有了几分情愿。总是反复研究丫鬟小姐的戏服与头饰，回家后画了满满的一大本，那该算是我对美术热爱的最初萌芽。

后来，奶奶去世了，再也没人带我去听戏，那个破败的戏园子，终于也在一个阴天的下午被拆除掉了。而我却依然画着臆想而来的戏装。

许多年以来，我都不曾再看过一场戏，手中的电视遥控器遇见戏曲也总是匆忙地跳过。

直到有一天，百无聊赖的我独自在家，发呆地望着屏幕，突然一声隐约相识的唱腔牵住了我的心。恍然如隔世。

原来，是张火丁的专场，而那一曲唱词，正是《锁麟囊》的片断。

深沉的嗓音，委婉的唱腔，略带沙哑的嗓音；庄美、纯正、深沉、凝重、幽远的个性；水袖也舞得如蝴蝶翻飞，优美动人。

其中大段大段的唱词，令久不听戏的我，听得如痴如醉，余味无穷。

至今仍不敢说自己爱听戏，也依然不关心京剧。可是抑扬顿挫、犹如琵琶弹拨的悠扬长音声，却总是声声入梦，如一丝悬空转进心里，令我宛若几世轮回，走不出儿时的旧梦里。

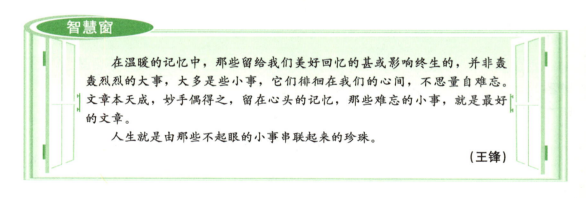

智慧窗

在温暖的记忆中，那些留给我们美好回忆的甚或影响终生的，并非轰轰烈烈的大事，大多是些小事，它们徘徊在我们的心间，不思量自难忘。文章本天成，妙手偶得之，留在心头的记忆，那些难忘的小事，就是最好的文章。

人生就是由那些不起眼的小事串联起来的珍珠。

（王锋）

阅览室

差等生丘吉尔

◇刘兴雨

在我们印象中，那些声名显赫的大人物，个个都是天赋异禀，一出娘胎就与众不同。像中国的一些皇帝，还没出娘胎，就已经不同凡响，不是红光生屋，就是神龙附体。可这位丘吉尔不行，尽管他当首相演讲时滔滔不绝，却没为自己编出一段光彩的历史来。听说他的书还得过诺贝尔奖，那奖他算是白得了，就不会搞个笔下生花，硬是承认自己小时候是个差等生。

要说起来，这位丘吉尔先生也是有些来历的，出身贵族，正儿八经上过贵族学校。可这位贵族出身的学生在贵族学校里却吃了不少苦头，甚至还因为不听话挨过鞭子。他后来在回忆录中说到小学这段生活颇感辛酸："我在功课方面收益甚少，我天天计算着学期的终了，何时可以逃避这令人生厌的奴隶生活而回到家里，并在我的游艺室地板上，把我的那些兵器和兵俑摆成作战的阵势……我看过的书超过我的年纪，然而在本班中却成绩最劣。"那时，丘吉尔喜欢历史和英文，可学校却偏重拉丁文和数学。他转到一个新学校时，拉丁文是零分，数学不及格，被编进学习成绩最差的一个班，最末的一个组，成为被人耻笑的全校倒数第三名，以致一个大学老师这样奚落他："那孩子绝不可能是从哈罗中学的校门里毕业出来的，他一定是从窗户里溜出来的。"

拉丁文在他们那时相当于我们现在的英语，学不好考大学就没戏，尽管丘吉尔的父亲当过下院议长和财政大臣，可这样的成绩还是没敢使他走后门让儿子进大学。如果现在，以他那样的身份，也许就不必费周折了。可那时不行，人们过格的事不敢做。

丘吉尔不仅学习成绩差，而且纪律也差，经常打架斗殴。有一回，他在游泳池边上看见一个身材矮小的学生，以为是可以欺负的对象，就趁人不备，把他推到水里，可那个人是健身房冠军，上岸后，把丘吉尔好一顿收拾。他苦苦哀求，直到保证不再欺负小同学才算罢休。

可丘吉尔有他的过人之处，那就是记忆力奇强，过目成诵。有一次他背诵一千二百行的一本书，毫无差错，老师和同学都惊叹不已。他还能大段背诵莎士比亚的台词，当老师援引《奥赛罗》或《哈姆雷特》出了差错，他总是不放过机会纠正老师。以致校长对他提出警告说："丘吉尔，我有很充分的理由对你表示不满。"丘吉尔却回答："而我，先生，也有充分的理由对你表示不满。"

好在丘吉尔的父亲也没有强求他去考大学，而是顺从了他的意愿，让他进军校，考上了骑兵学科，走当兵的路。

就是这样一个差等生，在伦敦惨遭轰炸时，以首相的身份大声向群众疾呼："即使伦敦化为灰烬，也比沦为德国的奴隶强上百倍。"

就是这个差等生，在希特勒向苏联进攻时，站在了自己一贯反对的斯大林一边，以致别人讥讽他转变的幅度太大，可他说："如果希特勒侵犯地狱，我也会和魔鬼站在一边。"

就是这个差等生，当他率领人们抵抗了法西斯的侵略，却在竞选首相时失利，他居然能引用希腊作家普鲁塔克的话为自己解嘲："对自己的伟大人物不怀感恩之情，是强大民族的一个特点。"

英国是个充满了高等绅士的国度，世界著名的剑桥、牛津大学都在那里，怎么也轮不到这么一个差等生来领导这个国家，但他们偏偏就选出这么一个差等生领导自己的国家，而且没有被辱没的感觉。

丘吉尔是二战时期的英雄，两次当选英国首相，还凭借自己的多卷本回忆录获得过诺贝尔文学奖，要想对自己小时候的历史美化一番不是什么难事，可他似乎没动过改写自己历史的念头，老老实实地承认自己当年是个差等生，而且不觉得面子上有什么过不去，丘吉尔真是个奇怪的人。

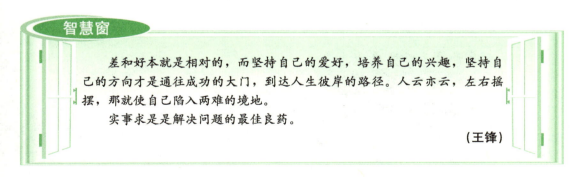

智慧窗

差和好本就是相对的，而坚持自己的爱好，培养自己的兴趣，坚持自己的方向才是通往成功的大门，到达人生彼岸的路径。人云亦云，左右摇摆，那就使自己陷入两难的境地。

实事求是是解决问题的最佳良药。

（王锋）

生命斗士

我想望一切，
一切我只在书本上读到过的美丽的乡园，
我都想去；
一切我没有听到过的可爱的音乐，
我都想听；
一切我没有尝味过的奇异果子，
我都想尝味；
……
我要尝受多样的欢乐，
多样的痛苦，
我要吸尽生命所能给予我的蜜汁和苦液。

别等天上掉馅饼

◇石上泉

有一位名叫西尔维亚的美国女孩，她的父亲是波士顿有名的整形外科医生，母亲在一家声誉很高的大学担任教授。她的家庭对她有很大的帮助和支持，她完全有机会实现自己的理想。她从念大学的时候起，就一直梦想当电视节目的主持人。她觉得自己具有这方面的才干，因为每当她和别人相处时，即便是陌生人也都愿意亲近她并和她长谈。她知道怎样从人家嘴里"掏出心里话"。她的朋友们称她是他们的"亲密的随身精神医生"。她自己常说："只要有人愿给我一次上电视的机会，我相信一定能成功。"但是，她为达到这个理想而做了些什么呢？其实什么也没做！她在等待奇迹出现，希望一下子就当上电视节目的主持人。这种奇迹当然永远也不会到来。因为在她等奇迹到来的时候，奇迹正与她擦肩而过。

这样的人注定不会成功。光有梦想是不够的，要想成功，你必须有为自己的理想追求到底的决心，并且马上行动！梦想是成功的起跑线，决心则是起跑时的枪声，行动犹如跑者全力的奔驰，唯有坚持到最后一秒，才能夺取成功的桂冠。哥伦布还在求学的时候，偶然读到一本毕达哥拉斯的著作，知道地球是圆的，他就牢记在脑子里。经过很长时间的思索和研究后，他大胆地提出，如果地球真是圆的，他便可以经过极短的路程而到达印度。自然，许多有常识的大学教授和哲学家们都耻笑他的意见。他们认为，他想向西方行驶而到达东方的印度，是傻人说梦话。他们告诉他：地球不是圆的，而是平的。然后又警告道，他要是一直向西航行，他的船将驶到地球的边缘而掉下去……这不是等于走上自杀之途吗？

然而，哥伦布对这个问题很自信，只可惜他家境贫寒，没有钱让他实现这个冒险的理想。他想从别人那儿得到一点钱，助他成功。他一连空等了17年，最后他决定不再等下去，于是起程去见皇后伊莎贝拉，沿途穷得竟以乞讨糊口。皇后赞赏他的理想，并答应赐给他船只，让他去从事这种冒险的工作。为难的是，水手们都怕死，没人愿意跟随他去。于是哥伦布鼓起勇气跑到海滨，找到了几位水手，先向他们哀求，接着是劝告，最后用恫吓手段逼迫他们去。一方面他又请求皇后释放了狱中的死囚，允许他们如果冒险成功，就可以免罪恢复自由。1492年8月，哥伦布率领3艘帆船，开始了一个划时代的航行。刚航行几天，就有两艘船破了。接着他们又在几百平方千米的海藻中陷入了进退两难的险境。他亲自拨开海藻，才得以继续航行。在浩瀚无垠的大西洋中航行了六七十天，也不见大陆的踪影。水手们都失望了，他们要求返航，否则就要把哥伦布杀死。哥伦布兼用鼓励和高压两种方法，总算说服了船员。也是天无绝人之路，在继续前进中，哥伦布忽然看见有一群飞鸟向西南方向飞去，他立即命令船队改变航向，紧跟这群飞鸟。因为他知道海鸟总是飞向有食物和适宜它们生活的地方，所以他预料到附近可能有陆地。哥伦布果然很快发现了美洲新大陆。

可以想象，如果哥伦布不去行动，而是一味地等下去，必然会一生蹉跎，"空悲切，白了少年头"。美洲大陆的发现者可能改换他人了，成功的桂冠永远不会属于他了。哥伦布最终成了英雄，从美洲带回了大量黄金珠宝，并得到了国王的奖赏，以新大陆的发现者名垂千古，这一切都是坚韧努力的结果。

以上的故事告诉我们：当你有了人生的梦想之后，就应该马上为之努力，当然有些时候需要必要的等待，但如果一味地等待下去，就只能虚度一生了。

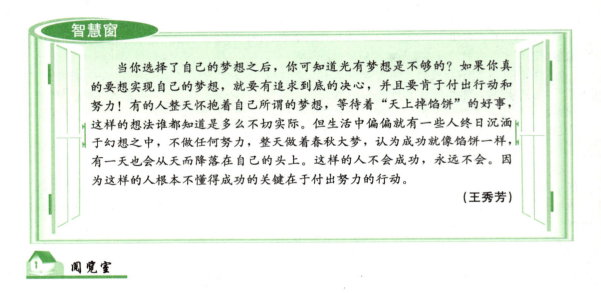

智慧窗

当你选择了自己的梦想之后，你可知道光有梦想是不够的？如果你真的要想实现自己的梦想，就要有追求到底的决心，并且要肯于付出行动和努力！有的人整天怀抱着自己所谓的梦想，等待着"天上掉馅饼"的好事，这样的想法谁都知道是多么不切实际。但生活中偏偏就有一些人终日沉湎于幻想之中，不做任何努力，整天做着春秋大梦，认为成功就像馅饼一样，有一天也会从天而降落在自己的头上。这样的人不会成功，永远不会。因为这样的人根本不懂得成功的关键在于付出努力的行动。

（王秀芳）

阅览室

感悟理想

◇燕山樵夫

理想，这个终日盘旋萦绕在人们头顶上空的幽灵，自从人类由树上走到地面上生活，直立站起由猿变成人的那一刻起，就形影不离伴随着人类，走过了几千年的漫长岁月，成为人类最忠实的挚友。

理想，一块悬挂在天边的闪闪发光、巨大无比的蓝宝石，强烈地吸引、诱惑着人们向它奔跑。理想，一株挂满奇珍异果的参天大树，人们争相攀缘而上，梦想采摘到那一枚属于自己的果实。

一个人一生事业成就的大小，一般说来会受到机遇、素质、理想的制约，过高的理想脱离实际，极难获得成功，成为美丽的海市蜃楼；过低的理想虽然容易成功，但期望值过低，其成果自然过小，成为唾手易得的小胜；只有那些因人而异，与客观条件、自身条件相宜的理想，经过努力奋斗，最终才有望获得成功。

理想，是一片贫瘠的处女地，只有辛勤地耕耘，以心血和汗水浇灌滋润，才能收获到理想的果实，品尝到理想浆果的甘甜清香。

理想，是一柄熊熊燃烧的火炬，一座照亮人生旅途方向的灯塔。有些理想之火，却是一把邪恶之火，把人引入歧途，引火烧身，甚至引火自焚，直烧得玉石俱焚。

理想，有时会变成一个美丽的女妖恶魔，它会贪婪地吸干你的满腔热血，无情地吞噬你美好的青春年华，残暴地夺走你的甜蜜爱情，把你从阳光草原拖进沼泽监狱！它是用黄金打造的金光闪闪的手铐脚镣，牢牢拴住你的手脚，使你乖乖就范，迷失了真我，成为被它驱使的俘虏、奴隶。

自私病态的理想，是缥缈的漫漫迷雾，是铺满鲜花的陷阱，是耿耿星河中吞噬一切光明与希望的巨大黑洞！希特勒、墨索里尼、东条英机、隋炀帝……这些统治者为实现其丑恶理想，给他国和本国人民带来了极其深重巨大的劫难！

美好、善良、健康的理想，则是晨曦中的一缕玫瑰色的朝霞，是东方天际里跃出海面的冉冉旭日，是夜空中的北斗七星，是一匹在绿色草原上奔驰的白色骏马！

一个人若失去了理想，便会终日浑浑噩噩、终生碌碌无为；人类若失去了理想，文明的车轮便会停止向前转动，到处充满了黑暗与蒙昧，我们的世界随之失去了勃勃生机，变得死气沉沉；我们的心灵世界，会像海王星那样静寂，满目苍凉！

有十万个人，也许会有十万个理想。有人投笔从戎，梦想当一名指挥千军万马的将军；有人梦想考入清华、北大，成为一名科学家；有人勤奋笔耕，梦想成为大文豪、大作家……其实，能够把理想变成现实的人并不多见，少之又少，真正的成功者可谓凤毛麟角，绝大多数人在理想的白马王子面前，都成了失败的丑姑娘。不想当将军的士兵，不是好士兵，这世界上毕竟是当士兵的多，做将军的少。一位将军要指挥几万、几十万的兵，当上将军的成功率也就是几万、几十万分之一，可见梦想成真的概率有多低，竞争的惨烈与残酷是常人所不能想象的，最终理想破灭便是不可避免的了。

面对理想的破灭，有人总结分析得出这样的结论：世间凡是能够实现的都不是理想，真正的理想是永远也无法实现的。

理想，并不像月宫中的美丽嫦娥那样可望而不可即。

智慧窗

理想，其实是一个人最大最高欲望的高度集中、浓缩、延伸与升华；是人生为之终生奋斗、拼搏、努力争取实现的终极目标。轻而易举、唾手可得的绝不是理想，那只是人的生存所必需的需求、欲望。只有那些经过夜以继日、长期奋斗拼搏、呕心沥血、孜孜不倦地苦苦追求，方能得以实现的宏大而重要的人生目标，才算真正的理想。理想，其层次远高于欲望，如果理想是蓝天上飞翔的雄鹰，欲望则是地面一只翻飞的蜻蜓；理想的质量，远重于欲望，如果理想是耸入云天的珠穆朗玛峰，欲望则是浩瀚沙漠里的一粒黄沙。

（王秀芳）

阅览室

梦结束的地方

◇周正东

　　有人做过统计，迄今为止，大约有五百人成功地登上了珠穆朗玛峰顶，也大约有五百人在攀登过程中献出了宝贵的生命。无论这个统计数字是否属实，都不折不扣地表明，攀登珠峰生死系于一线，代价极其残酷。

　　因攀登珠峰而遇难的勇士阎庚华去世后，笔者走进他的独居，目睹的是一个痴迷的登山者的世界：墙上贴满了登山明星照、珠峰风景画，挂满了登山爪、登山靴、滑雪杆。他用13年的漫长岁月作准备，为此放弃了婚姻，离开了心爱的女儿，甚至不惜失去生命。

　　无限风光，唯有触天者才领略得到吧！一位朋友成功地登上了海拔6 400米的一座山峰，我问他，那种高处不胜寒的峰巅之感一定惊魂动魄吧？没有一丝尘埃的繁星，广袤深邃的天宇，还有洁白无瑕的冰雪，一定让人的肺腑都透明了！朋友却一本正经地摇头道："完全不是这样，冰天雪地的山头上能有什么吸引力？天幕、繁星、晶莹的冰雪，那是诗人塑造的仙境。当时的情形根本不浪漫，巨大的风裹着彻骨严寒，满眼白茫茫的，就这些。"

　　真就这些，这么令人失望吗？答案如此肯定。那么，为什么要登山呢？不要命地登那么高的山，想证明什么？英雄气概？挑战极限的能力？我费解而焦急地望着朋友。朋友幽幽地说："那一刻，我只觉得一颗心从喉咙里咯噔一下回到胸腔里去了，就像做了一个痛苦而漫长的梦，我终于可以释怀。"那是梦结束的地方，高耸入云。这梦扯着生命的脚步，一路跋涉，万水千山，赴汤蹈火。无论那座山叫什么名字，在地壳上，在实验室中，还是在书本里，都充满了诱惑。

　　明白了吗？生命原来是梦想的一架梯子，可以一直延伸到梦想成真的那一刻，只要你永不放弃。

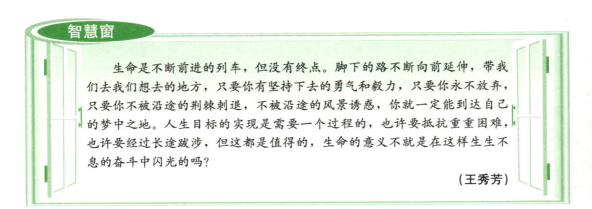

智慧窗

　　生命是不断前进的列车，但没有终点。脚下的路不断向前延伸，带我们去我们想去的地方，只要你有坚持下去的勇气和毅力，只要你永不放弃，只要你不被沿途的荆棘刺退，不被沿途的风景诱惑，你就一定能到达自己的梦中之地。人生目标的实现是需要一个过程的，也许要抵抗重重困难，也许要经过长途跋涉，但这都是值得的，生命的意义不就是在这样生生不息的奋斗中闪光的吗？

（王秀芳）

目　标

◇呼　啸

一个国家有一个国家的方针路线，一个单位有一个单位的工作规划，一个人也应该有自己的人生目标。

没有目标的船是盲目的，它会在急流中失去航向；没有目标的鸟是可怜的，它将在风雨中疲软翅膀；没有目标的人是糊涂的，他必然两手空空终其一生。

目标是航标灯，目标是指南针，目标是碧空的太阳，目标是夜间的星斗。连幼小的飞虫也知晓今晚飞往哪里，一个人怎能没有自己的奋斗目标呢？

人生有很多路可供我们选择。有柏油大道，有羊肠小径，有万里疆场，有危石悬崖，还有花草掩映的枯井。如果没有明确的人生目标，最后的结局很可能是跌入陷阱，如同困兽。

选择目标既要高瞻远瞩，又要立足现实。目标过高过大，如同痴人摘月可望而不可即；目标过小过低，无法激起自己的斗志，走起路来肯定如同懒惰的兔子，很可能落到乌龟的后面。

目标也有高低之分、优劣之别。花朵的目标是果实，没有目标的花朵只能是空花。蜜蜂的目标是酿蜜，蚊子的目标是吸血。

目标有长期目标，有短期目标。长期目标需要分期去实施，像铁索桥上的链子一环扣一环，若有一环锈蚀断裂，你将无法成功地走到终途。

确定目标的过程也是审视自己、修正自己、提升自己的过程。目标应该相对专一。如果今天一个目标，明天一个目标，老是中途转换目标，就会像那个挖井的愚人一样，这里一锹，那里一锹，永远也挖不到井水。

老虎足以咆哮山林，鼠目只能发出寸光。你的目标是半山腰，不可能欣赏到山顶的风景；你的目标定在九十里，又怎能到达百里？

是雄鹰就把你的目标定格在蓝天，是蛟龙就把你的目标书写在浪尖。目标在旗帜的引导下定位，目标在智慧车辇的追赶下愈来愈近。

智慧窗

朋友，你有自己的人生目标吗？是像种子伸出手掌展示坦荡，还是像灰尘蒙住太阳的目光？别做墙头草，在风中左右摇晃；休当被人牵制的风筝，在自由的长空无权把握自己的方向。要像子弹瞄准靶心，要像树根托举起绿色的畅想，要像山峦站成千年的刚正，要像飞瀑用头颅撞出毕生的光芒！

（王秀芳）

书读多了这样说话

◇晓 庆

同 学

"同学"这个称谓确实与众不同，在你拥有这个称谓时或许毫不在意，而一旦步入社会，这个称谓随之消失时，便油然而生一股伤感之情。于是在茫茫人海中听到一声"同学"，心里不禁暖洋洋的。

回忆，往往会过滤掉那些不愉快，沉淀下美妙的往事，想起的都是寒窗时的羞涩和离别时的不舍，以及一起学习生活的快乐点滴。

锐角饼

一次在某大学食堂吃饭，对面坐了两位女生，听到一位对另一位说："我还没吃饱，想再吃一点儿。"另一位说："你要什么？我去买。"前一女生说："就是那种扇形锐角饼，你帮我再买两块儿。"我暗想：该大学女生确实不一样，我们平时只是称那种饼为三角饼。

教授看病

该大学的某教授姓牛，俺有一次去校医院看眼睛，就听前边儿牛老师在跟医生描述症状："呃……嗯……就是那个物体跟它的像不能重叠在一起……"俺们大眼儿瞪小眼儿了很久，大夫阿姨突然顿悟了："您是说看东西有重影儿吧？"

献 血

以下是那年献血的时候，某位仁兄同医生的对话：

大夫："同学，请把胳膊弯一下。"

同学："弯曲角度是多少？"

大夫："同学，请把手一握一放。"

同学："频率是多少？"

猪腰子

我父母是医生，周围的同事叔叔阿姨也都是医生。有一次，一个阿姨去买菜，对卖肉的师傅说："师傅，来一个猪肾。"搞得师傅一头雾水，没有理她。

这时旁边过来一个人说："这个腰子我要了。"于是，肉摊上剩下的唯一一只猪腰子，被人抢走了。

买西瓜

我一直力图避免把一半说成二分之一而遭大师傅耻笑的情况发生，于是一次指着西瓜说："师傅！我要一半的一半……的一半！"还很是思考了一会儿，怕少说一个"一半"，没钱付账。

生命斗士

师傅挥刀曰:"八分之一是吧!"

看来大师傅已经更习惯数学语言了,后面那个小女生居然敢低估俺的数学素养,一阵窃笑,让俺很是受打击……

悦客群

含月弯弯:

　　作者撷取几个画面,寥寥几笔,便把大学校园众生相刻画得如此栩栩如生,读来令人捧腹。乐罢细思,纵使高等学府的文化人,也不乏另类的角色。作者妙笔生花,幽默调侃,是一篇麻辣好文!

阅览室

做生命斗士

◇青莲二世

今晚,再三拒绝,最后不得不屈服,参加了一个朋友的"喜宴"。

"喜"从何来？既不是娶妻生子，也不是乔迁之喜，又不是孩子升大学。那到底"喜"从何来？原来，他是庆贺自己出院了，感谢关心慰问他的朋友们。

前不久，他喉咙里发生了息肉溃疡，到医院检查，并马上做了小手术。医生根据治疗需要，做了切片分析。他于是心里忐忑不安，根据不尽准确的经验和信息，竟然怀疑起自己莫非得了非常严重的什么毛病。饭也不想吃，觉也睡不着，一门心思总是想着：我这么年轻，老天爷为何对我这么残酷无情？我就这么走了，还有许多许多的事情没来得及做呢，还有许多许多的想法没来得及实现呢，我的命怎么就这么苦啊！看着眼前的、身边的所有人都活得这么无忧无虑，这么潇洒自如，这么称心如意，心里感到更加得难受，抱怨命运对他是如此的不公平！越想越觉得眼前一片黑暗，越想越觉得人生如白驹过隙，越想越觉得悲哀和绝望。体重减轻了，脸色变黑了，眼神变暗淡了，情绪变反常了。

终于有一天，医生要他住院检查，这下使得他更加证实了自己的想法：生命可能已经到了尽头。同事们纷纷前往医院看望他，并非都以为他患的就是绝症，不过是出于同事间的真挚感情，照例前去探视并带去一点儿慰问和安慰而已。我们去的时候，就是这种意图，没有谁会把他和死神联系到一起的。记得当时他的脸色比较黑，眼神多少有些飘忽不定，因为他说病理切片的结果还没有出来。我还是在单位时说过的那句话："别再自己吓唬自己！小毛病，好修！修好了咱们一块走！"当时，他对我的调侃仍然听不进去，以为我这个人哪，就是那种喜欢嘻嘻哈哈的人。其实，我说的是发自内心的大实话。反过来说，即使患的真是什么不治之症，以顽强、自信、乐观的态度去对待它，也能获得生存的力量，延长生命的周期。何况在不知就里的情形下，就自己吓唬自己，即使是一个体能健康的人，也可能弄假成真，没病却吓出病来。

当天晚上，我就接到他的短信，报告结果出来了，没事！其实，这既在意料之中，又在意料之外。说"意料之中"，那是指在我的意料之中；说"意料之外"，那是指在他的意料之外。正所谓："当局者迷，旁观者清"。

"欢迎香港顺利回归！"这是我的话。为了这句话，我多喝了不少的酒。但是，我知道，值得。

人的最大敌人，往往不是别人，正是自己。

我们要想获得最大化的生存能量，就要常常把自己放到敌人的位置上，恨他，骂他，揍他，踹他，放倒他，消灭他，惟其如此，我们才能成为真正的征服者，成为生命的斗士，成为成功的魂斗罗！

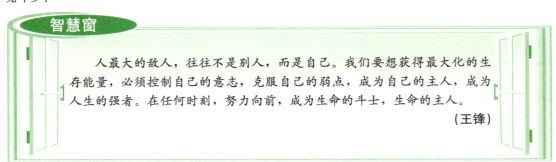

智慧窗

　　人最大的敌人，往往不是别人，而是自己。我们要想获得最大化的生存能量，必须控制自己的意志，克服自己的弱点，成为自己的主人，成为人生的强者。在任何时刻，努力向前，成为生命的斗士，生命的主人。

（王锋）

人生的另一种美丽

◇鲁　黎

　　生活离不开文字的叙说，没有文字，生活恍如失去色彩！在人生的道路上，文字记录着一路坎坷和心酸。等到而立之年，这才发现，岁月的沉淀，早已成了一首忧伤的歌。

　　相思的文字如跳芭蕾，舒缓唯美；豪气的文字如跳踢踏舞，错落豪迈；轻快的文字如跳拉丁舞，热情奔放。学会用文字跳舞，让诉说不尽的文字，如流水般在手里漫延，流淌。

　　我常常用文字写大段大段的心情文章，用自己软弱的笔墨渲染着忧伤明媚的天空，用幻想以及经历书写着自己的梦想。

　　春暖花开的季节快到了，我们要平淡快乐地生活着，青春年少豆蔻年华时更应该快乐着！春风淡然吹着，在诉说已久远的往事……

　　在文字里逡巡，人是渺小的。善良的人最终会收获满满的快乐，再无奈的过去也会烟消云散。唯独岁月在苍老时刻高奏快乐的凯歌，催促我们前进的脚步！假如文字能温暖受伤的心，那我愿意诉说心中的苦和愁！用文字释然！

　　生命的河流就是这样，不舍昼夜，奔向它理想的海洋。在它奔向大海的过程中，难免错过美丽的风景！人生总有好多的错过，有时候，错过会让白云流泪，会让春风止步，让春夏秋冬停滞，让生命轮回有情。现实告诉我们，生活中的错过实在太多，几多惆怅，几多无奈。在不经意间，许多美好的记忆就那样的和我们擦肩而过，随风而去。

　　谁人有那番执著去留守那份弥足珍贵的回忆？回忆里留住的大凡都是那些让人伤心的往事，所以又有谁有勇气去翻开那尘封已久的记忆呢！我想，那就不要留，那就让它随风而去，让它了无痕迹。或许，如诗般的文章，所演绎出的，正是我们苦苦找寻的。很多时候，我们打不开心灵的枷锁，在文字的流淌中，心灵得到升华与解脱。

　　爱好文字如跳舞的人们，在文字里忧、在文字里愁、在文字里欢笑、在文字里快乐。文字呈现给人们的是一道最美的风景：有娉娉的花朵和翠绿的叶，也有袅袅的风，令人陶醉。

　　闲暇的时候，我坐在电脑前，用键盘轻轻地敲出身边发生的这样那样的故事。那种灵魂洗涤的清凉，让你如临其境，快乐无比。

　　但是，有许多人偏偏怎么也忘不了过去！也许，需要去倾听大自然的声音，沐浴大自然的阳光，感受大自然的灵性，或许那样才能忘记过去。但是，有没有人想过，如果不是这曾经的错过，尘封的心里怎么会有思念在日夜飞长？感情的荒原里又怎么会有蓓蕾在悄然绽放？

　　就让我们把错过当成一种美丽吧！就让我们在深深的思索中，把这份错过化成一枚钻石，悄悄地收藏在心灵的最深处，凭着对未来的希望和憧憬，指引着我们自己奋力前行。

智慧窗

"爱好文字"犹如跳舞，时刻都能呈现最美的风景：有娉娉的花和翠绿的叶，也有袅袅的风，令人陶醉。人生的简短旅途中有很多靓丽的风景，只要我们用跳舞的激情去演绎，定会有灿烂的未来，迷人的花朵会在跋涉的路边绽放。

（王锋）

阅览室

人生就像一场雪

◇曾玉梅

喜欢你是因为喜欢白色，喜欢白色是因为喜欢纯洁，喜欢纯洁也就喜欢上了你。

我知道冬天终将会过去，冬天过去了，你就会被春天的阳光带走，带到遥远的天堂。就像织女被天兵天将带走一样，不管她多么留恋尘世，留恋她心爱的牛郎，她终归违抗不了天命。任凭地球上的牛郎万箭穿心，也只能望断天河，无可奈何。

对你的爱，就像牛郎对织女的爱，就像追寻纯洁无瑕的爱情。为了和你约会，我一次又一次地登上家乡最高的山峰。我想，你飘落下来的那一刻，最先到达高峰。我想让你最先飘落在我身上，于是，我把自己变成高峰上的一棵树，日日等待你的到来，好让你最先亲吻我干裂了一个冬日的肌肤，裹紧我冰冻了很久的心灵，给我充足的水分，滋润我日益枯竭的灵魂。就像一场梦，永远都不要醒。我如愿以偿了，你就像我的新娘子，用你洁白的纱裙裹住了我的全身，我在你温存的怀抱里缠缠绵绵沉沉地进入冬眠。睡梦中，我使劲吮吸着你的甘露，为春天展示自己的风采做着充足的准备。我把自己变成一座大森林里的木房子。我想，你落下来的时候，就会把我装扮成粉妆玉砌的神圣殿堂，我完全被你包裹在里面，住在那样的房子里，我的心灵一定会像你一样纯洁。

山下的你很快被阳光带走，了无痕迹。为了追寻你，我不辞辛苦一次次攀上山峰寻找你。就在那高高的凉水峡，我再次找到了你，我欣喜地向你狂奔而去，竟然忘了被你覆盖的山道就像少女的玉体，不能容忍我鞋子的踩踏，突然被你狠狠地推倒，重重地伤在你怀中。我的泪水顿时化作房檐上流下的水珠，和你一起消失在茫茫的天地。

新年的第二天，正是立春节气。立春了，表示时令将进入春天，冬天已经过去，我知道，你也会随着春天的脚步立刻消失。那天春光明媚，朋友约我上南山登高赏春。我早已忘记了被你摔伤的疼痛。其实，我已经痊愈，真是好了伤疤忘了疼。我又一次欣然前往。万万没有想到，南山之上的你仍旧冰清玉洁地铺满大地，完全一派林海雪原的景致，更像一副水墨山水画展现在我的眼前，与山下失去你而裸露出的水瘦山寒形成迥然不同的情韵。也许是一个冬天降临在山林中的你全部积存起来的缘故，你显得那样完美，壮观，足足有一尺多厚。我的双脚再次踩在你身上，脚下发出咯吱咯吱的旋律，仿佛听到一首古老的歌谣。我躺在你洁白的天然布景中拍照，想把你永远留在我心中。

下山的时候，被太阳照射的地方，你已经完全化成了水，渗进了泥土，悄无声息地结束了你纯洁美丽而又短暂的一生。山林中的树木与田野里的禾苗静静地吮吸着你流出的甘露，在春风中悄悄地生根发芽，继续展示生命的顽强与不屈。于是，油然而生对你的敬佩。

每个人如果都能像你一样，生前，给这个世界带来一份美丽与壮观；死后，化作一点水，作为对这个世界的回报，这个世界还会有险恶吗？其实，人生何尝不是一场纷纷扬扬的雪？

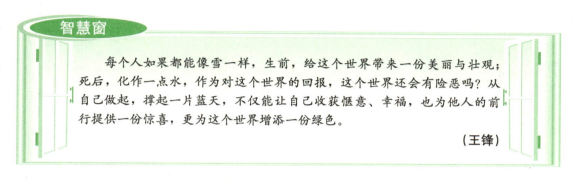

智慧窗

每个人如果都能像雪一样，生前，给这个世界带来一份美丽与壮观；死后，化作一点水，作为对这个世界的回报，这个世界还会有险恶吗？从自己做起，撑起一片蓝天，不仅能让自己收获惬意、幸福，也为他人的前行提供一份惊喜，更为这个世界增添一份绿色。

（王锋）

阅览室

人生航程得有目标
◇于凤一

每个人的人生航程，都应该有一个既定的目标。一个没有人生目标的人，就像一艘没有航标的轮船，在茫茫的大海上，漫无目的，晕头转向，永远也找不到自己的方向。性情懒散，注定碌碌无为，一事无成。

确定一个目标容易，要实现目标却是一个艰难的过程。目标的实现需要我们脚踏实地地付出，坚持不懈地努力，并具有一往无前的勇气。虽然通往成功的道路，荆棘密布，艰难曲折，但当我们在经过无数的风雨与挫折后，就会在一个不经意的时间里豁然开朗，发现风景这边独好。"阳光总在风雨后"，付出了汗水，就注定有收获。

人生一世，草木一秋。生命是那么的有限，要让有限的生命充实、无悔，就应该不断地努力去实现自己的人生目标。事情有大小，目标有远近。一个伟大的目标往往是建立在实现一个个小目标的基础上的。"无限风光在险峰"，心有多大，我们就能走多远。不要让眼前的安逸蒙蔽了我们的双目，更不要妄想一蹴而就，不劳而获。世间从来就没有免费的午餐，天上掉下个馅饼也要靠我们的双手去接。

人生的目标绝不能好高骛远，不合实际。对于莘莘学子来说就是好好学习，为将来的终极目标打好基础；参加工作了，就是兢兢业业地做好自己的本职工作，并且不断地学习充实自己。一个个目标就是一座座堡垒，当我们通过自己的努力将一个个目标攻克时，我们的人生也就充满了成功的喜悦与无限的意义。当我们在耄耋之年回首自己走过的人生之路时，就不会因为碌碌无为而后悔。

智慧窗

人生不能没有目标，就像航船和汽车不能没有前行的方向一样。没有目标，我们的人生之路就会像迷失的鸟找不到正确的方向，就会像断线的风筝不知会飘向何方。目标会在前方指引我们的人生之路，拥有目标的召唤，即使途中有坎坷，有磨难，我们都能坚持到底。

（王秀芳）

阅览室

过　　程

◇语　堂

人生是什么？人生的目标是什么？目标不能说不重要，目标决定了人生的走向，但人生不等于目标，人生是向着目标运行的整个过程，即人生是过程！人生目标是我们永远的明天，我们的人生永远是今天，是此刻，是转瞬即逝的现在！

"没白活一辈子"，应该是目标和过程两方面都有质量。目标好说，志存高远，从懂事开始，人们就会得到理想的教育。然而许多人活了一辈子，到头来，还没有得到人生过程的乐趣，没有享受人生，这是一种生命自觉与自省的缺乏。沉浮动静皆人生，体悟每种境遇，不以物喜，不以己悲，得失沉浮皆是人生赐予的礼物。

沉浮动静皆人生。而我们却常用一种效益坐标来判别人生的状况。前进为正，后退为负，上升为优，下沉为劣。其实，人生远比这个坐标复杂，进退沉浮所含的人生情趣也远不是正负优劣的单一。

人们渴望升迁，珍爱名声，还期待到达目标的速度。这样，人生的过程越来越被忽视，人生成为一种期待回报的付出，变为目标实现的成本，甚至是电脑上可以删除的多余文件，只是因为需要提速！提速是经济社会最普通的共同行为，因为效益与速度直接关联。我们还记得"时间就是金钱，效益就是生命"那句口号，这里的生命是作为企业和社会集团的生命，而不是个人的生命。如果把社会对效益的追求变成了个人的人生过程，那就是我们常说的异化；人生过程节律的疾与缓，是另一种人生境界，是个体生命发射光芒的境界，疾有疾之美，缓有缓之美。王维有名句："草枯鹰眼疾，雪尽马蹄轻。"生命闪光处，不一定是莺飞草长时；人生得意时，不一定是踏花归来时。但愿我们都能放慢速度体会过程的美。

生命斗士

智慧窗

　　杜甫有这样的名句："细雨鱼儿出，微风燕子斜。"于平淡舒缓之中，写出了人生的怡然淡静，也写出对生命的热爱和喜悦。一生坎坷的杜甫，生前没有飞黄腾达，而他这舒缓平和的人生感悟，却穿透了千年岁月，缓如细雨，润泽我们的心田。有目标的人是活得有意义的人，能看重人生这一过程并把握住的人，是活得充实而真实的人。

（王秀芳）

欢乐吧

＊孔乙己还钱记

◇童燕红

　　一辆 Benz S600 轿车停在百年老字号"咸亨酒店"门口，"卫特"优雅地打开车门，下来一位身材很高大的老人。他西装革履，但脸青腿瘸。

　　酒店门口，地毯火红，花团锦簇，鼓乐喧天，迎宾队伍分列而立，夹道欢迎。老者由酒店第19任掌柜谦卑地引领着，缓步走到"孔氏酒业集团总裁孔乙己先生还钱庆典"的巨幅大红标语下坐定，神情庄重。掌柜侍立在旁，眼睛笑得眯成一条缝儿，那笑容可掬之态，感染了在场的上百位来宾与旁观者——无论是长衫主顾，还是短衣帮，当然还有那个"羼水很为难"的伙计，个个脸上都堆满了笑容。店内外洋溢着快乐的气氛。

　　司仪拖着阴阳怪调的长腔宣布庆典开始。首先，掌柜致欢迎辞："孔先生生于兹长于兹，与鄙店有着颇深的渊源，那19个大钱便是明证，实乃鄙店的荣幸啊！今天他就是'续缘'来了！我谨代表本店全体员工对孔总的大驾光临表示由衷的谢意和诚挚的欢迎！"店内外响起了雷鸣般的掌声，掌声击打着头顶上快乐的气氛。

　　接下来，孔乙己做了一个手势，一个年轻后生上前一步，双手平举，托起一只盛着19个大钱的精致银盘，送到掌柜面前。掌柜点头哈腰，马上示意小伙计收下。接着，孔乙己又一挥手，又一个年轻后生上来，端上的是一只精致的密码箱。打开密码箱，一匝匝百元大钞呈现在掌柜面前："这是一点点儿利息。"掌柜不禁后退一步，双眼直瞪，嘴巴大张，不知所措。

　　这时，孔乙己缓缓起身，细声软语地讲开了。自从那一天，最后一口咸亨酒店的老酒下肚后，心中早已打定主意：从文不成则下海经商！既是生计所迫，也是为了一洗他人的成见——"原来也读过书，但终于没有进学，又不会营生"。他从自己最钟爱的绍兴黄酒入手，开起了酒厂。时来运转的他，又能借助自己的"名人效应"，现在早已"誉满全球"。这不，正在积极筹备海外上市

67

融资呢!

"我孔某人又回来了!""好!!!"人丛里爆发出响亮的欢呼声与热烈的掌声。

在人们的喝彩声中,"庆典"落幕了……

悦客群

含月弯弯:

　　孔乙己成了一代知识分子的笑柄。随着计算机技术的迅速发展,有多少人还能够挥毫泼墨的书写中国的文字?文字成为了一种消费时尚,知识也成为一种消费的动力,成为文化工业上的一个车间。

阅览室

人生目标是什么

◇狂　潮

　　每个人应该清楚自己的人生目标是什么。每个人在每个阶段的目标又不一样,儿时的梦想总以伟人为榜样,是积极的;学生时代,梦想变得富有色彩,充满幻想;走出校门后,梦想开始关注生活,希望借着年轻的冲动大干一番事业;结婚后,梦想只关心生活,整日为了妻儿忙碌,干事业的心像夜晚的家鸡归笼似的,逐渐被家的笼子驯服;退休了,闲来无事时,想起年轻时的梦想,一个都还没有实现,想补救时,已经是心有余而力不足了,此时能想的就是赶紧有一个孙子来抱抱了。

　　人的一生莫过于"追求"两个字。有了追求才有激情,才不会丧失前进的动力。等成家之后,当初那颗冲动的心,便会慢慢地平静下来,犹如烧沸的水撤去了燃烧的火一样,慢慢地冷却了。人生贵在追求,因此要适时地设立好自己每一阶段的目标,让心始终保持运动状态,不衰老退化。

　　追求贵在持之以恒,锲而不舍,不会因为一时的挫折而惊慌失措,动摇实现目标的信心。追求贵在知难而进,吸取经验,事半功倍。

　　也许你会这么想:我不知道我自己的目标是什么。我总感觉我所处的优越环境,限制了我的发展。父亲的安排、母亲的希望注定我今生只能做着一份在父母眼中是稳定、清闲、象征荣耀,但对我来说却乏味无趣的工作。我失去了面对目标的勇气,沿着既定的轨道平稳地走过人生的路。

我或许也会取得在别人眼中是多么辉煌的成绩，但成绩里面却缺少了我的一份激情，有的只是我木讷的眼神、机械的动作和一颗早已死去的心。我失去了寻找自我的勇气，我像一个木偶，没有自己的思想，任人摆布。

其实，你有自己的奋斗目标。你有着一颗年轻人一样火热放浪不羁的心。你梦想着在知识的海洋中遨游，用自己的双手创造一番事业。你不想过着父母心中"铁饭碗"的生活，不想在父母的光环下，在别人羡慕的眼光和含有明显醋意和敌意的"你真幸福，有这样的父母，你可以比我们少奋斗十年"的赞美声中生活。你有自己追求的目标，你喜欢挑战，你想从零做起，做一份适合自己个性的工作，等到老的时候，能自豪地说："我一生都在追求我的梦想，我过得很充实。"

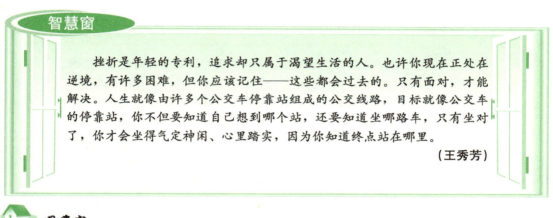

智慧窗

挫折是年轻的专利，追求却只属于渴望生活的人。也许你现在正处在逆境，有许多困难，但你应该记住——这些都会过去的。只有面对，才能解决。人生就像由许多个公交车停靠站组成的公交线路，目标就像公交车的停靠站，你不但要知道自己想到哪个站，还要知道坐哪路车，只有坐对了，你才会坐得气定神闲、心里踏实，因为你知道终点站在哪里。

（王秀芳）

阅览室

属于自己的金蔷薇

◇狸 子

故事发生在巴黎。那时有一位老清洁工名叫夏米，他的朋友死了，留下一个名叫苏珊娜的小女孩，朋友要求夏米帮助他把小女孩抚养成人。为了让小姑娘过得更快乐，夏米时常讲故事给她听，曾经讲到了一个关于金蔷薇的故事。他告诉苏珊娜，金蔷薇能够给人带来幸福。后来一个偶然的机会，苏珊娜离开了他。十多年后的一天，他们偶然相逢。已经是一位贵妇人的苏珊娜生活得并不幸福。她向夏米讲述了自己的遭遇，埋怨丈夫的轻薄庸俗，最后她含泪说："要是有人能送我一朵金蔷薇该有多好，我就会是一个幸福的人了！"

从此以后，夏米每天拖着衰老的身躯，到每一个首饰作坊去清扫灰尘，并把它们收集起来，带回家从中筛选金粉。十年如一日，他终于用收集到的金粉打造成了一朵金

蔷薇。然而，直到此时，他才知道苏珊娜早已远走美国，而且至今杳无音信。不久后，那位叫夏米的老人就死了，在他的枕头下，人们发现了一朵皱巴巴的、散发着微光的金蔷薇……

看到这个故事的许多人都说夏米是一个可怜的老人，努力为别人打造幸福，最后却在毫无希望之中死去。开始，我也是这样认为，但许多年以后，却发现那位老人其实是充实的，是幸福的。

试想一下，如果没有心中的那个金蔷薇的愿望，孤身一人的夏米其晚年生活会是什么样子呢？它将会是暗淡无光的。不必起早贪黑，不必忙忙碌碌，只需要慵懒地打发时日罢了，那样的人生是毫无光泽的！

其实，我们每一个人，心中都应该有一朵金蔷薇，它会让我们过得充实，给我们生存的意义，让我们理解、接受人性的美好，并把这种美好也给予他人，让我们的生活和心灵都充满真情的阳光！

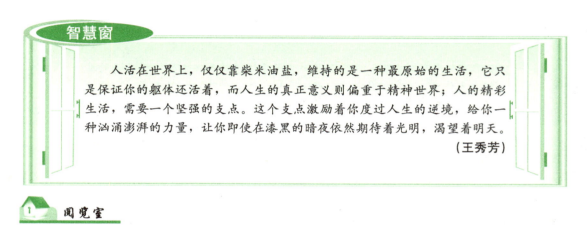

智慧窗

　　人活在世界上，仅仅靠柴米油盐，维持的是一种最原始的生活，它只是保证你的躯体还活着，而人生的真正意义则偏重于精神世界；人的精彩生活，需要一个坚强的支点。这个支点激励着你度过人生的逆境，给你一种汹涌澎湃的力量，让你即使在漆黑的暗夜依然期待着光明，渴望着明天。

（王秀芳）

阅览室

超越自己

◇流淌的沙粒

在网络上与朋友闲聊，论及友情、亲情、爱情，不管它们多么美好，总不是生命的全部，总觉得这些只是生命过程中的一个插曲，一个片段，或者说是生命过程中不可或缺的部分，它的存在，只是为了让生命更精彩。一个人，一生的追求是什么？我想不只是爱情、友情、亲情，还应该有不断超越自我的勇气、顽强的毅力、昂扬的激情、坚强的品质、真诚的努力与顽强的奋斗，来开拓新的天地，做最好的自己。"每个人都是一座山。世上最难攀越的山，其实是自己。往上走，即便一小步，也有新高度。做最好的自己，我能。"人生没有爬不过的山，重要的是行动，是坚持，是不懈的追求。超越竞争者是一种能力，超越自己更是一种精神。人生就像登山，也许峰顶的目标看起来高不可攀，但每向前一步，距离目标就更近一步。不要去攀比其他的登山者，踏踏实实地走好自己的路，只要真诚地付出了努力，每一步都是一个胜利的超越，都是对自己原始记录的刷新。人生是一条奔腾不息的河流，不会停止在某一阶段，客观存在需要不断超越，超越是升华。超越自我不是单纯的主观愿望，因为生命的企盼是使自己坚强的动力——它眺望到遥远的方向，生命渴望的方向，就是我们每个人自己选定的目标和理想。

生命的价值，在于不断地超越自己。只有不断地超越自己，才能保持饱满的精神状态，迎接新的挑战；只有不断地超越自己，才能让你的明天更美好；只有不断地超越自己，才能让你的生命越来越有价值；只有不断地超越自己，才能实现自我的价值。超越自己，就是不断地扬弃，不断地创新，不断地跨越，不断地延伸，不断地否定自己，认识自己，向自己挑战。在时间的年轮上，人活着应该有点精神，有所追求，不要沉迷于爱情，不要迷恋小资的温情。请珍惜亲情，爱你的亲人，但也不要被"爱"字捆住了手脚而放弃你的追求。人人需要友情，需要朋友的帮助，但不要依赖朋友的帮助而放弃自己的努力，要做生活的强人，超越自己。

在一本杂志上看到，一位心理学家曾经说"你一定比你想象的还要好，但是许多人并不这样认为。"许多杰出人士在小小年纪时，就怀有大志，就想与众不同，无论遭遇任何磨难，仍相信自己是最好的。你是不是有这样的信念，有别人打不倒的自信心呢？你的坚持有多强，你的自信心就有多强，你的路就有多长！

每一个人都应该记住这个真理，只有不断超越自我的人，才是一个真正聪明的人。人生在世，每个人都有自己的独特禀性和天赋，每个人都有自己独特的实现人生价值的切入点。你只要按照自己的禀赋发展自己，不断地超越心灵的绊马索，就不会忽略了自己生命中的太阳，而湮没在他人的光辉里。有些人的沮丧是来自"比较心"。我比别人出身差，我比别人长相差，我比别人运气差，我比……这样子比下去可能比不完了。但是明知"比"的心态不好，仍然要比一比。如果是这样，我们不妨先把镜头朝向自己，想一想从小到大的自己，以及那些不如你的人，再想想自己此时的心情，你将能够体会一个失败者的心情。不要左顾右盼别人路上的风光，增添自己的烦恼，扰乱自己前进的步伐，回首之际，当心错过途中向你微笑的花朵。

当你感到疲倦感到希望渺茫的时候，请不要放弃。要告诫自己，仅有激情是不够的，还应有持之以恒的坚韧毅力。要告诉自己，不要在这一刻放纵自己。请坚持下来，即使没有昨天那样昂扬的激情，也要继续如昨天那样踏实地努力。随着你辛勤地积累，当你再一次感到振奋而充满希望时，你就又一次超越了自己，又一次拉近了与成功的距离。人就是要不断地提升自己，不断地超越自己，朝着更好更高的目标不断努力。人在不同阶段会有不同的追求，自己的目标也在不断地调整，人的自信心也是工作成果的一个反馈。如果你的判断付诸实施成功了，你的自信心就会朝着一个良性的方向发展。而如果遇到挫折时，你也可以客观地认识自己，并进行调整，这样既不会很深地伤到自信心，又可以吸取经验继续前行。

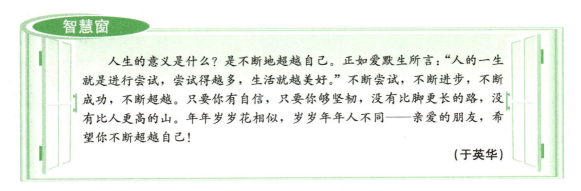

智慧窗

人生的意义是什么？是不断地超越自己。正如爱默生所言："人的一生就是进行尝试，尝试得越多，生活就越美好。"不断尝试，不断进步，不断成功，不断超越。只要你有自信，只要你够坚韧，没有比脚更长的路，没有比人更高的山。年年岁岁花相似，岁岁年年人不同——亲爱的朋友，希望你不断超越自己！

(于英华)

欢乐吧

＊ "趣味"说

◇史海萌

　　"趣味"一词，充分体现出汉语造字法的博大精深。趣味趣味，讲究的是一个"味"字，"趣"大抵是人人都不少的。香臭好坏，闭着眼睛闻上一闻，便能对人本身的气味略知一二。

　　陶渊明心仪"采菊东篱下，悠然见南山"的生活状态，而"菊"算得上是他的趣之所在。与爱好牡丹的大富大贵相比，陶渊明从骨子里透出的是一股傲然之气，让人不由得生出三分敬意。

　　明清的一些文人总喜欢画上几竿瘦竹，凛然不可直视，清清冷冷地挺立在天地之间，这样一幅画摆在面前，画者的心志一望即知。趣味放在古之君子身上，就是一种风骨，一丝韵味。而大大小小的贪官们热衷于钱财权势，纨绔子弟们终日提着鸟笼到处闲逛，也算得上一种趣味，但飘出的味道，免不了带上些腐臭。至于蒲松龄笔下的"促织"之趣，由于个人无足轻重的爱好而使整个社会变得荒诞起来，则是另一种"更上一层楼"的境界了，不提也罢，免得污秽之气扑面而来，败了胃口。

　　趣味的作用在于可以以此窥见一个人的本质，而这种本质有时是无法通过人的"理想"辨析出来的。趣味和理想不同，后者本身就承载了太多责任，让人在展示出来之前不能不好生装扮一番，唯恐与"远大"二字沾不上关系，遭人诟病。而趣味则平实得多，任我喜于做甚，都与他人无干，顶多是一种自娱自乐式的人生追求。爱好乐器的不一定想成为音乐家，仅仅是陶冶性情的手段，兴致上来拨奏一番博自己一笑而已；而想成为音乐家也不见得将音乐本身作为兴趣，对于某些人，这个名称只是个冠冕堂皇的头衔罢了。所以理想是捧给别人看的珠宝，总要戴着它招摇过市，趣味才是摆在家里供自己玩赏品味的自然之物，当然带着股朴拙气息，更能透露出主人的志向所在。

　　所以陶氏屋前院后种下菊花，高洁之士沉静地勾出墨竹时，怕是本人并没有把这些私人爱好与"理想"一词扯上直接的干系，只是想着寄托一下对人生况味的感慨，表达一下自己的旨趣，仅此而已。但并非说他们没有理想，而是属于他们的这两个字，更有分量地沉淀在趣味中。酿出更醇厚的芬芳香气，比起整日将经过精心包装的"人生目标""自我价值"拿出来刺痛观者的眼睛，显然更有说服力。如果说理想是生活中的阳光，那么趣味便是三棱镜，阳光总是耀眼，但是经过三棱镜的折射，还是会还原其本来的颜色。若要了解某人的为人处世，看一下他平日的趣味所在便可心中有数。这就好比判断一户人家的整洁程度，探寻厨房一处就足矣。因为它最能反映出平日里的生活状态，若是在客厅转圈，怕总是光鲜得挑不出毛病吧。

　　以此类推，我们如果想在别人的心中树立一点形象，只将客厅收拾得无比豪奢是不够的，关键是要好生地将厨房拾掇得有几分入眼。如果本性实在顽劣，培养不出什么有益的趣味，好似一间注定狭窄阴暗的厨房，至少也要整洁一些，不要让人一推开房门，就掩鼻而去，不敢久留。如此，对整间房屋的评价，大抵也高不到哪里去。

悦客群

辛言：

何谓"趣味"，怎样才会有"趣味"的生活？这是我们都应该思考的一个问题。本文虽是议论文，但脱离了一本正经"布道式"的议论方式，在轻松调侃中阐发了作者对"趣味"的理解，颇有随笔的味道。说理形象、语言俏皮是文章的一大亮点。"如果说理想是生活中的阳光，那么趣味便是三棱镜，阳光总是耀眼，但是经过三棱镜的折射，还是会还原其本来的颜色"，这类话语不仅新鲜，而且富有哲理。让我们既有理想、又有趣味地生活吧。

 阅览室

不断地追求

◇安贞子

不久前，我看到这样一段话：

"曲线为什么比直线美？就因为它不是简单的，就因为它是有转折的，就因为它富有流动的韵味，就因为它能'引导眼睛作变化无穷的追逐'，因而能引起多元的思考。无论缺还是圆，月亮从不用直线勾勒自己的形象。假如月亮像一把尺子，望月的人便会急剧减少。如果人生像一根直线，那么，往事还值得回首吗？"

追求，绝不仅仅是艰辛，它蕴涵着人生的美。洒下的汗水，艰难的摸索，总会给人留下永久的记忆。忆及往事，人们会庆幸昔日的追求没有落空，更觉那艰辛的摸索在一生中的壮丽。屈原曾说："路漫漫其修远兮，吾将上下而求索。"这道出了众多追求者的心态：明知人生多崎岖，偏去经历风风雨雨。其所以如此，因为他们知道人生的美正在追求中。

有人也许会说，不是也有许多知名人士只求平淡一生吗？诸葛亮不是曾说过"淡泊以明志，宁静以致远"吗？

人生有多种追求，总的来看，有物质上的追求和精神上的追求。我们提倡的是在精神上的不懈追求。而在物质追求上，则完全同意诸葛亮的超脱观。诸葛亮所言也正是指淡于物质追求。设想诸葛亮先生若无事业上的追求，怕是无叱咤风云的一生的。

许多名人都是如此：对事业成就的追求越多，在物质上要求就越少。人生的追求，也只有精神上的追求才是壮丽的，物质的追求再多，也只不过是在人生旅途中给自己背上几斤重物，也只不过是在飞行的翅膀上多系几两黄金。

人生的美，只有在对事业、对精神的不懈追求中才能闪光。

美学上，如开头所引，"曲线比直线美"也正是"追求的人生比平淡的人生更壮丽"的最好佐证。

哲学上，"前进的道路是曲折的"则是人生不能无追求的理论根源。

追求的人生是美丽的，人生的美丽即在不懈的追求中。

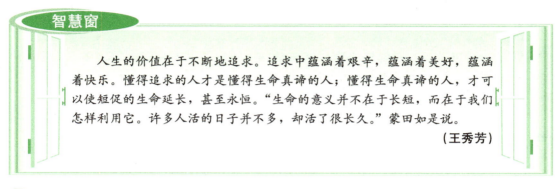

智慧窗

人生的价值在于不断地追求。追求中蕴涵着艰辛，蕴涵着美好，蕴涵着快乐。懂得追求的人才是懂得生命真谛的人；懂得生命真谛的人，才可以使短促的生命延长，甚至永恒。"生命的意义并不在于长短，而在于我们怎样利用它。许多人活的日子并不多，却活了很长久。"蒙田如是说。

（王秀芳）

阅览室

生活有目标比赚钱重要

◇心 鸣

在第十五个全国助残日，由全球排名 400 强首富之一的肯尼斯·贝林先生建立的世界轮椅基金会再次来到中国，77 岁的贝林亲自在中国 12 个地区发放了 7 599 台轮椅。日前，在接受媒体采访时，这位热衷慈善事业的富翁在评说为富之道时指出：找到生活的目标要高于赚钱本身。我出生时贫寒，不过会很富有地死去。

肯尼斯·贝林认为，送给陌生人一个微笑是亲切善良的表示，它给人以温暖和快乐。这是每个人都能做到的一种慈善关爱。

"我最终在人生路上学到了一个简单的道理：找到生活的目标要高于赚钱本身。"肯尼斯·贝林说，"60 多年前的那一幕我历历在目，我们家满载着生活的压力，日子紧巴巴的。很小的时候我就变得独立了，6 岁时开始打零工。从卖蚯蚓、送报纸、修草坪起步。高中毕业后销售二手车并开了自己的车行，后来又做房地产生意。我雄心勃勃。那时我什么也没有，渴望物质、渴望成功。到底是什么让我永不知足？因为我不喜欢做穷人。"

"我终于拥有了大笔财富。我的钱财比我小时候所梦想的还要多。我以前的梦想是收集世界顶级老爷车，收购一支全美橄榄球联盟的球队，拥有一艘私人游艇和一架 DC—9 私人飞机。但当我拥有了这一切后，无论我积累并经历了多少更多、更好、与众不同的东西，我的内心都是空空荡荡的。我过上了奢华的生活。"

"其实，我们的世界充斥着这样的男女，他们除了拼命地增加银行存款，没有真正的目标，没有更高的追求。一些人毕生都在追逐金钱，绝大多数时间却一无所获。另一些人挣的钱多得花不了，自己却活不过他们开的那些公司。这两种人都在朝着他们所认为的幸福不停地劳作，但是他们都错了。"

"我知道他们都是怎么想怎么活的。我曾经很自私，以为物质可以给我快乐，自己所极度渴望的那种物质上的成功能带来满足感。对财富的需求曾让我无法看清我可能会失去的一切。在我忙于追求赚钱的每一刻，我无暇去关注那些我正在失去，而唯有用心才可体会的东西。那时，我以为挣钱就是目标。但事实是，我把梯子靠错了墙，爬到顶了才发现错了。我不由自主地想，物质上获得成功后，我竟然不知道去何处寻找真正的幸福。"

"当我回首所有的辉煌时，我终于意识到，找到生活的目标要高于赚钱本身。目标是这样一种东西，需要你付出心血、时间、爱心，还有金钱，为人类创造更美好的生活才能达到，且不求任何回报。"

"那是 2000 年，当时，我把一个越南小姑娘从地上抱起来，放在轮椅上。在一刹那，她仿佛看到了希望。我看到她开始展望原本不敢奢望的未来。她绽开了笑容，眼睛就如同正午的天空一样明亮。我知道，为了那一刻她的所有改变，我改变了很多。生平第一次，我感受到了快乐。为了保持那种感受，我愿意尽我所能去做一切。这个小姑娘挖掘出了我心地善良的天性，让我感受到被人需要的幸福。我终于体会到向目标迈进的旅程并不艰难。"

"我开始去全世界最贫困的地方，去帮助那些最需要帮助却无助的残疾人。对于千百万残疾人来说，轮椅可以让他活动、上学和工作。最重要的是，它是尊严。当一个人趴在地上时，他是没有尊严的，而当他坐上了轮椅，可以与别人一样高地交流时，他的生命里就有了希望。那一年，我捐资成立了世界轮椅基金会，其宗旨是为每一位需要轮椅的男女老幼赠送一部轮椅。捐赠轮椅愈来愈是我一生最重要的事。"

肯尼斯·贝林找到了他倍感幸福的人生目标。

智慧窗

无论你是伟大的人，还是平凡的人，拥有目标的机会都是一样的。找到属于自己的目标，为之付出努力，在属于自己的那一片世界中，在属于自己的人生里，你会感到骄傲的。到了生命的终止，回想起来，你会告诉自己，我的人生并不是黯淡无色的！

（王秀芳）

阅览室

生活之魂

◇唯我独尊

也许你不幸得了一场小病，或是动了个手术，躺在苍白的病床上打发这难受与寂寞的日子，可是你会知道再有几日你就会痊愈，你又是原来的你，健康、自由，干自己想干的事，此时你的目标是尽力地配合医生早日恢复健康。

也许你一时糊涂犯了个小罪，拘留几日或是管教半年，这也没什么，最起码你有一个期限，有一盏明灯在不远处等着你，好好地悔过自新重获自由就是你此时的目标。

目标有大有小，有长远的和暂时的。也许是考上大学，也许是改变贫穷的生活，也许是拿下一个攻关项目，也许是……

不管在什么时候，什么情况下，是人都会有困惑，都会有不幸，都会感到力不从心，可是如果有一个目标，有了这个不管是暂时的还是长远的目标，人都会为之努力，也会为之热爱生活和自己。

目标没有了，找不到了，就好像是给自己判了无期，心里空落了，生活就像是行尸走肉。自己吃不香，睡不着，有时好像在笑，可不知是笑别人还是自己。茫然无措的心，终日空洞得可以听到自己呼吸的回音。不再感叹生活的短暂，甚至是在期盼能有一天闭上双眼。再见不到成功时的欣喜，再见不到生气时的怒目圆睁，只有一种木然在永恒。朋友问你："好像不开心，有心事？"你说："是的，我丢了魂。"朋友的目光带着疑惑，点点头，又摇摇头。

这种可怕的日子让你在惶恐中想念曾经走过的路。以前为了温饱，为了房子，为了有一个温暖的家，一个小康的生活，你是那样的劳苦，那样的忙碌，也是那样的充实与快乐。当这一切都有了，而更高的目标你已无能力追求的时候，你像破裂的气球，再也膨胀不起来了。心就像大海中的那一粒不明的漂浮物，永远也不知道岸在哪里，想就此沉没也无能为力。所以就这样可怕地荡着，荡着……

人生，不可以没有目标，要给自己找到生活的目标。此刻，你该马上行动，哪怕是给家人做一顿可口的饭菜，哪怕是回到父母身边给他们一些关爱，或是每天对着镜子自我激励三分钟，给自己一些鼓励，给自己一个微笑，这样你就会发现自己的微笑很美，在这美丽的微笑中你的灵魂皈依了你的躯体。

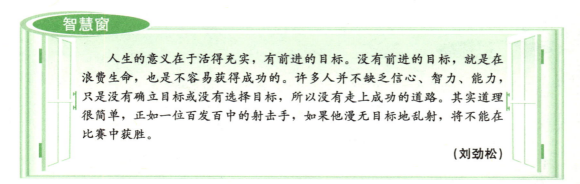

智慧窗

人生的意义在于活得充实，有前进的目标。没有前进的目标，就是在浪费生命，也是不容易获得成功的。许多人并不缺乏信心、智力、能力，只是没有确立目标或没有选择目标，所以没有走上成功的道路。其实道理很简单，正如一位百发百中的射击手，如果他漫无目标地乱射，将不能在比赛中获胜。

（刘劲松）

给自己的人生一个目标

◇田 间

　　朋友，你是否有过这种感觉：你一个人行走在空旷的原野，夜色如墨，道路崎岖，寒风夹着雨点一阵阵向你袭来，就在你饥寒交迫、疲惫不堪几乎倒下的时候，突然看见前面有微茫的灯光闪烁，你会怎么做呢？相信你会鼓起勇气信心百倍地向那个闪烁的灯光——不，向那个目标奋勇前进！

　　这就是目标的力量！有了目标才有向目标奋进的勇气，才有为了实现目标而百折不挠的毅力，才有向目标一步步靠近的喜悦感。在追求目标的过程中，你的人生得到充实，精神得到振奋，并且会深刻地感受到生命所蕴涵的意义。

　　在平凡的现实生活中，许多人做任何事都没有目标，小到生活中的琐事，大到决定自己命运的事。他们的生活漫无目的，得过且过，像一只无头苍蝇乱碰乱撞。这种人没有理想，没有灵魂，没有寄托，永远也感受不到成功的喜悦，永远也不会有所作为，他们的人生观就是听天由命，随波逐流，醉生梦死。所以他们常常喊空虚、无聊，他们的生命是苍白的，没有任何生机勃勃的风景。

　　目标就是方向，就是高高耸立在人生道路上的指示牌。有了目标，你的人生才不会脱轨，你的生命之舟才不会偏航，才不会误入旋涡甚至触礁，才能集中自己有限的时间和精力，全心全意地沿着这个方向前进。

　　确立一个目标时，首先要正确，而且绝不能脱离现实，不符合现实的目标只能算是空想。白日做梦，没有任何意义可言。目标有大有小，可以先确立一个大目标，然后再确立许多小的目标，把小目标当做实现大目标的阶梯，每实现一个小目标，你就会有一种成就感。当等到你实现大目标的那一天，你的人生将是何等辉煌。

　　朋友，给自己的人生一个目标吧！并且一步一个脚印，努力执著地去实现它，届时你将拥有一个五彩缤纷的世界，一个丰富多彩的人生。

智慧窗

　　目标就是方向，有了目标，你的人生才不会失色，你的生命才会精彩，你才能在自己生命有限的时间里，创造出属于自己的辉煌。如果你是一个不甘平淡的人，那么，从现在开始就制定你的目标吧，未来是属于自己的。

（王秀芳）

香蒲草的记忆

◇大　可

那位小孩是谁？

他是无意打碎那面镜子的吗？

镜子碎了，意味着什么？

一言不发的人又是谁呢？

我想起老家——中国北方一个五百多口人的小村庄：寺庄村。

我想起老家牧马河边的香蒲草儿。

我看见香蒲草在风雨中，向我招手，向我示意，又一步一步朝我走来……

香蒲草后面，竟然跟着一串串我熟悉的身影。

老家有一条河，《忻县志》上称它为七岭河。七岭河起源于阳曲县白马山南麓，在定襄县蒋村东北数里流入滹沱河，为季节性河流，因流经冀道岭、土岭、洞门、马圈、塔习、新开、阳子七座岭而得名，干流全长约一百一十八公里。由这条河，还衍生出一条歇后语：七岭河下豆面——汤宽。

村里人也叫它七里河。从字面上看，好像是说这条河的长度。其实它远远不止七里那么长，从阴山到忻州城的距离，肯定要比从牧庄到忻州城远，单说这一段距离，过去有五十华里的说法，现在是二十公里的概念。也就是说，过去的里短，现在的里长。

在这里还有一比，现在的一斤，相当于过去的十六两。也就是说，半斤八两加起来是一斤，而不是一斤三两。有关十六两秤的来源，村里流传着这样一个传说：相传祖先依据北斗七颗星，南斗六颗星，再加上福禄寿三颗星，一共十六颗星，制造成秤。秤杆上的每颗星，代表着人的福与寿，开始那个点叫定盘星。古人有"星坠人亡"的说法，意思就是告诫生意人不得缺斤短两，否则会缺福短寿。村里人常说：秤上亏人，不得好报，说得也是这个意思。这里还有一说，村里人把秤杆上的星，比作人的良心，也是叫人做事不可没有良心。

七岭河还有一个诗情画意的名字，叫牧马河。

以前这儿好像是放马的场所，现在没有了马的影子，却留下一个让人想象的名字。

河边长着许多不出名的草儿，在这成片成片的小草当中，有一种草儿分外引人注目，像散落在大地上的村庄。细长细长的绿叶儿，细长细长的绿杆儿，绿杆上面还顶着一个毛茸茸的黄棒儿，大的有拇指那么粗，小的有山杏那么大，直指天空，仿佛向村民诉说着什么心事，又仿佛向飘浮在村庄上空的炊烟证明着什么。

父亲叫它蒲草儿，我也跟着叫它蒲草儿。父亲叫蒲草儿上面那个棒儿为蒲棒儿。我也跟着叫它蒲棒儿。

听人说，用蒲棒儿做成枕头，睡觉特别舒服，除去柔软，还有治病的功效。小时候我有过这个奢侈的想法，然而，贫穷的现实，不允许你有这样或那样的念头，这算是我童年的一个遗憾。

小时候，我经常去河里耍水，耍水的时候就玩蒲棒儿。人们说，蒲棒儿旁边有水蛇，水蛇在蒲棒身边保护着呢！我有些害怕，但害怕和喜欢比较起来的时候，总是喜欢的分量重些，害怕的分量轻些。又想，怎么老看不见水蛇呢？

那种有灵性的东西，你以为你害怕就能看见？

人们这样对我说，我信。

后来，我又听到这样一个说法：蒲草是仙草儿，有灵性的。

传说，这种草儿原是天河岸边上的一种仙草。王母娘娘的七闺女下凡前，曾在天河岸边停留，在天上与人间爱情之间取舍难定，最终还是留恋人间温情，珍惜与董永朝夕相处、相聚成欢的情爱，而私自下凡……七仙女下凡前，鞋边无意粘了儿粒蒲棒上的花籽儿。从此，蒲草儿在人间随风而飘，见水生根。

站在科学的角度，以这个传说来解释蒲草的来历，应该是没有科学根据的。但是，从这个美丽的传说里面，又能反映出我国农民那种朴素的、善良的、追求幸福生活的美好愿望。

在我小时候，村北面牧马河两边，到处长满了这种蒲草儿。心随情生，草随人长。尽管那时候物质贫乏，有精神在心中铺成希望啊！那时候的生活，也实在是贫穷的美丽。

社会发展到改革开放时期，牧马河边的蒲草儿，竟然在村民们不知不觉中，消失得无影无踪了。最初那几年，村民们忙于经济，没有发现与他们朝夕相处的蒲草儿不见了。现在，他们的生活有所改善，才想起蒲草儿，才想起那个美丽的传说……

如今，蒲草儿早已不知去向，蒲棒儿也成了我的回忆。整个牧马河，河床裸露，乱石成堆，树根朝天，一派荒凉景象。进入雨季，洪水滔滔。雨季过后，人们毁田取砂，满目疮痍。不知百年以后，牧马河这个名字，是否还有人想起？香蒲草儿这个名字，是否还有人记得？

后来，我查了《现代汉语词典》，才知道蒲草儿还有一个美丽的名字，叫香蒲草儿。香蒲草花穗上部的花儿是雄花儿，花穗下部的花儿是雌花儿，村里人平常所说的蒲棒儿，其实指的就是雌花儿。

这让我很自然地由蒲棒儿联想到人：男人们高高在上，像一把撑开的伞，头顶风雨，身披严寒，弓着背，踩着地，望着天，心中一片天空……女人们站在男人下面，开着美丽的花儿，散发着芬芳诱人的香味，做着小鸟一般的美梦，想着自己心爱的男人，楚楚动人，回眸惊魂……

香蒲草儿——一种朴素、善良、追求幸福的植物。由蒲棒儿联想到香蒲草儿，由香蒲草儿联想到河边的村庄，由村庄联想到六百多年前的始祖，这是自然而然的事情。

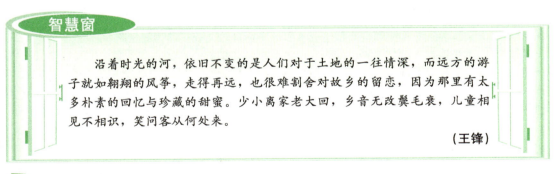

智慧窗

沿着时光的河，依旧不变的是人们对于土地的一往情深，而远方的游子就如翱翔的风筝，走得再远，也很难割舍对故乡的留恋，因为那里有太多朴素的回忆与珍藏的甜蜜。少小离家老大回，乡音无改鬓毛衰，儿童相见不相识，笑问客从何处来。

（王锋）

阅览室

爱因斯坦不当总统

◇项　果

伟大的科学家爱因斯坦，他之所以能够取得如此多令人赞叹的成绩，和他一生具有明确的奋斗目标是分不开的。

他出生在德国一个贫苦的犹太家庭。家庭经济条件不好，加上自己小学、中学的学习成绩平平，虽然有志往科学领域进军，但他有自知之明，知道必须量力而行。他进行自我分析：自己虽然总的成绩平平，但对物理和数学感兴趣，成绩较好。自己只有在物理和数学方面确立目标，才能有出路，其他方面是不及别人的。因而他读大学时选读了苏黎世联邦理工学院物理学专业。

由于奋斗目标选得准确，爱因斯坦的个人潜能得以充分发挥，他在 26 岁时就发表了科研论文《分子 R 度的新测定》，以后几年他又相继发表了四篇重要科学论文，发展了普朗克的量子概念，提出了光量子除有波的性状外，还具有粒子的特性，圆满地解释了光电子效应，宣告狭义相对论的建立和人类对宇宙认识的重大变革，取得了前所未有的显著成就。为了避免耗费人生有限的时光，爱因斯坦善于根据目标的需要进行学习，使有限的精力得到充分的利用。他创造了高效率的定向选学法，即在学习中找出能把自己的知识引导到深处的东西，抛弃使自己头脑负担过重和会把自己诱离要点的一切东西，从而使他集中力量和智慧攻克选定的目标。他曾经说："物理学分成了许多专门领域，其中每个领域都能吞噬一个人短暂的一生。在这个领域里，我学会了识别出那种能导致深化知识的东西，而把许多充塞脑袋并使其偏离主要目标的东西撇开不管。"为了阐明相对论，他专门选学了非欧几何知识，这种定向选学法，使他的理论得以顺利进行和正确完成。爱因斯坦正是在十多年时间内专心致志，攻读与自己的目标相关的书和研究相关的目标，才终于在光电效应理论、布朗运动和狭义相对论三个不同领域取得了重大突破。

特别值得一提的是，爱因斯坦不但有自知之明，而且对已确定的目标矢志不渝。1952 年以色列国鉴于爱因斯坦科学成就卓越，声望颇高，加上他又是犹太人，在该国第一任总统魏兹曼逝世后，邀请他接受总统职务，他婉言谢绝了，并坦然承认自己不适合担任这一职务。

在人生的竞赛场上，没有明确目标的人，是不容易成功的。许多人并不缺乏信心、恒心、智力和能力，只是没有确立目标或是选准目标，所以没有取得预期的成功。爱因斯坦根据自己的特长确立目标并一直为之奋斗，最终取得巨大的成就。这充分说明了确立目标的重要性，从某种意义上说，目标决定成败。

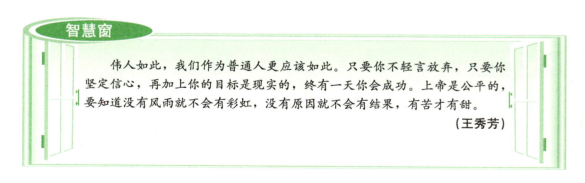

智慧窗

伟人如此，我们作为普通人更应该如此。只要你不轻言放弃，只要你坚定信心，再加上你的目标是现实的，终有一天你会成功。上帝是公平的，要知道没有风雨就不会有彩虹，没有原因就不会有结果，有苦才有甜。

（王秀芳）

平平淡淡才是真

平平凡凡，从从容容，如水悠然长流，一句话说得好：平平淡淡才是真。在这庸常的日子里，凡人亦悠出清、淡、真……

在平凡的人生之旅默然前行，自从从容容的步履中，领略人生追求之乐趣。

阅览室

从春天里出发

◇草千里

从春天里出发，有的人剪去了长发，有的人开始蓄起了长发；有的人刮去了胡须，有的人蓄起了胡须；有的正在悄悄萌芽，有的正在悄然离去。

春天一个比一个来得快，让冬雪来不及融化，让记忆来不及缓冲，让生命来不及品味，一个一个的春天，只是一个劲地催生着比野草长得还快的胡须。

一个恍惚的瞬间，人就已经到了中年。经过了那么多的春夏秋冬，每到春天，都开始出现一种焦虑和窘迫，比春天来临时那凉凉的风还要刺骨。但是，多年了，我都知道自己，必须从春天出发，走到又一个春天，走过又一个季节的轮回，让风雨在年轮上刻下又一道粗粗细细的线，就像额头上那些醒目的悬崖，然后在时光的风沙中打磨消逝，考察不出最初的悲喜基因。

春天里，万物复苏，生机盎然，但是，经历了冬雪的草木知道，那些等待和枯萎中的膨胀是多么的艰难和痛苦，人，生长在岁月与时空中的人，却是多么的宿命和无奈。我们都从春天里出发，带着期盼、梦想和执著，经过无意和有意的无数悲欢，走向下一个春天，一年一年，天空撒下的雪花透明的心性没变，大地刮过的清风的爱恋没变，山川漂流的路途与追寻没变，只是我们变了，我们渐渐变得一成不变，而且还把这种不变当成熟的进化，逐渐没有了春的萌动和单纯，在忧愁的同时高兴，在自责的同时暗暗骄傲。

那两个中年男人在"春晚"撕心裂肺喊出那一句歌词之前，我不知道他们，从漂泊的蜗居小屋到明星似的闪亮，他们真的从冬天走到了春天。那些歌词，一鞭鞭抽打着尝尽春夏秋冬风雨的男人和女人的心，在春天里，给人一种冬日的寒，悲哀并自豪着过去的沧桑，憧憬又忧愁着未来的迷茫。细细品味，似乎还在自虐着平凡的命运。这歌其实是一个长发歌手写的，他曾举着话筒，宣誓似的向着天空呐喊过：我要飞得更高！在我看来，他已经够高了，可是这世界，人心最高，已经超过了海拔的记录方式。我不知道是一种什么样的生活刺激和灵感启发，他突然要觉出"把我埋在春天里"！这是多么现实和浪漫的选择！只有经历了那些刻骨的苦痛的人才能体会，才能这样悲怆地享受！

我知道并理解，这是一种综合了中外男人的情怀和追求，长发、破木吉他、胡须和歌谣，那是人生的春天时刻，走过春天，抑或走过冬天，有了信用卡、有了24小时热水的家、有了情人节也有了小公主，少了年少轻狂，少了单纯天真，于是，眼中的春天不再是那些花红柳绿的色彩，迈开疲倦的脚步，从春天又开始出发！坦然地面对着生活和生命，坦诚地面对着那一天的悄然离去，要把自己埋在春天里！埋在时光里！老无所依的日子就这样变得温暖和内涵！让那些在春天里滋生和湮灭的情感，随风而生，随风而逝！抚平记忆里的涟漪！

岁月匆匆，在这个春天到来的时候，我忽然发现自己已经到了生命的第三个本命年，出于唯物主义的认识，我倒没在自己的腰上扎上红腰带，但是我却觉出一种淡淡的失落和忧郁，在春风里，我的背影被风吹动，投影在长路前浩渺的时空里，好像已经出现了佝偻的身形，自警的同时不禁又开始自怜。那些远去的感动，那些飘走的爱情，那些温暖的血脉，在这时都涌上心头，在无色无味的春天的空气里开始变得五味杂陈。春天，于是成为生长忧愁的季节，随着河水的丰盈慢慢茁壮。事业、家庭、理想、现实，远远近近，真真实实，它们在春天里，在永不停息的春天里，激励着我一次又一次从春天出发，等待、寻找、创造！我让自己感动的就是我始终敢于出发！

春天，正是经历了冬天的冷凝和剥落，那一身记录漂泊的征尘在新年的鞭炮声、在父母展开的皱纹里、在儿女甜甜的呼唤中已经风化。从春天里出发，抖落那些疲惫、畏惧和迟疑，目光和脚下满是豪情；从春天里出发，带着父母的牵挂，带着孩子的期许，带着或夫君或妻子的留恋，没有阔步，但是坚定无比。在人潮中，那个鼓鼓囊囊的背包塞满了梦想，被火车运输到远方，然后又运回家乡，年复一年！直到有一天，当嘴上已开始冒出黑胡须的儿子接过背包，迈开离家的脚步，倚在门上，用目光牵连那个背影，从春天出发，直到有下一个春天的来临！

很多的爱恨就这样在春天里来来去去，生生灭灭，让人还守候的，就是那天总是会诞生，诞生感动，诞生希望、生命与快乐！于是，我们的生命都留在了春天里，留在这一元复始的春天里！我看到，电视台的采访中，当"旭日阳刚"组合在台上声音沙哑地呼号时，在简陋的家里，那个满脸胡须成员的妻子悄悄地擦泪！我的心被触动，我知道这是春天的苦难和幸福，这是春天的温暖和祝愿！从春天里出发，我们都在路上，一直在路上，春天里，是四季长路上的加油站！

从春天里出发，有的人剪去了长发，有的人开始蓄起了长发；有的人刮去了胡须，有的人蓄起了胡须；有的正在悄悄萌芽，有的正悄然离去。无论来还是去，无论走还是留，无论诞生还是消失，都是从春天里的出发，都会留在这个亘古而短暂的春天里！

从春天里出发，沿着生命的惯性前行，描摹这偶然又必然的生命轨迹。在这个春天里，一切都在变化，不变的，只是年复一年的关于春天的期待和梦想！

智慧窗

平淡是真，平淡是福，平平淡淡才是生活的真谛，才是人生的主旋律。世事纷繁，对于大千世界，芸芸众生而言，我们只不过为一平凡人物而已，如小草之于烂漫的春天，像小溪之于辽阔的大海，更像白云之于无垠的蓝天……毕竟，惊世骇俗者寥若晨星，大多数人，走不出平凡，而又乐意在平凡中默默生存。因此，平淡便是我们生活的主流。万丈高楼平地起，在平淡的旋律中，把握自己的人生，用汗水和智慧浇筑自己人生的大厦。"很多的爱恨就这样在春天里来来去去，生生灭灭，让人还守候的，就是那天总是会诞生，诞生感动，诞生希望、生命与快乐！"带着希望，努力前行。

（王锋）

位　置
◇古　古

　　一个拥挤和不怎么悠闲的街道，有人急急忙忙走过，有人相约寻人，有人打探迷人橱窗的猎物，也有一群人聚集聊天。这样的街景，每天都有！有个女子的穿着另类，在这花花绿绿的景象中，有着不同的感觉。那女子体态看似单薄，身穿纯白色唐装，我多看了她几眼，想着这人像是有着某种宗教信仰。她高声阔谈着她伟大的情操，那音调比她的穿着更吸引我！她说着："像我，好多人都很难理解为何放弃一份高薪，且是外企多年的高阶职务，而不顾一切地跑来做义工！"我打量着她，那女子外柔内刚的个性一览无余，她津津乐道地讲起"义工"，显然，她为那个头衔感到自豪。

　　人望天，有阴晴圆缺；但是月亮从没因为人们的看见而有所短缺或消失；太阳的东升西落，也是因为地球的自转或公转的环绕。它们都有着它们原本的位置和本体！生命的光耀，真的就只燃烧在那些头衔的光环中吗？当我在人生道路上，扮演着不同角色，说出同样思维的话语时，被回应的肯定就会有所不同。一个老师或有名的某某，说尽人生的道理，总只是让人觉得这就是那个位置的人该讲的话，听的人也只是因为那份表象，而给予掌声！但如果是个市井小民，或是一个蹬着"三轮"的贩夫，讲出同样思维道理的见解，却会让听的人感到耳目一新，这种发现与新奇，反而让人更细心地聆听！眼下忙碌的日子多了，我和世间所有的人们一样匆忙着。收入比起从前虽然多了，但却没有感觉比从前快乐！我想念的，反而是学生时期的单纯跟打工生活的实在！每晚跟室友的伴读或闲聊，还有在阳台上深呼吸对面面店飘来的香味。有多久没有真正地还原，并让自己静心呼吸了呢？简单地为自己种一些花草，让其他能看见窗台景物的邻居也分享一份好的新鲜，简单地给一个目光不小心交汇到的陌生人一抹微笑，让彼此的尴尬变成短暂的轻松，简单地对身边还存在的朋友进行真心的问候，让彼此的情感和思念得到加温。在自己的本位上，简单地经营自己，也让身边的人感觉一份踏实、轻松或贴心。放下自己自以为是的某某想法，不吝啬不经意的飘洒与分享，"义工"随时都是！也随处可见！

　　放下架子让自己自由，也让身旁的人容易亲近！

智慧窗

> 生命原本就只是一段生活，是与家人、朋友和爱人的一段交流、一些分享。每个人都是芸芸众生中的一员，如满天繁星中的一颗，偶尔的闪亮也许是大气的折射，也许是气流的摩擦，但不管怎样，每一颗星星都还是自己，亮光转瞬即逝，留到最后的永恒的东西并不是那易逝的光芒。笑对那些虚幻的短暂的光圈吧，让自己的身心都得到自由。
>
> （王秀芳）

＊人，就是这样走向平庸的……

◇尤穆木

我觉得今天是个伟大的日子，因为我要在今天做些伟大的事。

哎？都几点了？该死！今天播放连续剧的最后一集呢，估计男女主角能在这集结婚吧……

首先……

其次……

呀！该上QQ了，干什么来着，差点把这个都给忘了。还算准时，不然朋友又该怪我让他等了……

接着……

咦？莉莉发短信让我陪她逛街。这丫头，一天到晚不知道干点正经事，就知道乱花钱。也好，听说商业街又开了几家新店，顺便去逛逛……

然后……

哟！都这时候了，赶紧上我的博客看看，不知道谁又在那儿胡说八道了，点击率提高了点没……

最后……

啊？天哪，都半夜了！忙了一天真有点体力透支。听说音乐可以缓解疲劳、增强记忆力，那就听周杰伦的吧……

结果……

哈！我真的很开心，因为我觉得明天是个伟大的日子，因为我将在明天做些伟大的事！

悦客群

含笑弯刀：

　　新的开始总是很艰难，时间没有办法陪在你身边，只能静静地等候和观望着你的行动，然后流去。花落了一地，月洒满人间，我的梦想化成了碎片，却无法用视线来和时光纠缠。有雨的日子，房檐开始滴答着雨滴，那是振聋发聩的鼓，敲打着，那节奏很无奈，很悲哀，很惋惜，很急迫……花园里的丁香开始在雨中结起轻愁，好似和我们一样在想：流失的光阴啊，你为何走得这样快呢？

 阅览室

<h1 style="text-align:center">简单生活</h1>

◇刘俊诚

　　生活着，每天都对着镜子，把自己整理得纤尘不染，然后用一副微笑的面孔去从容地面对形形色色的人，不敢有丝毫的懈怠。

　　追求着，向着一些遥不可及的目标，每天跋涉奋进，为了给自己一个生存的理由。

　　就这样活着。自己也不能懂得自己，自己也不能明白自己。有时，觉得自己很难理解，此时就会有一种茫然的、厌倦的感觉，就不快乐。

　　有一天，上班的途中经过一个施工的工地，就在那暖洋洋的中午的阳光下，一群农民工，穿着破破烂烂的衣服，就那么随随便便地，面对蓝天躺在沙堆上，睡着的和没有睡着的，单纯的笑容是发自心灵深处的，明亮而璀璨。突然间就被那快乐所感染。

　　再看看那些人，他们活着，他们都没有时间去多愁善感；他们爱着，他们却不懂怎么诠释爱情；他们满足着，因为他们没有奢望生活过多的给予；他们简单着，他们不用在人前掩饰什么。

明白了自己之所以不快乐，就是因为不能够活得单纯。其实，不要去刻意追求什么，不要向生命去索取什么，不要为了什么去给自己塑造形象，因为简单本身就是一种幸福。

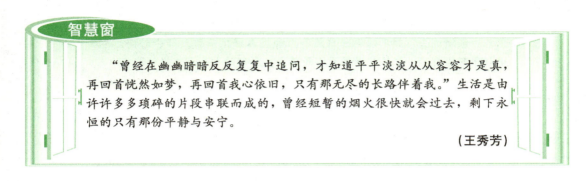

智慧窗

"曾经在幽幽暗暗反反复复中追问，才知道平平淡淡从从容容才是真，再回首恍然如梦，再回首我心依旧，只有那无尽的长路伴着我。"生活是由许许多多琐碎的片段串联而成的，曾经短暂的烟火很快就会过去，剩下永恒的只有那份平静与安宁。

（王秀芳）

阅览室

体味平淡人生

◇金缕衣

平淡绝不是平凡。平淡是一种心境，平凡就是随众。如若你与众不同你就绝不是平凡，正因为平凡你才会被众人淹没。

释迦牟尼苦修几年，最终悟出"一切苦难来自欲望"。众生有太多的欲望，才演绎出一部部苦难的历史，而平淡正是超越欲望、超越苦难的境界。

假如你把事情做得有声有色，你就不妨平淡一些，不需要朝思暮想被提拔。一切都是自然而然的，你的才干不会被埋没，你的功绩不会被抹杀。

假如你为钱财为权势而寝食难安，你不妨看淡一些。将事情淡淡看开，所谓生不带来死不带去，最重要的是自己要活得自然，活得真实。

假如你被人际关系搅得焦头烂额，你亦不妨看淡一些。无须对人逢迎，无须向人低头。只要付出你的真诚，敞开你宽容的胸怀，你自然会与众人融洽相处。

无论昨天你曾是什么，曾做过什么，只要今天你能看淡，那么你就是你，就是纯洁的你，何必在午夜被以前的噩梦纠缠，就让一切淡淡随风去吧！

其实，有时平淡也意味着看破，不是看破红尘，而是看破人生的短暂，看破人生的渺小。不要把自己看得过高，看得过重。法师的僧鞋上为什么要破六个洞呢？那是要出家人"低头看破"啊！低头是虔诚有礼，看破是看破六根、六尘、六大烦恼。我们不能像出家人那样完全看破，但至少要学着去看破人生的烦恼，看破世间繁华皆如云烟，淡淡地去看破，活得潇潇洒洒，活得清清明明！

东坡诗云："梨花淡白柳深青，柳絮飞时花满城。惆怅东南一枝雪，人生看得几清明？"满城都飞着柳絮，一枝梨花从深青的柳树间伸了出来，雪样清丽的梨花开了遍地，看着这样美丽的景致，你又有什么事不能看淡呢？

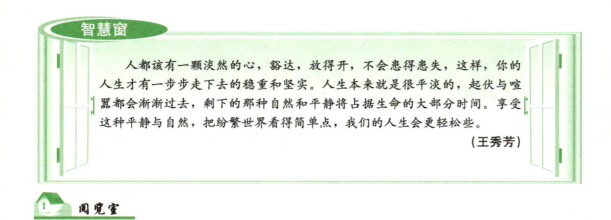

人都该有一颗淡然的心，豁达，放得开，不会患得患失，这样，你的人生才有一步步走下去的稳重和坚实。人生本来就是很平淡的，起伏与喧嚣都会渐渐过去，剩下的那种自然和平静将占据生命的大部分时间。享受这种平静与自然，把纷繁世界看得简单点，我们的人生会更轻松些。

（王秀芳）

阅览室

平平淡淡人生路

◇轻声细语

有一位朋友美丽而文静，说话虽轻声细语，但是总能说到人的心里去。她的业绩说不上骄人，但无可挑剔；她嫁了一个相爱的普通人，日子过得波澜不惊；她不要求女儿学这学那，只要求她能做一个健康快乐的正常人；双休日里，一家三口时常骑着自行车出游，当朋友戏称他们是"三无"家庭（无汽车、无摩托车、无电动自行车）时，她欣然笑之。在她眼里，天每天都是蓝的，太阳每天都是新的。姐妹们有了烦心的事同她聊聊会豁然开朗。上访职工、困难职工见到她，她笑脸一张、热水一杯，加上静静地倾听、适时地调解……怒发冲冠的也好，悲苦满怀的也罢，三下五除二，她总会让他们满意而归。大家赞誉她是"心理医生"。她不妒忌荣誉加身的同事，也不鄙薄偶犯错误的朋友，就是对"小人"也只是冷眼旁观，不气也不恼。曾有位退休多年的老领导，经长久的观察和了解，送了她八个字：柔情似水，心如明镜。

"温饱无虑便是幸事，无病无灾便是福泽。"在咀嚼了近四十年的人生百味之后她悟到了这样一句人生真谛，她说，人到中年，匆忙回首，方觉得青春岁月已成"明日黄花"。细细密密的皱纹已在不经意间悄悄爬上了不再年轻的额头。人生已成定局，自少年时代便梦寐以求的人生理想却依旧十分遥远，依旧高不可攀。那种渴望轰轰烈烈、希求宏大久远的心境，早已被一些凡俗而实际的生活琐事所代替。一切都讲求随缘，被别人接纳时感到幸福，与朋友疏远时体会无奈。心中已无不切实际的幻想，只是在有感觉的时候，随意写上几笔，凭借手中一支文采飘逸的笔，自由自在地在文学路上徘徊。但从未敢奢望与什么"家"有缘，充其量能同"文学爱好者"沾点边也就心满意足了。偶尔捣弄出篇"小东西"，或者发往报社，或者投向网站，便觉得活得滋润、活得轻松、活得充实。一旦有人提起"又见过你的文章"，便脸红如"关公"，唯恐引起别人的误会，又添文坛几许笑柄。

她始终把自己定位在平淡的人生序列里，坚持做个跻身于茫茫人海中的平常人。她常想，在过去的岁月里，父母养育了她，老师教育了她，朋友和同事帮助了她……于是，她怀着一颗报答之心，安于平淡而不断地检点自己的所作所为，积累才干与学识。在平淡心理的牵引下，任何时候都无心与谁争高论低，却乐意在如期而来的日子里，及时纠正自己的谬误，不断地超越自我、完善自我，以理性面对成功与失败所带来的喜怒哀乐。

正因为平淡，她才学会了宽以待人，也宽以待己，善待生活，善待一切美好的东西。没有嫉妒、眼红、浮躁带来的心理折磨，更没有那种"带着假面具跳舞"的不自在。生活毕竟是平常甚或是琐碎的，没有那么多的诗情画意，有时候倒觉得像一篇篇朴素的随笔。在她看来，无论生活将机遇和幸运赐予谁，都有它的理由，一味地羡慕与嫉妒不但于事无补，反而坏了自己一份平和的心境。只有抱着淡然的心态认真做好自己该做的工作，才有可能得到并不淡然的结果。圣贤也好，凡夫俗子也罢，一样也免不了生老病死、衣食住行的困扰。所以，她一如既往地恪守平淡，讲究实际，立足现实，尽力而为且又随遇而安。这又何尝不是一种福分，一种境界，一种坦然处世的人生态度呢？

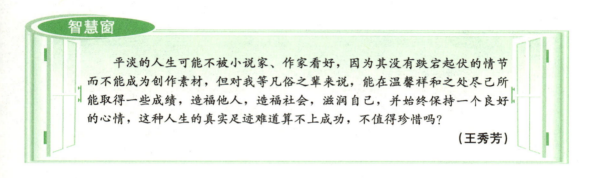

智慧窗

平淡的人生可能不被小说家、作家看好，因为其没有跌宕起伏的情节而不能成为创作素材，但对我等凡俗之辈来说，能在温馨祥和之处尽己所能取得一些成绩，造福他人，造福社会，滋润自己，并始终保持一个良好的心情，这种人生的真实足迹难道算不上成功，不值得珍惜吗？

（王秀芳）

阅览室

在平淡中寻求人生的快乐

◇逸　夫

很多人都抱怨生活单调，工作平淡，很羡慕那些所谓的成功人士，而成功的人士也认为自己活得压抑，不洒脱。其实，我们无论生活在哪个层次，无论贫穷或富有，活的都是一种心态。我们要在平淡的生活和平凡的工作中寻求人生的快乐。

撷取生活中的每一滴感动。有一本书讲述两位年届70岁的老太太，一位认为到了这个年纪可算是到了人生的尽头，于是便开始料理后事；另一位却认为一个人能做什么事不在于年龄的大小，而在于怎样才能令自己更舒坦快乐，于是，她开始练习登山，她的目标还是世界上有名的大山，终于在95岁高龄的时候，她登上了日本的富士山，打破了攀登此山年龄最高的纪录，她就是著名的胡达·克鲁斯老太太。70岁开始学习登山，是一大奇迹！而我们这里要讲的并不是这种奇迹，而是一个人对生活的理解。一个人的生活态度决定了自己是否活得幸福，活得快乐。我们尽管不能增加生命的长度，但可以增加生命的宽度。

懂得拾取和放弃。古人云：舍得，有舍才有得。有个故事讲述一个特别想成功的人但总难成功，非常苦恼，去请教一位哲人。哲人告诉他，你背上一个背篓到河滩去拣你认为好看的石头。他一路拣，发现这个好，那个也行，非常高兴。不久他就拣了大半背篓，也开始感觉肩上沉甸甸的，再往下走却发现好的石头越来越多，但却无法背起，又开始苦恼。再去问哲人，哲人又告诉他，你把你认为不好的丢弃，结果一个一个地丢，眼看背篓的石头要丢光了。最后哲人笑着说：

人应懂得拾取和放弃。

　　工作之余，走在一片绿色的林荫道上，放慢匆匆的脚步，俯视脚下杂乱成簇的叫不出名字的树木和花草，撷起一棵小草，放在鼻子上闻一闻，那勃勃的生机，那一个个鲜活跳动的生命，可令人感受到物我同境的恬淡，感受到一种超然彻底的释放。抬头，不远处的一座小木桥下清澈见底从容流畅的溪水，拖着清婉的余音流过桥底，奔向远方，触动了心灵最深处的那根绷紧的弦。和煦的阳光静静地照着这树、这花、这桥、这水，也照着不远处的金黄色的楼房。一幢幢风格迥异、个性鲜明的楼房，悠闲地散落在这纤尘不染的花木之中，像画，更像是诗！不知多长时间没有感受和体会大自然这种慷慨恩赐了，即使游过名山秀水，沉淀在记忆中的只是太多的芜杂，太多的纷扰，太多的遗憾！也许平淡的生活和平凡的工作会让我们的审美神经变得麻木，但让我们如此轻易地被触动的，却是这些天天见到的一份平常和真实。

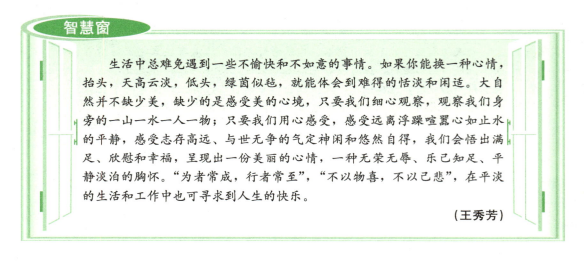

智慧窗

　　生活中总难免遇到一些不愉快和不如意的事情。如果你能换一种心情，抬头，天高云淡，低头，绿茵似毯，就能体会到难得的恬淡和闲适。大自然并不缺少美，缺少的是感受美的心境，只要我们细心观察，观察我们身旁的一山一水一人一物；只要我们用心感受，感受远离浮躁喧嚣心如止水的平静，感受志存高远、与世无争的气定神闲和悠然自得，我们会悟出满足、欣慰和幸福，呈现出一份美丽的心情，一种无荣无辱、乐己知足、平静淡泊的胸怀。"为者常成，行者常至"，"不以物喜，不以己悲"，在平淡的生活和工作中也可寻求到人生的快乐。

（王秀芳）

1 阅览室

我的外公

◇强　子

　　我的外公是个地地道道的农民，今年93岁。

　　外公生于20世纪初，辛亥革命后的第三年，也就是1913年的秋天。通过史书，我们知道那个时候的中国，军阀混战，战乱不断。不过，外公家是在一个极其偏僻的农村，名不见经传，这里的许多农民根本就不知道外面世界的变化，仍然日出而作，日落而息。外公就是在这样闭塞的环境中，和村里许多人一样，在土里泥里的摔打中，在煎饼咸菜的生活中，迷迷糊糊地走过了童年、少年和青年，找了媳妇，结了婚，有了孩子。没有什么惊心动魄的事件，没有什么浪漫的经历，一切都像白开水一般，索然无味。

　　新中国成立后，步入中年的外公也和其他农民一样，家里先是分到了土地，后又经历了互助组、农业合作社、人民公社。据说，外公曾当过一段时间的生产队长，不过由于干事马马虎虎、粗心大意，不到一年就被撤掉了。那是外公一生中担任的最高职务，也算是人生中一个小小的辉煌。

听我母亲说，外公从年轻时就是一个大大咧咧的人，对一切事情都满不在乎。在外面干事不上心，家里的事情也总不放在心上。油瓶倒了也不扶，孩子的事情也不放在心上，对此，外婆很有意见，嘟嘟囔囔了一辈子，也生气了一辈子。

农村实行分田到户的时候，外公已经70多岁了。从那时起，他开始整天帮着舅舅家干活，拔草、捉虫、施肥等，一刻也闲不住。

外公既抽烟又喝酒，不过很有节制。早些时候，每到秋后，母亲就把生产队里分的烟叶，用包袱包上，送给外公。每送一次，就够外公抽上半年的。后来，抽的是一角钱一盒的廉价香烟。偶尔别人送给他几盒好烟，外公会嘿嘿地笑着，有些不习惯的样子。

去年我去给外公祝寿。那天，外公家来了很多人，大人小孩坐了满满三桌。外公特别地兴奋，不顾别人的劝阻，自己喝下了半斤白酒。吃过饭，外公把我领到一个墙角，指着地上的两袋麦子，自豪地对我说："这是我今年在西坡的那块地上自己种的，自己收的，等到我过世时，这两袋麦子磨成面粉，场面上伺候客人就够用了。"外公说这番话的时候，很轻松，很自得，丝毫不像在说一个老年人非常忌讳的话题。听二舅说，外公的身体没有什么大毛病，90多岁的人了，根本闲不住，每天还要到地里去干一些轻活。

前些日子，我驱车到乡下看外公。车子一开进村里，就在村口看到外公在麦田里拔野菜。我走下车来，看到外公高大的身体依然非常健康，走起路来，脚底下还很轻，身板也很直。我把从超市里买来的点心、白酒、奶粉递给他时，外公一个劲地说，花这些钱干啥，花这些钱干啥。临走时，外公一定要他把挖的荠菜送给我，还叮嘱我回去炒鸡蛋吃。

已经年老的外公也许根本不懂什么养生之道，也从来没有刻意地锻炼什么身体，练气功、打太极拳，想都没有想过，甚至不知道，也没有吃过什么补品。我记得有人说过，良药百裹，不如良宵独卧；山珍佳肴，不如白菜萝卜。外公一辈子粗茶淡饭，随随便便，顺其自然，有啥吃啥，倒也很少生病。

在我的心目中，外公就是一个很淳朴的人。很少有欲望，很少有烦恼，虽然日子一直过得很粗糙、很贫穷、很单调，周围的麻烦事也很多，但外公却整天乐呵呵的，天塌下来，好像根本与他无关，一副乐天知命的样子。

智慧窗

有的人一辈子没有官位，没有金钱，没有名声，没有浪漫，许多人有的他都没有，许多人享受的东西他都没有享受过，许多人去过的地方他都没有去过，极其平淡，极其普通。但是，能够健康快乐地活，能够健康地走过人生，就是他的骄傲，也是家人的骄傲。

（王秀芳）

1 阅览室

我的心路
◇往　事

做人真的很苦，柴米油盐，七情六欲，酸甜苦辣，生离死别。人从出生到老去，乐的时候少苦的时候多，一辈子寻寻觅觅，兜兜转转，等到有一天歇下来，回头看看走过的路，才顿然发觉自己浪费了多少岁月，所追求的多数是无意义的。

人，真是一种不可理解的动物，得到的时候不懂得珍惜，失去了才觉得可贵。

人生毕竟持的是单程票，当你回首的时候，一切已成过去。因此在你踏上旅程的那一刻起，你就应该用心去体会你周围的人和事，珍惜从你身边一闪即逝的良辰美景。漫步在连绵不断的小雨中，应该去感受这份诗情画意的浪漫；遨游在铺天盖地的冰雪里，应该去体会那份洁白无瑕的淳朴。

人的一生中，能够陪伴着你一路走来的朋友有几个？

很多朋友在寻找伴侣时，过分强调对方的外貌，不去了解内心。其实，爱是发自内心深处的。我见过很多能够维持很长时间关系的恋人，都是日久生情的，而几乎没有几对一见钟情的恋人能够成为夫妻或伴侣。我想可能每一个喜欢上网的朋友都交过很多的网友，无论互相看过相片，或者见了面的，经过一段时间的交往，都会发现有一方慢慢地或者突然"失踪"了。因为他们之间缺乏共同的语言，缺乏感情的基础，他们的交往只是建立在外表的相互倾慕上，而忽视了彼此的性格、脾气、爱好以及生活背景的差别。如果多留意身边的人和事，珍惜每一个朋友、每一份感情，就会发现生命的精彩就在你的手心里。正所谓：众里寻他千百度，蓦然回首，那人却在灯火阑珊处。

以貌取人，很难找到一份真正的感情；用你的心付出你的真诚，你会得到一份惊喜……我们都知道这个道理：女孩子不是因为美丽而可爱，而是因为可爱才美丽；男人不是因为英俊而有魅力，而是因为有魅力才英俊。这不是产生于外在而是来自于内心世界，来自于个人的修养。

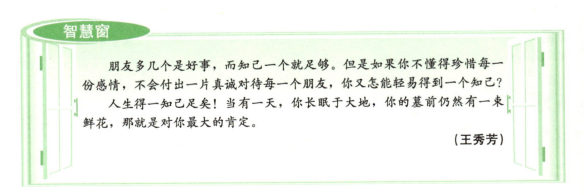

智慧窗

朋友多几个是好事，而知己一个就足够。但是如果你不懂得珍惜每一份感情，不会付出一片真诚对待每一个朋友，你又怎能轻易得到一个知己？

人生得一知己足矣！当有一天，你长眠于大地，你的墓前仍然有一束鲜花，那就是对你最大的肯定。

（王秀芳）

✻ 让所有警察崩溃的司机

◇ 弯　弯

某国，一名警察要一位超速行驶的男士把车停到路边，之后开始了下面的问话调查。

警察：我能看一下你的驾驶执照吗？

司机：我没有驾照，因为第 5 次酒后开车，我的驾照被吊销了。

警察：我可以看看你车子的牌照吗？

司机：这不是我的车，是我偷人家的。

警察：车是偷的？

司机：对。但是让我想一想……我想起来了，车主的牌照……噢，放在仪表盘上的小柜子里面了。当我把我的手枪放进小柜子里时，我看见过车牌照。

警察：仪表盘上的小柜子里有一把手枪？

司机：是的，先生。我杀了这部车的女主人，把她放进车后边的行李箱里，然后，把我的枪放进了那个小柜子里。

警察：你是说后备箱里有一具女尸？

司机：是的，先生。

听到这里，警察大惊，立刻向警察局呼叫求援。很快，这部汽车被一群警察包围了。一名警官走向司机，去处理这一紧急情况。

警官：先生，我能看一下你的驾照吗？

司机：当然可以，给。

警官：车是谁的？

司机：我的，警官先生。这是我的牌照。

警官：你能打开仪表盘上的小柜子让我看看里面的手枪吗？

司机：我可以打开小柜子，长官。但是，里面没有什么手枪。

小柜子打开了，里面果然没有手枪。

警官：我被告知你车后面的行李箱里藏着一具尸体。你不介意打开它吧？

司机：没问题。

行李箱打开了，没有发现尸体。

警官：我不明白这是怎么回事。那名让你停车的警察说，你没有驾照，车是偷的，小柜子里有一把手枪，后备箱里藏着一具尸体，难道是这位警察谎报吗？

司机：那当然！他还谎报我超速行驶呢。

悦客群

含笑弯刀：

　　这是一个十分荒唐可笑的故事，故事自然是杜撰多于真实，在我看来，真如文中所写的司机那样与警察针锋相对，这样的司机是极其少见的。若是果有其人如是言行，十有八九神经不太正常。交通警察与司机之间总有着"剪不断、理还乱"的关系，警察有警察的威严，司机有司机的办法。话又说回来了，这不过是一个笑话，完全不必当真。

 阅览室

平平淡淡

◇独自等待

　　其实很多时候，自己总会胡思乱想，以至于有时分不清是现实，还是梦幻。当然，可能和性格有很大关系，因为自己不喜欢纠缠于世俗琐事间，觉得很是浪费时光。一个人，泡一壶清茶，听一曲《渔舟唱晚》，欣赏一段林清玄的散文，就再也没有什么其他的要求了。平淡的生活，让我慢慢适应了缓慢的节奏，想来这也是人生的一种境界。

　　闲来无事，我喜欢漫步大街小巷，看老人儿童嬉戏玩闹，仿佛欣赏一幅幅社会百态图。一直想，以后自己老了也许就会变成那个样，天天坐在树荫下的长木凳上，静静观赏这世间发生的一切。匆匆而过的人群，来来往往的车流，喧嚣热闹的街市，其中的心境，现在我是无法体会的，也是不能用语言来表达的。

　　来往于城市中，经常会碰到以前的朋友和同学，时过境迁，物是人非，变化之大自己也不能说清楚。问候一声，寒暄几句，是否别来无恙？家人是否安康？虽然面相和形体有了一定的变化，但是音容笑貌依旧，还可以识别出是谁。

　　人生也许就是这样平平淡淡，每个人都有伟大的成就是不太可能的。守住自己的心灵家园，使自己成为真正快乐的主人吧！也许这就是你人生的全部，是你一生所寻求的桃花源！

智慧窗

　　人生也许就是平平淡淡的。有时人的欲望让你我不断去努力，越接近目标，自己却越觉得迷茫。也许这并不是自己所真正想要的，可是你究竟想得到什么呢？确定方向，按照原定的步骤坚定地走下去吧！因为，这就是你人生全部的意义。

（王秀芳）

阅览室

人生不只若初见

◇潇　滢

　　四月，花红柳绿，草长莺飞。一个个适合心情放飞的日子，却因为忙，都错过了。甚至连4月8号，这个对于我们有着特殊意义的日子，也在忙乱中度过了，他没有想起，我也没有提及。

　　如同戏，演到高潮处，就该谢幕了。情，到了久长时，便归于平淡了，那些我们曾经念念不忘的事情，就在我们念念不忘的过程里被我们忘记了。难怪纳兰容若要说："人生若只如初见。"确实，几多幽怨，几多感伤，全在这一声叹息中。

　　其实，人生不只若初见。年少时的意气风发，最初的感动和梦想，在时间的浸润下已渐入血液，从来不需要想起，永远也不会忘记。如同春天的雨，润物细无声；如同对峙的山峰，相看两不厌；如同歌里唱的，我幸福走过的，是你搀扶的。

　　但是，总觉得应该留下些什么，翻出几年前写的一段文字，虽然肤浅，却是发自内心。写下来，权作为了忘却的纪念吧。

　　那一年，我20岁，在西安南郊上大学。他是我的高中同学，当时在东郊的另一所高校读书。

　　在西安的同学不太多，也因都喜欢看书写作，我们经常在一起谈诗论词，探讨人生，倒也投机。也许是过于熟悉，或者是他认为胜券在握，在周围的男生用我所喜欢的方式接近我的时候，他始终保持着一副良师益友的形象，默默地来，默默地走，没有表白，也没有承诺。

　　好长一段时间，我在爱的旅程上寻寻觅觅，竟忘记了近在咫尺的他。直至有一天，我陷在一段欲进不能、欲退不得的恋情中，才带着一怀愁绪找他诉说。他几乎保持了全程的沉默，在送我返校时也依然大度自若，但我从他的眼神中还是读出了意外和黯然。

　　一个星期后，他约了我在大雁塔附近见面，几天之隔，他竟然憔悴了很多，也失去了往日谈笑风生的神态。他送了一把花伞给我，还有徐志摩那首著名的《再别康桥》："轻轻地我走了，正如我轻轻地来，我轻轻地挥手，作别西天的云彩……"临别时，他捧着那把伞说了一段让我终生难忘的话："伞""散"同音，送人似乎不宜，但人生自古多风雨，没有我的日子里，愿此伞能为你遮风挡雨。

短短的一首诗，小小的一把伞，竟被他诠释出如此的一片深情。我感到胸中有一团异样的情愫在涌动，"众里寻他千百度，蓦然回首，那人却在灯火阑珊处"，我苦心所求的不正是这样的一把生命之伞吗？

三年之后，我成了他的妻子。没有曾经向往的香车宝马，也极少有梦想中的风花雪月，居家的琐碎和平淡伴随着十多年风雨同舟的日子，但我很满足。在安适而平和的岁月里，我知道，我是一个幸运的女子。

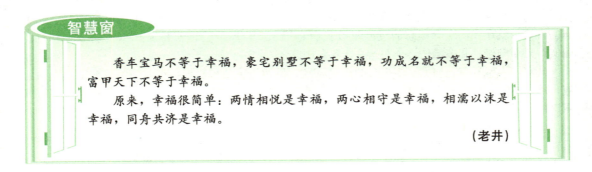

智慧窗

香车宝马不等于幸福，豪宅别墅不等于幸福，功成名就不等于幸福，富甲天下不等于幸福。

原来，幸福很简单：两情相悦是幸福，两心相守是幸福，相濡以沫是幸福，同舟共济是幸福。

（老井）

阅览室

让我们平淡地幸福

◇文 轩

每当我一个人静下来，心中总有莫名的惶恐，于是便揣测自己到底想要的是什么，然而得到的结果往往是茫然，只能让自己失望。

看着自己一天天长大，当假装的笑在脸上绽放开来，连自己也感到了恐惧。终于，我也失去了自我。终于，我也戴上了面具，让别人看不到自己，让自己变得不是自己。我迷失了，茫茫大地上，就像没了我的存在，蒸发了抑或透明了。

我的腿沉重地提起来又放下，我一直在行走，却没有目的。不知道自己能走多久。我想停止这种折磨，但不被允许，最痛苦的是不被自己允许。内心深处一个声音反抗着，我却将它压抑着，不敢将它释放。似乎它就是潘多拉的盒子。

我将一本本书抽出来又放回去，那一行行字失去了往日的吸引力。反反复复，终于，我完全放弃了要任务性地看一下书的念头。我想给他写封信，可是写什么，近况吗？还是那样，而且可能永远都是那样，平淡却烦恼。机械地干着非干不可的事，心中是无奈，可脸能露出淡然的笑。我真怀疑自己是否人格分裂。

想起以前，考差了语文，将试卷撕得粉碎丢进垃圾筒痛哭流涕的情景。而现在，我不知道有多久没哭了。难道我连哭也退化了？

想起庄子，这个时间上空间上都离我很遥远的人。我突然理解了他想要回到小国寡民式的生活的缘由——在相对的自由中，往往感受不到自由的存在。"至人无己，神人无功，圣人无名"，让自我从功名利禄、是非善恶，甚至从自己的形骸和观念的限制中解脱出来，达到一种绝对自由，这是一个人在极度痛苦中，想要寻找桃花源的深切渴望。

一阵铃声响起，"嘟——嘟——"一声一声，连成一条虚线，割断了我对古代的遐想。其实除了想到庄子、陶渊明之外，我还想到了沈万三。或许他不像那些文人那么浪漫，但他却更能被这个时代所接受。我接起电话，一个与我无关的人，打了一个与我无关的电话，它却打断了我的愤世嫉俗，我有点恨它。

那个电话却勾起了我对他的思念。前面我说过我想给他写信，但终究不得。他是一段不期而至的爱情的始作俑者，而后来我成了他的帮凶。所谓的爱情带来的思念填满我的胸腔。一方面，它让我充实。就像现在，当什么都想不了，又什么都不想干的时候，就是想这件事的最好时刻。翻来覆去，把所有的细枝末节都想个遍，想完了，或许就到时间吃饭或者睡觉了。至少那种空虚得不知道想什么的苦恼不会再袭来。

我是个现实的人，我否认不了。想快乐得简单些，却总是徒然。我会思考生活在世界上的意义，会想到赐予我生命的人——我的父母。他们永远会在我不需要的时候走开，在我需要的时候走近。

总之，他们的爱是摈除一切，拂拭一切，使我成为"今我"的元素，而直接地来爱我的自身。这原是冰心的话，我只是把"她"换成了"他们"。我的生命是父母孕育的，而不仅仅是母亲。不知道从什么时候起，我知道父亲同等地爱我，不亚于母亲。他们的爱毫无回旋的余地，只因我是他们的女儿。

我想起我已好久没有打电话回家了，便匆匆买了电话卡，急急地拨着电话号码，却一连拨错了三次，好不容易听到了母亲的声音。我压抑着思念与苦痛和母亲谈笑风生，告诉她我一切都好。每次都是这样，母亲和我说话，父亲就跑过来，站到母亲身后，不时地补充点什么。我的眼泪已经在肆虐，我怕我会哽咽出声，笑着和母亲说保重身体，就挂了电话。我终于毫无顾忌地哭了出来，那么放肆，那么坦荡。刚刚的迷茫、无奈和苦楚被荡涤得一丝无存。

想起周作人的话：大约我们还只好在这被容许的时光中，在这平凡的境地中，寻得些许的安闲快乐，即是无上幸福……我想我应该珍惜这份平静的幸福。抬头遥望星空，弯月在笑。

智慧窗

父母是我们生命中的太阳，父母是我们征途中的港湾，父母是我们心中的圣地，父母是我们眼中的偶像。因为父母，我们有了生命；因为父母，我们有了灵魂。感激父母，体会幸福。

"常回家看看，回家看看，哪怕帮妈妈刷刷筷子、洗洗碗，老人不图儿女为家做多大贡献，一辈子不容易就图个平平安安……"一首《常回家看看》可谓道出了父母们的心声。由于生活节奏的加快，许多儿女无暇照顾自己的父母，与父母相聚的日子更是屈指可数。他们总是说等到不忙的时候一定好好陪陪父母，只是这种约定无限地推延下去，繁忙的工作让父母期待的眼神也一次次落空。对于父母而言，送给他们的最珍贵的礼物，只要常回家看看就可以了。父爱如山，母爱如水，不要忘记常回家看看，不要忘记常向他们报声平安！

(老井)

欢乐吧

＊祢衡：屁股上长刺儿的疯子

◇张继合

"击鼓骂曹"是一出非常解气，也非常痛快的"三国戏"。祢衡与曹操较劲儿，堪称棋逢对手。名流骂街，枭雄动怒，你有伶牙俐齿，我有杀人钢刀。骂死人的事儿可不经常出现。

祢衡书底子厚，大概很有见识。怎么说"大概"呢？他的本事还没来得及露出来，就中了曹操"借刀杀人"之计，死在了黄祖的手下。但是，祢衡的自我感觉很好，他的确太把自己当盘菜了——能说会道，足智多谋，天下才俊，老子第一。

好朋友孔融把他推荐给曹操，祢衡明知这个老家伙的底细，却还要硬着头皮去撞大运。万一曹操很懂事儿，给足他祢衡面子，那么，备不住就留下任职；偏偏曹操不买祢衡的账，甭说委任什么官职了，就是沏茶让座这种最起码的礼数都不周到。祢衡恼了，开始大肆攻击曹操的文治武功，他撇着嘴贬低人才济济的曹营：什么玩意儿？除了酒囊饭袋，就是衣裳架子。曹操被骂急了，命令他在盛大的宴会上，充当敲锣打鼓的奴隶，也算扯平了。

曹操只想羞辱羞辱这个自不量力的张狂之士，祢衡却打算在宴会上跟曹操玩命，他脱了个大光膀子，抢起鼓槌，边敲打边骂街，当着文武官员的面，把曹操彻底糟践了。按照祢衡的咒语，端坐正位的"大汉丞相"应该立刻拉出去枪毙。大庭广众之下，谩骂政治领袖，当然要问他一个"现行反革命"的大罪。但是，曹操忍了，他的过人之处就是"做坏事不留恶名"。祢衡应了曹操的差派，去刘表那儿搞"招安"，明明办不成的事，偏要他去送死。祢衡接了这个活儿，也希望"骑马找马"，为自己的政治抱负找一条出路。不想，刘表看破了曹操"借刀杀人"的小心眼，这个老奸巨猾的政客又把祢衡打发到黄祖门下。黄祖是个头脑简单、点火就着的地方军阀，他可不像前两位老兄那样有城府、有涵养。祢衡喝多了，又想摸摸黄祖的老虎屁股。他揶揄黄祖，像庙里的泥胎，白吃白喝享受供奉，就是一点儿也不灵验。黄祖哪里肯容这个疯子骂人不带脏字，利利索索地把祢衡处死在了鹦鹉洲。

这个博学的年轻人，是典型的"高分低能"，有才华，但没头脑；念书多，却没见识。他以自我为中心，强烈地要求权贵重用他，给他职务和待遇，却又不愿毕恭毕敬、踏踏实实地对待领导和同僚，一旦有什么不顺心，势必撕破脸闹僵起来。对曹操，骂；见刘表，瞧不起；到了黄祖的地盘，还是一副指手画脚的"特派员"嘴脸。他满腹才学永远也找不到中意的买主，即使有人肯重用，他也是挑肥拣瘦，屁股上长刺儿，过不了几天，又跑到别处打听行情去了。正应了那句话："溪涧岂能留得住，终归大海作波涛。"总觉得自己贱卖了，委屈！唯一的办法就是频繁地跳槽。人家都是越跳越高，祢衡呢？好端端地把自己的脑袋混丢了。说到底，还是他性格有缺陷，脾气比才气大，口气比本事大，吹牛骂街，恃才傲物，到头来还是什么都干不了。

祢衡倒霉，首先要怪他忘了自己是谁。起码，人要知道自己的箱子里藏着什么看家本领。祢衡年轻气盛，雄心勃勃，自诩是"国家栋梁"，以天下兴亡为己任，可是，满世界求职稍一碰壁就跳脚骂街。他忽视了自己的实际能力，也不愿意承认自己手里还没有讨价还价的资本。

孔融保荐祢衡，本是一片好心，这样博学多才的人物，应该得到朝廷的礼遇。可是，祢衡很不作脸，跑到曹操府上求职还一副衔冤的表情。看来，杀祢衡的不是曹操，也不是黄祖，而是祢衡自己。祢衡害的是无法根治的"高傲病"，这是他骨子里带来的顽疾。他不但具有几近自恋的智力优越感，还把这种病态的自恋公布给每个人，这就等于自绝于朋友同事：我是人才，我怕谁？此地不养爷，自有养爷处。这样的人，往往昂着高傲的脖子游荡了许多年，末了，连个戳火棍的地方都挣不来。

大概读过几架书、上过几年学的人，多数都沾点儿"子曰诗云"的酸腐气，也难免有些白眼向天、臧否人物的嗜好。文人大多具备这种个性，算不得"致命伤"。俗话说，在官言官，在商言商，不顾行业游戏规则，而一味纵容自己的高傲，只能说这种人病入膏肓，自保与生存能力太差。保留几分个性，可爱；因为个性而锋芒毕露，可怜。

悦客群

辛言：

滚滚长江东逝水，浪花淘尽英雄。一部《三国演义》，真是让我们受益无穷。无论是成王败寇，还是枭雄小子，都无不给人以深刻的启示。文章虽属戏说，从"三国戏"生发开去，用语率性，活泼生动，但可谓更形象生动地写出了人物的思想性格。有才诚可贵，但自傲不可取；智商固然重要，但情商也绝不可少。无数场历史悲剧早就演绎出：性格决定命运。因此，在我们大力丰富学识才华的同时，还要切切牢记更好地陶冶自己的性情，以便和别人更好地沟通、合作，以此达到关系和谐、感情融洽，去共同谋划大计，创造伟业。

 阅览室

摘一只快乐的草莓

◇丰　收

一个人在荒原上走，遇到了老虎，失足掉下悬崖。幸运的是，他抓住了一棵救命的枯藤，然而一只老鼠正在啃枯藤。于是他就想，既然难免一死，又恐惧什么呢？在人生最后的时光里，要快快乐乐地活。这时，他惊奇地发现枯藤旁鲜艳的草莓，于是摘下美滋滋地吃了起来。

如此危难的处境，也有心情吃草莓，但回头想想自己又能做些什么呢？有人说，生命就像一支蜡烛，有的火焰微弱欲熄，有的烛影摇红，有的静静发光，有的灿烂耀眼。然而，它总有蜡炬成灰、复归平静的一刻，那么我们又为什么不快快乐乐地度过一生呢？却要到临死的一刻才想到要快乐呢？所以我们应该学会享受生活。生命如风，创造着春的精致；生命如月，辉映着夏的清凉；生命如水，荡漾着秋的萧瑟；生命如云，浮掠着冬的悲伤。就让精致把愁绪雕刻成永久的历史，让清凉把忧郁嵌进古老的屏风，让萧瑟把狭隘埋进流泻的时光，让悲伤把失落冲散为点点雪花消融吧！

于是我们不再悲怆，不再感伤，摘一只快乐的草莓，美美地品尝它。

尘世中有太多的喜怒，太多的悲欢，太多的烦恼和痛苦，不会一切都顺利。再深厚的友谊也有淡漠的可能，再亲近的亲情也有生锈的可能，再纯真的爱情也有褪色的可能。如果不懂得去经营，呵护，享受，生活也会令你失望。

痛苦的时候去想想风，让那伤痕与风痕一般洒脱地飞去成为过眼云烟，化为那嘴角一笑；不平的时候去看看海，把那金钱的面孔、势利的双眼、虚伪的笑面统统投入海中，让海浪把它们卷走。

享受生活就是享受快乐，在短暂的人生中，我们可以用多少时间去等待呢？我们要学会自己去寻找。当没有阳光时，自己就是阳光；当没有快乐时，自己就是快乐。不要让痛苦与烦恼占有我们生命的大部分，不要在人生的尽头才想到要寻找快乐。

智慧窗

　　生命如风，创造着春的精致；生命如月，辉映着夏的清凉；生命如水，荡漾着秋的萧瑟；生命如云，浮掠着冬的悲伤。

　　痛苦的时候去想想风，让那伤痕与风痕一般洒脱地飞去成为过眼云烟，化为那嘴角一笑；不平的时候去看看海，把那金钱的面孔、势利的双眼、虚伪的笑面统统投入海中，让海浪把它们卷走。

（心田）

 阅览室

感悟幸福

◇莲花宝贝

今天我又看见了他们，在虹中路"好又多"超市的二楼。

关于他们的故事我知道得并不多，甚至忘记了第一次见到他们是在什么时候。我的印象中每天都有他们的身影一颠一簸地走过我的视线，有时在我家门前，有时在小区的公园，有时在路边的草地。我之所以如此留意他们，并非他们是什么了不起的公众人物，感动我的仅因那份不离不弃、互相扶持、相濡以沫的真情。他们是一对年迈的残疾夫妇。

从他们脸上不难看出岁月磨砺过的沧桑。他们身高相差无几，都在一米六左右。我每次看到他们，都发现男的身上总是穿着同一种颜色和款式的衣服——老式黄色军装式的外衣，黑色的裤子。最抢眼的还是右脸颊一直延伸到右眼角的那道被深埋在岁月里的刀疤。在那张外人看来冰冷毫无一丝表情的脸上，任何时候都可以捕捉到投入在身边伴侣身上的那份疼惜和爱护。甚至除了过红绿灯外他的眼神从不曾离开过她的身体。我想她才是这个世界上最幸福的女人，尽管只有一只眼睛能看见这个美丽的世界，也只有一只手可以触摸到身边爱着自己的男人，哪怕连脚也不能跟正常人一样平稳地踩在这个曾经令她也美丽过的地球上。也许后天的伤害让她失去了外表的美丽，但在她的生命里爱情就像一朵永开不败的花，陪伴她一直盛开下去。

我想，他们一定有过一段不为人知的痛苦往事。每一次与他们相遇，我都会找一个不太惹人注意的角落，静静地看着他们。看他为她梳头，看他为她揉脚，看他为她买糖葫芦，看着他们嘴角喃喃的私语和微笑，才恍然觉得原来这个世界上还有如此简单的美好。之所以要悄悄的，是为了避免被误会是不礼貌的行为。对他们，我只有无比的尊敬和祝福。

虹中路，"好又多"超市。它算得上是上海大卖场之一，但今天少了背景音乐，冷静得让人感觉有些单调。我穿过二楼卖书和文具的专柜及体育用品专柜时，看见他们并肩坐在一条看起来很旧，似乎经过了很长岁月洗礼的长板凳上。可以肯定的一点是它绝不是商场里的东西。那就是他们自己备的了。他们前面放着一架电子琴，她用着仅有的一只手的食指按着一个又一个键，使之发出了很不规律的声音，然而却很快乐地笑了。看着她发出来的笑声，他显得很激动，似乎太久没听过一样。他开始把手放在琴上，虽然被她那不规则的音律扰乱着，但还是能"和奏"出听似很有韵律的曲子，尽管我不知道他弹的是什么。

我推着购物车慢慢地走着，慢慢地看着，因为他们太不想被打扰了。一切都在无言中，似乎大家都心有灵犀，都不忍打扰到他们。

智慧窗

　　人生的幸福就在一个个简单而又普通的关爱之中，也许只是一个简单的微笑问候，也是一种幸福。

　　也许平淡是我们每一个人生活中缺不了的一种方式，也只有平淡才最能衬托出点点滴滴难能可贵的真情，也只有这种幸福才是我们每个人一辈子所追求的！

（王秀芳）

守住平淡人生

◇胡旭东

春风来了，风的精灵拂开了我的眼。眼望春风，我不知道是否应该追上去，于是我徘徊了。夏天到了，风变得强了，夹杂着幸福的气息，我被吸引了，于是我追了上去。秋天风有些力度，夹杂的气息弱了，于是我有了放弃的念头，但还是在追赶。冬天来了，风刺痛了我的脸，气息也完全消散了，于是我驻足了，开始等待下一次。于是，无数次徘徊，追赶，等待，结成了这平淡的相守，恬静的归依。

在钢筋水泥林立的城市里，生活是如此平淡，一日日重复的晨辉与暮霭将最初的激情消磨殆尽。也曾想过自己在战场上的英雄景象，也曾想自己在世界级的辩论会上叱咤风云，更有过一个人拯救世界的幻想。不过，想毕竟是想，不论怎样，都得接受这平淡的人生。

一次又一次重复着，徘徊，追赶，等待。为不能看到湖水的涟漪而感到烦闷，为不能看到牡丹的鲜丽而感到乏味，平淡以其特有的方式使我沉沦下去。不过，即使是这样的平淡也有其美好的地方，虽没有那扣人心弦的激情，但却孕育着恬静的美丽。如春天的细雨有那"楼头残梦五更钟，花底离愁三月雨"的韵味，更有那宁静的夜任凭月光将其调成朦胧的烟雾，恬静而美丽地在心中留下一朵彩云。

然而平淡的人生，不容许无休止地沉沦，必须积极进取。

稚嫩的儿童，在镜子前盼着自己早日长大。

忙碌的年轻人，在奋发的工作中希望能够有一个机会大展宏图。

年迈的老人，希望远方的儿女那迟来的信件尽快到手。

平淡，一切都是平淡，其实这也是一种幸福。反思难免忧叹，但因此我们却变得更加沉稳和自信。未来是我们永恒的追求主题。但是我们却不会盲目自诩，因为，拥有平淡也是一种恩惠。

记得古人说过："去留无意，观天上云卷云舒；宠辱不惊，看庭前花开花落。"平淡的最高境界是淡泊名利。保持住一份平常心，遇事沉着冷静，对待成功和失败能够一笑而过，你才能真正领略平淡其义，只有这样你的心里才能永远拥有阳光。"非淡泊无以明志，非宁静无以致远。"平淡人生不过如此，用你的平常心去容纳万物吧！去体会这平淡的相守，恬静的皈依吧！

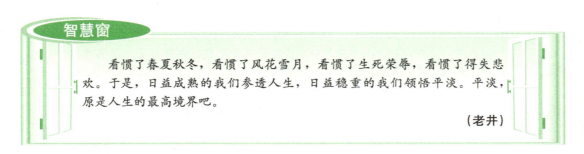

智慧窗

看惯了春夏秋冬，看惯了风花雪月，看惯了生死荣辱，看惯了得失悲欢。于是，日益成熟的我们参透人生，日益稳重的我们领悟平淡。平淡，原是人生的最高境界吧。

（老井）

 阅览室

相携平淡过一生

◇白 夜

每每在叹息如今爱情苦长喜短时，总会无来由地想起一对老人。

记得那是我还在学校的时候，教学楼后面有一栋三层的旧楼，在楼与楼之间有一块绿地，周围围着上了年龄的树木，郁郁葱葱。在现代都市中，那块绿地无疑令人感到那么一丝丝的乡村气息，不仅因为那绿地上种植着果蔬，更因为那块绿地上时常出现的那对朴实老人。

那时的我，时常在课间站在走廊上看着那对老人日间的活动。他们住在那栋旧楼的一楼，也就拥有那块绿地的一隅。在他们屋后就有一块小空地，旁边种植着果蔬、花卉。早上课间时，常可见到那男的淋菜、浇花，而女的则拿着小锄或在拔草或在施肥。在三月阳光明媚的午间（我没午休的习惯，时常喜欢去食堂吃完饭后便回教室里看书。现在回想起来，那时候的我看得最多的，还是那对老人吧），会见到那男的在那片绿地中，悠闲地躺在椅上休息，女的则坐在他旁边编织着毛衣，还时不时望一下男的，并拉拉他身上的薄床单，总怕他着凉了。

日复一日地过着，他们就这样相携走过风风雨雨。他们之间的风雨是不为我所知的！但是，我现在知道的，看到的，是他们到了老年仍能互相陪伴着，这就是我所羡慕的。偶尔在与同学的通话中，仍会想起这对老人，也不免希望未来的路上有人相伴携手平淡过一生。

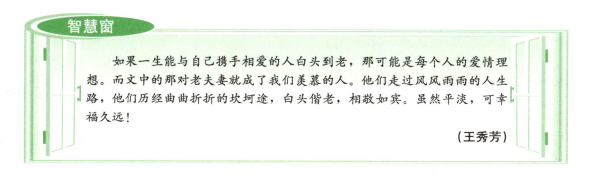

智慧窗

如果一生能与自己携手相爱的人白头到老，那可能是每个人的爱情理想。而文中的那对老夫妻就成了我们羡慕的人。他们走过风风雨雨的人生路，他们历经曲曲折折的坎坷途，白头偕老，相敬如宾。虽然平淡，可幸福久远！

（王秀芳）

没有一个善良的灵魂，就没有美德可言

◇佚　名

有一天，俄罗斯著名的油画家列维坦独自一人到森林里去写生。当他沿着森林走到一座山崖的边上，正是清晨时分。他忽然看到山崖的那一边被初升的太阳照耀出他从来没有见过的一种美丽景色的时候，他站在山崖上感动得泪如雨下。

同样，德国著名诗人歌德，有一次听到了贝多芬的交响乐，被音乐所感动，以至泪如雨下。另一位俄罗斯的文学家托尔斯泰，听到柴可夫斯基的第一弦乐四重奏第二乐章《如歌的行板》的时候，一样被音乐感动而热泪盈眶。

无论是列维坦为美丽的景色而感动，还是歌德和托尔斯泰为动人的音乐而感动，他们都能够真诚地流下自己的眼泪。如今，我们还能够像他们一样会感动，会流泪吗？

提出这样的问题，是因为我们现在面对世界的一切值得感动的事情，已经变得麻木，变得容易与感动擦肩而过，或根本掉头而去，或司空见惯地熟视无睹而铁石心肠。我们不是不会流泪，而是那眼泪更多是为一己的失去或伤心而流，不是为他人而流。

回答这样的问题，首先要问列维坦、歌德和托尔斯泰，为什么会被仅仅是一种客观的景色、一种偶然的音乐而感动？那是因为他们心中存有善良而敏感的一隅。感动的本质和核心是善，失去或缺少了内心深处哪怕尚存的一点点善，感动就无从谈起，感动就会如同风中的蒲公英离我们远去。

所以，我说：善是感动深埋在内心的根系，只有内心里有善，才能够长出感动的枝干，因感动而流下的眼泪，只是那枝头上迸发开放出的花朵。

内心里拥有善，才会看见弱小而感动得自觉前去扶助，才会看见贫穷而情不自禁地产生同情，才会看见寒冷而愿意去雪中送炭。善是我们内心最宝贵的财富，是我们民族历史中最值得珍惜的传统，是我们彼此赖以生存和心灵相通的链环。悲欢离合一杯酒，南北东西万里程，沉淀在我们酒液里的和融化在我们脚步中的，都是这样一点一滴播撒和积累下的善，让我们在感动别人的同时，也被别人所感动着，从而形成一泓循环的水流，滋润着我们哪怕苦涩而艰难的日子，帮助我们度过了相濡以沫的人生。

有时候，善比爱更重要，或者说没有了善便也就没有了爱。设想一下，如果心里稍稍有一点善，还会有那么多能够致人死命的假药、假酒以及地下窝点的鞭炮和小煤窑的瓦斯爆炸吗？这样的事情越来越多地包围着我们，我们的感动当然就一点点被蚕食了。善没有了，感动也就成了无本之木，那样的荒芜，该是多么可怕的事情。

善，一般是和"慈"字连在一起的。慈善，是一种值得敬重的美德。慈善事业，是一种积德的美好事业。慈者，就是爱的意思。古书中说："亲爱利子谓之慈，恻隐怜人谓之慈。"在家者，为之慈母、慈父、慈子；在外者，则为之慈善。我们为别人播撒爱和善的同时，也需要别人为我们播撒爱和善。爱和善，就是这样紧密地联系在一起，繁衍着人类的生存，绵延着爱的滋润。而真正的感动就是在它们的根系下繁衍不绝的。世界上爱和善越来越多，被我们感动的事情就越来越多。

伟大的音乐家贝多芬曾经说过："没有一个善良的灵魂，就没有美德可言。"没错，善是我们不可或缺的美德，感动就是我们应该具有的天然品质。或许，感动而泪如雨下，显示了我们人类脆弱的一面，却也是我们敏感、善感而不可缺少的品质。我们还能不能够被哪怕一丝微小的事物而感动得流泪，是检验我们心灵品质的一张 PH 试纸。

> 没有一个善良的灵魂，就没有美德可言。
> 在这浮躁的社会里，守住内心的那块净土，守望自己的精神家园，显得多么的富足。在生活的点滴中，善于捕捉心灵震颤的瞬间，留住美好的记忆，熏陶自己的心灵，让自己保持健康的灵魂和旺盛的生命，感动别人，也让自己感动，这才是人生快乐的源泉。
>
> （王锋）

爸爸的用心良苦

◇曾德金

一个女孩没有追到，原因竟然是：我大男子主义，不尊重人。

今天，我仍然认为自己是对的，所谓明知道自己被撞得头破血流，硬是说撞到豆腐上去了。

远方的爸妈对我说：身体不好，快点回家。

还没有动笔，我就想说这么一句：爸妈，你们辛苦了！

今年春节错过了汽车，错过了时间，没有回去。清明节又忙着"生意"，没有回去。叫我如何对得起列祖列宗？

爸妈越是没有怪我，我心里越是过意不去。我们所谓的列祖列宗，就是爸妈的爸妈，试想，若干年后，自己也是人家的爸爸。

——这个爸爸，来得太艰辛了。

春耕时节过了，家乡的稻田已经是瘦秧冒绿，我回来啦。

最安静的，仍然是老家。

家，就在赣南的山区，这里除了小河流淌，莺啼燕语，几乎就是春风化雨润万物的声音。

回家的那晚，没有多余的陪同，也没有简单的迎接，更没有一些单调甚至是乏味的声响，比如斥骂，牢骚……

下了车，过了桥，绕过竹林就到家。

这本来是很美、很让人向往的世外桃源式的地方。

时近黄昏，日暮苍山远的感觉越来越明显。

有时候，家，就在眼前，却似天涯遥远。比如现在，抬脚十斤重！

更多的日子，家，在天边，体会近在咫尺，就像漂泊，夜夜梦故乡！

微风吹过竹林，像是天使在歌唱，很动听很悦耳。

微风燕子斜，天上斜飞的不只是燕子，还有蝙蝠，乌鸦……

竹林后就是老家的房子。

以前，不管是刮风下雨，艳霞旭日，我都会瞄上一眼青青翠竹，那里有生命的象征，四季常青不畏霜雪。

现在，不用看了，因为前面好像出了问题。

是那种安静，死气沉沉的阒静让我这样肯定的。

山村里的，鸡鸭鹅群，猪牛羊只，是少不了的噪音制造者。

可是，这些烦人的家伙，竟然没了动静。

莫非是，时间不准？

不可能，天色已晚已成定局，动物的时间观念、早出晚归比人类要准确得多，前面一定出了差错。

先别急着进屋，拨通电话看看。

——家门紧闭，电话已停机。

这不是我要的结果，下去邻居处，一样"空城"。

如此"空城"，为何不见活"孔明"？

再上高墙头，四处无炊烟。

怪了？

退路至公路，见有乡里走来。问："阿叔，我爸妈呢？"

"在家里呀！晓得回家啊？"乡里停下水牛，摘下斗笠。说："还以为你卖了老祖宗呢？"

我有点不解，再问："我家里没有人呀？"

"你的家，在新农村，就是原来的旧学校地方，你的消息一点都不灵通！"他驱牛离去，有些不耐烦。

我愕然，信息时代，我竟然不知道搬家啦。

新农村，就在旧学校的地方，五排六栋三层楼房，后面还在搭建中。

邻居大婶婶就在屋后菜地里挑摘菠菜，被我一眼就认出她的红边蓝包头，是村里独一无二的苗族人，也是唯一用国语沟通的"自己人"

十多米远，前面的水池挡住我，问："大婶，我的家在哪里？"

大婶没有听出我的声音，立身眯眼打量一番，肯定是误以为是她的儿子回来，她的儿子可风光啦，回来也是一个完整的小家庭。一会儿，说："哦，是你呀，你现在有两个家，第一个就是这楼上三楼是你的。"她指了下我面前这栋楼。

"还有呢？"我有点好奇，问："我爸妈住哪里？"

"你别插嘴，我还没有说完。"大婶婶不理我，接着说："不过，上面三楼，现在没有人住。"

我学乖了，不说话，仔细听，定睛望着她。

她指向西边山脚下，说："第二个家，在你的果树下。"

我远眺果树林，不但是我家的茶树山上种了许多果树，全部人的茶树山上都是黛绿一片的果树，不消说是脐橙蜜橘子树。

家里种了脐橙果树，盖了两个房子，包括原来的祖屋，一共是三套，心里暗想：我家也有点资产啦。可以说是一种阶级的转变，无产阶级都变有产阶级了。

我心里很高兴，赶往果树林，又是一座小瓦屋。

看到了屋门口地上挤成一堆一堆的土鸡，母鸡抱小鸡。一条小黄狗摇尾走来，围着我的脚打转，才感觉到亲切所在。

瓦屋门关得牢，先喊上一句"阿爸——"这是我的性格，管他有没有人在，先喊一喊，意思是我很远回来看爸爸啦，我没有忘掉这个家。

"门，没有关，自己进来！"阿爸的声音还是一样沙哑，口气如枣木棍一样又直又硬。

屋里，虽然是暗了些，却飘着香味，做饭的香味，纯的。酿酒的香味，烈的。蜜蜂的香味，醉的。

"阿爸——"脚未进，话先到。

"门没有锁，进来！"屋里的爸爸叫我。

我以为爸爸行走不便，才不出来接我。

推开房间门，一灯如豆，微弱的光芒在父亲那世故的脸上跳跃。

五旬的父亲苍老了许多，那是意料之中的。他坐在藤椅上，悠闲地吸着纸烟，白黑各半的蓬发下，留下了风霜的刻度。

我放下行李，问："阿爸，我们不是有新房子吗？怎么还住这里？"

"你小子就知道享福！"爸爸有些不高兴，他转过脸。

我自觉上缴了全年的"贡银"，希望可以应验那句有钱好办事。

这次不行啦。他指了指墙角的杉木凳子。"坐！"

爸爸又问："这次回家，有什么难处尽管说！"

我的一贯作风就是，出了问题就回家，没有问题不回家。他好像是太了解我的为人了。

"我的意思是，我们搬到新房去住。这里山脚下，蚊虫多，又潮湿，到处是泥巴……"我还是觉得新房子，空在那里浪费了。

"你小子懂什么？我们老头子，住不惯新房子，习惯这个瓦屋子，冬暖夏凉。"他叹了口气，说："新房子留给你们住。"

我听出了，"你们"指的就是我跟老婆。

我都没有老婆，哪里来的你们呢？

我反问："新房子，等了一年变成老房子哦，阿爸！"

"不急，我们的房子还没有装修！"爸爸胸有成竹地说。

我还是一头雾水，问："为什么？是钱吗？"

"不是，要按照你老婆的要求来装修。懂吗？"他这样说，我明白了，是要我尊重老婆的选择。他一直以为我有老婆，其实我是哄哄他的。

"为什么？"我觉得不可思议。

爸爸不高兴了，他脸一沉，说："你真的很蠢，就是要你快点娶老婆，然后装修房子，这就是现在村里流行的四新服务，新房子新娘，新车新楼房。"

"阿爸，这个四新服务，不是四心服务。我不学……"我认为这是无稽之谈，有点迂。

"你小子反了，反了！是吗？"爸爸站了起来，一脸怒容。

两个反了，吓得我不敢抬头，讷讷地说："阿爸，我听话！"

爸爸说："该吃饭了！"

我不敢出去，因为我还有个问题没有弄清楚，我没有看到我妈妈，还有，爸爸不会说这样的话，也考虑不到那么长远的。

究竟是为什么呢？

我轻声问:"阿爸,装修房子是你自己想的吗?"

爸爸眼一瞪,额上的抬头纹深如刀刻,问:"难得你认为我想不出这点子吗?"

"以往的做法,阿爸都是先告诉我的,这次怎么换了方法?"我还是想知道事情的来龙去脉。

忽然,隔壁的灶屋里,妈妈轻轻咳嗽一下。妈妈是从来不会咳嗽的,除非是生气或者是打暗号。

爸爸悄悄告诉我:"你妈妈告诉我的。"

我惊愕了,问:"阿爸,你以前不怕老婆的,你变了?"

"我活了50多年,第一次听老婆的话。"爸爸语重心长地说。"家里要有尊重,才会有幸福的,像现在,住在山脚下,也是很好……"

我想了想,"要是没有尊重,在闹市同山村有什么区别呢?"

我开始回想失败的经历,每一秒,触目惊心。

爸爸拿出旧台历,慢慢地说:"日历记载着我们的过去,多想下,为什么要尊重人?"他转身的剪影慢慢从清晰变模糊。

那一刻,我的脸上有两行冷冷的东西滑下。

我知道了,爸爸要我回家,就是要告诉我尊重人,特别是自己的女人。

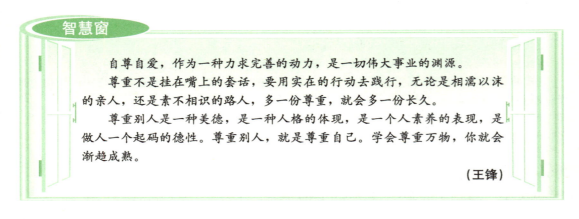

智慧窗

自尊自爱,作为一种力求完善的动力,是一切伟大事业的渊源。

尊重不是挂在嘴上的套话,要用实在的行动去践行,无论是相濡以沫的亲人,还是素不相识的路人,多一份尊重,就会多一份长久。

尊重别人是一种美德,是一种人格的体现,是一个人素养的表现,是做人一个起码的德性。尊重别人,就是尊重自己。学会尊重万物,你就会渐趋成熟。

(王锋)

阅览室

别样的乞丐

◇郭光明

小区的门前是一条不宽但也绝对不窄的马路,马路的旁边有一棵不粗但也绝对不细的柳树。我不知道是先栽了柳树再建了小区,还是建了小区以后才种上了柳树,反正我搬来的时候,小区里的住户就换了不知多少茬,柳树的年轮增加了不知多少匝。

刚来小区的时候,一切都让我感到陌生,陌生的让我感到了孤独,幸好马路旁的那棵柳树,让我感到了亲切与熟悉,故而时常忍受着喧嚣与嘈杂,或早晨或晚间,踱到它不大的影子下,看各色行人的熙攘,听汽车引擎的轰鸣。

但是，好景不长，一个初夏的夜晚，一个衣衫褴褛的人，滑动着一辆我不知该叫它什么的"板车"，"霸占"了我时常坐立的地方。

　　那个衣衫褴褛的人，从他来到柳树下起，就没有见他站起来过。每次见到他时，他都是坐在那辆"板车"上。那辆"板车"，其实根本不算车，只是把四个轴承改造成"车"的轮子，轮子的上面铺上一块木板，木板的一端镶嵌着一只破旧的木箱子。如果不是他坐在木板上，用两根一尺多长的铁钎，一左一右地戳地滑动着"板车"，让人很难想象这是一辆"车"。

　　那天，我吃过晚饭，折身踱到了小区门前的马路上，还没有走近那棵柳树，老远就看到那里围着一圈人，听到人群中传来张明敏那浑厚纯朴的《梦驼铃》。我以为是哪个好事的人，从家里搬来了录音机，给初夏的夜晚，增添一点儿情趣。不曾想，走进了人群却发现，歌声来自于"板车"上的人的口中。

　　只见他手拿着麦克风，背靠着破旧的木箱子，合着录音机里的伴奏，神情专注地唱着《梦驼铃》。我在他柔美而又轻巧的歌声中，仔细打量着他，发现他四十出头，穿一件看不出颜色的短袖衬衫，衬衫摞着一块同样看不出颜色的补丁。而他伸出的双腿，一只扭曲，一只干瘪，而那只干瘪的腿，可明显看出少了一截。

　　一曲《梦驼铃》还没有唱完，人群里响起了稀稀落落的掌声，还有高高低低的叫好声。有人开始向他身旁的破缸子里投钱，而他也总是随着人们的投钱，艰难地欠起身子，一边鞠着躬，一边把麦克风从嘴边移开，不卑不亢地说上一声"谢谢"。

　　"真情像草原广阔，层层风雨不能阻隔……"费玉清的《一剪梅》从他的口中清新明快地传出，人群爆出了响亮的掌声。我无心听他"雪花飘飘北风啸啸，天地一片苍茫"，木然地挤出了人群。

　　在我挤出人群的时候，感受到了人们向我投来的奇怪目光。那奇怪的目光，分明带着一种责备，似乎责备我没有爱心，责备我不懂欣赏。殊不知我不是没有爱心，也不是不懂欣赏，只是不想用自己的爱心，兑现别人精心编造的谎言，因为我曾为托儿带女的女人奉献过回家的路费，为西装革履的男人奉献过两元钱的电话费，为身着校服的学生奉献过学费，也为救父救母、救妻救子的人奉献过救命钱……但着急回家的女人没有回家，讨要电话费的男人手机永远欠费，而上学的学生到现在也没有凑齐学费，那些救父救母、救妻救子的人，又开始为救子救妻、救母救父继续讨要救命钱。

　　从那以后，我很少再踱到柳树下，直到有一天晚间，一场突如其来的大雨，让我与他近距离地接触，也让我开始了对他的关注。

　　那天晚上，天异常的闷热，树下散坐着乘凉的人们。他依然坐在他的"板车"上，背靠着那只破旧的木箱子，手持麦克风，如痴如醉地唱着他的《梦驼铃》。突然，天上掠过一道闪电，豆粒大的雨点噼里啪啦地砸向了毫无防备的人们。顿时，人们呼喊着跑到了还没关门的商店，挤到了关了门的商店门前。我刚刚跑进了一个门洞里，就远远地见他挥动着铁钎，吃力地把铁钎戳到地上，滑动着他的"板车"，向门洞"走"来。我没加任何的考虑，冲进了雨中，把他连人带"车"推进了已经挤满人的门洞里。

　　也许人们嫌弃他是乞丐，或者厌恶他身上的怪味，拥挤的门洞因为他的到来而更加"拥挤"，"拥挤"得让他身边的人冒雨跑到了别处。他似乎感觉到人们的冷漠，默默地从破旧的木箱里，翻出了一本厚厚的书，借着微弱的灯光，聚精会神地看了起来。

　　开始我并没有注意到他看的什么书，只是从他脸上不时露出的笑容中，我感觉到了他的心领神会，感受到了他的怡然自得。这让我倍感奇怪：这种读书读到精华处才有的会心笑意，整个身心融入到书中才有的怡然自得，居然荡漾在一个残疾乞丐的脸上。出于好奇，我偷偷地瞟了他几眼，真是"不看不知道，一看吓一跳"。我不敢相信，这个衣衫褴褛的残疾乞丐，读得竟是列夫·托尔斯泰的《复活》。

从那以后，每天的傍晚，我都随他滑动"板车"而发出的刺耳声而来，又随他滑动"板车"而发出的刺耳声而去。至于为什么而来，又为什么而去，我不知道。只是早早地来，晚晚地去，看他旁若无人地读着世界名著，看他吃力地滑行，捡拾听歌人随手丢弃的垃圾；听他一首接着一首地唱着张明敏的歌、费玉清的歌，还有杨洪基的歌，听他"板车"滑行时发出的刺耳声……

直到有一天，树上的叶子变成了金黄，空气中荡起了寒冷，他那悠扬的歌声没能留住人们的脚步，树下的冷清使得他又捧起了书。

我在他的怡然专注中，扯来一只马扎，坐在他的对面，又递给他一支香烟，无话找话地问："看的什么书？"他说了一声"谢谢"，然后点燃香烟，又美美地吸上一口，淡淡地告诉我："是《安娜·卡列尼娜》。"

"你看完了《复活》？"我问道。

他不带一点的惊讶，点点头，肯定地说"已经看完了！"接着把话锋一转，说："我知道你早就注意到了我。从那天下雨你把我推到了屋檐下之后，你几乎天天来听我唱歌。"他又半开着玩笑说："不过，你是唯一没有施舍过我的人哦！"

听了这话，我窘得满脸通红，下意识地掏出了钱包。没想到他冲着我摆了摆手，说了一句"你不感到太俗吗？"更让我难堪。

我不免有些恼怒："你不就是想多要点钱吗？"

不曾想，他又冲我微微一笑，半开着玩笑半认真地说："'君子爱财，取之有道。'今晚我没唱歌，就不会接受你的施舍。"

"但你言外之意，不是抱怨我没给你报酬吗？"我把语气放的平淡些，措词中没有用"施舍"。

"那是你领会错了。"他理了理头发，郑重地说："我是残疾人，没有工作能力，依靠别人的施舍而生活。但我知道'接受别人的施舍能使人变得卑微'这句话的涵义。所以，为了不让自己变得卑微，我用我的歌声来换取别人的施舍。"

"那你读书是为了什么？"

我的言外之意很不友好：你一个身残的乞丐，读什么世界名著？不曾想，他的回答让我有些汗颜。

"我是在别人的施舍下活着，但我知道人活着还需要用文化滋养自己的心灵。所以，我用别人施舍来的钱，花几毛钱买别人当废品卖的书，包括世界名著，来回避别人的怜悯与同情，笑对我的艰难与困苦！"

……

我无言以对，无言以对这个别样的乞丐。

智慧窗

　　重要的不是知识的数量，而是知识的质量，有些人知道很多很多，但却不知道最有用的东西。

　　托尔斯泰的《复活》，展现的是人性的闪光点，是人性的光辉，是一次思想的重生，是冲破人生卑贱的牢笼，对当时社会底层人员的激励和对民族的希望。文章巧妙地运用，不仅点明了乞丐人性的光辉，也说明了乞丐对于自己精神的洗礼。我们每个人是否都能保持人生的尊严，无论挫折还是幸福？

（王　锋）

阅览室

别让淳朴老去
◇李　坤

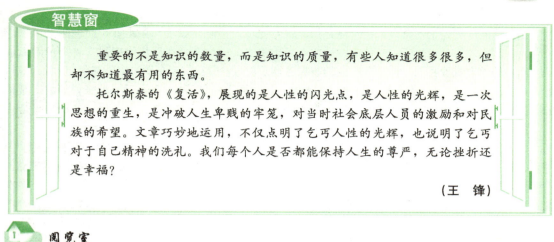

　　2010 年中秋，天气微凉，天空好像被蒙着一层灰白色的厚纸，估计今晚看不到月亮了。从都江堰回老家大邑县的路上，秋意渐浓，路旁的梧桐佝偻着泛黄的身子。远方，收割后的稻田里残留着些许干枯褪色的稻草，在写着"禁止燃烧秸秆"的红色横幅下有着一摊摊稻草灰，格外显眼。没有看到儿时那圆堆圆堆的草垛了，儿时那草垛可是躲猫猫和翻筋斗的好去处，运气好还能碰见野鸡。几个太阳下来，大人们就要用竹竿挑着回去，我们这些小孩也要挑上十几个小草垛，来回走上几里路，压来驼着背呲着牙还要去嘲笑竹竿上才挂着稀稀拉拉几个小草垛的女孩子，夕阳也故意将她们挑着草垛的影子拉得老长铺在方正的稻田里，像刚进学堂那会儿用碳笔在白纸上并排写着的竖画一样，长短不一，歪歪扭扭。

　　今天是去外公家过中秋节，外公家所在的村子叫"韩河心"。顾名思义，三面环河，村里姓韩的人家多。然而不知怎么，我外公却姓陈。小时候不懂事只管和这里的几个老表们整天泡在大河里，或者去石缝里摸鱼，嘴里还唱着"老表老表，下河洗澡，瓜瓢盖倒，螃蟹夹倒——"，从没想过问问姓陈还是姓韩的事。今天回去可要问问外公了。

　　谁知来到"韩河心"对岸，原来那座桥由于采沙场的重车碾压变形，挖沙挖到桥墩附近，8月大水一来就把桥冲了。只有绕道很远一段路绕到村子后面去，可这段路我一次也没有走过，原来听大人讲过走崇州市大划镇过去，可那时我们这群小孩哪去担心路怎么走啊，反正有大人在。我们只想着知了和蛐蛐……

　　在电话里问爸妈，他们已经先到了，电话那头有点热闹，肯定舅舅、舅母他们都到了，还没等我妈说话怎么走，我就听到八舅在电话那头喊："快到大划镇的路上有个牌坊，顺着牌坊下面那条路走就到了。"我刚挂掉电话，还真就很快看到牌坊了，高大古典，雕梁文字是不可少的。只是觉得这个高大的牌坊和周围不太协调，有些突兀。一个转弯过了牌坊，车行驶在刚铺好的柏油路上，柏油路伸向远方，像以前打米厂里机器上黑色的皮带。路旁白墙黑瓦的两层楼房接二连三，有的掩映在大树后略微显得腼腆。一条标语"建世界田园城市，让农村像城市，让城市像花园"

横在路旁，成了眼前这一切最好的注解。

柏油路的尽头是个岔路口，往左还是往右呢？先往左边吧，顺着沟渠走着，前面刚好出来一位老人，问了才知道走错了，应该走右边才对。于是去前面倒车，在后视镜中我看见那位老人就站在刚才的地方看着我们，他穿着蓝色的布衣已经发灰，看着我们把车倒过来，又经过他跟前时，他再一次说道："韩河心嘛，就走刚才那条大路，记到要上河埂子哟。"说话时嘴张得很大，皱枯的脸似乎很久没有因为大声说话而发生大面积的起伏了，所以唾沫很难控制，拉茬的胡须兴奋直立。我们连忙说谢谢。

老人说的没错，不久韩河心的河埂就横在前面了，只是没小时候看到高了，像老人萎缩的脊背。后视镜中那发灰的蓝布还在，有些温暖。老人用手朝前指着，我能猜想他的嘴里还在说着些什么，时不时嘴里会飞出唾沫星儿。车行驶在河埂上了，右下边是熟悉的大河，自己曾经多次在大河的怀抱中畅游，浪花是他的笑脸。此时却更觉陌生，大河的身躯被重型机械蹂躏得破碎不堪，河床遍体鳞伤，他老了，灰白的芦苇是他绵软的胡须，那有着裂缝的河埂是他的皱纹。我把头转向左边，窗外，老人还站在那里。我们素不相识，他在看我们吗？在他看来，我们还小，容易迷糊。或许要等我们走对路了心里才踏实吧，也或许模糊的双眼早看不见我们了。久违的淳朴让我对眼前的韩河心又熟悉起来了，心里一阵暖。我们的车下了坡，那灰色的蓝被一堆从河里挖起来的如山一样的沙石挡住了。

韩河心也跟着到了，稀稀拉拉的竹林中零散着几户人家，大瓦房上长着青苔，屋檐耷拉着，缺少了些生气。一辆满载沙石的货车从林边颠簸过，整个村子好像都在颤抖。外公90多岁了，缩在一个竹椅上，眼睛好像越来越小了，就是洪亮的嗓门还有当年河边的他拉纤时的味道。

饭后，我提上鱼竿去钓鱼，要穿过村子。村里的那条浅浅的小沟看样子枯了很久，差点没发现，沟里堆满枯枝碎石。我去找当年搭在这条小沟上的青石板桥，其实是块墓碑而已，上面还刻有"故显考妣"什么字样，我们那时光着身子躺在上面，听着咚咚水声，数着身上从竹叶缝中射下的光斑。大人们则在上面刷衣服磨菜刀，所以石板很光滑干净。我看见那个石板还在，就是早和泥土混在了一起。是的，小沟断流后石板没啥作用了，人们可以从小沟直接踏过就行，何须绕行呢？这块青石板算完成了它的又一个历史使命，和他的主人一样安静地躺在泥土中了。

踏过青石板，我三岁的孩子又蹦回去在石板上跳了两下，我很想告诉他以前的故事，阳光、河流还有鹅卵石，可他能懂吗？因为儿童游乐场没有这样的青石板。前面是干涸的池塘，绕过去才能到钓鱼的地方，池塘边缘很窄。

我正准备抱起孩子过去的时候，旁边菜地里的一位老妈妈直起身来说道："带着你的小孩走池塘那边的边上走吧，比你这边宽得多啦。"

我还没来得及说话，她又说道："你是强强吧？到你外爷家过中秋节了哇？"

"就是啊，是强强。"她能认出我来不足为奇。小时我们几个伙伴哪家没去掰过甘蔗，摸过窝里的鸡蛋啊。

"娃娃都这么大了啊，"说着她放下手中的豆竿，许久，用蓝灰色的围裙擦了擦手，"好快哟——"这一声拖得很长。

……

天空依然被厚纸蒙着，周围好安静，连水面都懒得动一下。我坐在一块大石头上，望着水面上的浮标。越长大越寂寞，不只是人，连村子也是这样，世界也是这样。韩河心这个地方，以前水草丰腴，炊烟袅袅，竹叶青得发亮，现在到处是裸露的沙石，向地下过度挖掘沙石往外运，连做饭用的井水都打不上来了，政府给每户几千元的水补贴。这里的很多年轻人都出去了，所以这么大个村子剩下几户人家，七零八落的房屋，七零八落的竹林，还有七零八落的心灵……

我听那位老妈妈说韩河心不久会成为水上游乐城，他们会搬去住小区，和城里人一样用上自来水。

的确，那晚没有月亮。

采沙场里哐啷哐啷的机器轰鸣在黑夜里狰狞叫嚣，我知道唯有那块青石板墓碑能安静地躺着。

那天又忘问外公怎么姓陈的问题了，还有必要问吗？过段时间人们在这里开着快艇呼啸而过浪花四溅时，谁还会去理会这里是姓韩或者姓陈的村子呢？说不定韩河心只是他当年拉纤时的歇脚点，在姓韩的村子里姓陈也不足为奇了，到时90多岁的外公还有今天遇到的那两位老人也会搬到另一个地方去了。所以故乡只是我们祖宗们背着行囊前行途中的落脚点而已，搬离韩河心无非又是他们另一段征途。但愿他们身上的淳朴不会老去，不能让那块青石板的墓碑成为淳朴最后的祭奠。

在中国大地上的城市化进程中，农村更像城市，城市更像花园，只是希望淳朴能成为大家精神上共同的故乡。

智慧窗

　　大自然给予所有人的是物质的精华，而最后，它从人们那里得到的回赠却是这些物质的垃圾。

　　"但愿他们身上的淳朴不会老去，不能让那块青石板的墓碑成为淳朴最后的祭奠。"字里行间，露出淡淡的忧伤。经济的发展使环境发生了变化，更有甚者，以环境的巨大破坏为代价。文章虽然没有明言对破坏环境的谴责，但从对童年美好回忆的留恋中流露出作者对环境破坏的不满。最让人担心的是，那曾经的淳朴是否还在人们的心中，还能维持多久？

（王锋）

[最导读]

美丽的生活照片

风吹旧梦秋冬去
回味着叶的飘落雪花的飞舞
春光散尽夏来袭
感受着大地的气息人生的美丽

细看
百花美态
彩蝶踏香飞来

聆听
生活美好
世界和谐未来

阅览室

美丽人生

◇一 星

在一次偶然的聚会中，两个年轻人相识了，男的叫阿兴，女的叫小芙。相近的性格、爱好以及类似的命运，使两个人经过一年时间的相知，终于订下了美好的姻缘。一起携手走完他们最后的两年，幸福的两年。

那次聚会是群众自发组织的，每个人彼此都不认识，但这聚会却让大家认识了，相互鼓励、支持，因为这是一次癌症患者的聚会。

从早期的到晚期的，积极的鼓舞着消极的，乐观的激励着悲观的，大家盟誓与病魔斗争，用短暂的生命，做无限的公益。阿兴与小芙就是其中两位。

在聚会上，阿兴开导着小芙。每个得知自己患了绝症的人，起初都很难接受这个现实，但阿兴还是不厌其烦地鼓舞、激励着小芙活下去。没有人会不战而降，没有人会甘愿堕落，因为没有人想死。小芙不想死，阿兴更不想死！

在阿兴不断的鼓励下，小芙求生的欲望一天比一天强！

时光飞逝，一年的时间转眼间就过去了，貌美的小芙被这位陪伴她一年，不离不弃的平凡小伙子感动了。他向她提出了结婚，她也欣然接受了。

自从她得知自己患了绝症以后，身边的朋友越来越少，她就像个瘟神一样被人躲避着，只有阿兴和一些同样得了癌症的朋友关心她、照顾她。

其实，只有同病相怜或遭遇相同的人，才能真正地相互理解和沟通，而这样所产生的爱情也绝对拥有着不可分割的力量。正常人是无法理解痛苦所带给他们的压力和不公的，即使是两个正常人在一起又是否能像他们那样做到真正的理解和沟通呢？可以，但相对而言很难，也很少有这样的。

在结婚典礼上，新娘对新郎说："自从我知道了自己不久于人世以后，我很颓废，也很难过，是你给了我继续活下去的勇气，让我有信心走完最后的人生路程，谢谢你！希望我能陪你走完最后的幸福旅程。如果你先走了，请你在不远处等我！如果我先走了，我也会在不远处等你。"新娘、新郎相对会心地一笑，两人微微地点了点头，因为这足以证明他们之间最真挚的承诺。

两年的时间很快就过去了，他们一直都很幸福、快乐地生活着，相敬如宾，在这两年中更不断地帮助新的轻生患者和更需要帮助的正常人。

直到他们双双躺在病床上，也依然彼此深情地凝望对方。

在他们将要去天堂的一刻，妻子喃喃地对丈夫说："很高兴和你一同度过美好的三年时光，很愉快，也很幸福。在未来的不远处，你要等着我，我也会等着你。"丈夫依然会心地看着妻子，喃喃地说："希望下辈子还能和你做夫妻。"

一对挚爱的夫妻离开了，去了他们共同期望的下辈子……

美丽的花，开得很短暂，但那美丽的画面，会留在每个看到它的人的心里。

智慧窗

　　爱情是人间伟大的感情，不管一个人有着怎样的遭遇，他都有权利追求它、获得它。正是因为有了爱，人生才会美好，人生才有意义。文中两位同病相怜的主人公，在生命弥留之际，由于对彼此所承受的痛苦和压力有着切身的体会，才有真正的了解和沟通，也正是这样产生的爱情，才拥有着如此不可分割的力量。

（王秀芳）

阅览室

花开在痛苦的边缘

◇恒心永在

　　我痛故我在。古人说："人非草木，孰能无情。"差矣。比利时科学家最近发现，植物在受到病毒感染时，叶子的体温会上升，会"发烧"。科学家研究发现，听恐怖音乐的植物会迅速死亡。作家韩少功家里有一架葡萄藤，一次修剪了几片叶子，全体脱叶抗议。果农说，如果摘疼了果子，味道就会大打折扣。植物并非麻木不仁，既然植物也怕痛，你还愿意做草木吗？你说，愿意。李白有诗为证，为草当做兰，为木当做松，来生非兰即松。女娲曾经说，怕痛的生命最可爱。

　　眼睛睁着就什么都能看见吗？眼睛瞎了就什么也看不见吗？你常常这样说。她说，有你，不是在夜色下行走，每天都能看见阳光。你们常常为自己的情愫所感动。你们是大学同学，一起走进了婚姻的殿堂，你是名牌大学老师，她是中专老师，一路走来，一路欢乐，一路风景。你们的学生是那样真诚地爱着这个同他们一样真诚的老师，爱着你们的快乐无忧。儿子呱呱落地，粉嫩的可爱的孩子，一天天长大，你们的未来寄托，你们的希望。

　　天有不测风云，苦难降临。她患了脑瘤，神经压迫，双目失明。犹如邂逅了一场烟火，幸福像颗陨落的流星，太过残酷的景象，从此沉寂为黑色的底蕴。你无法忘记那噩梦一般的色调。

　　几次手术，几次未果。身体的疼痛不断加深。你的心一下子被抽空，心在滴血。面对幼儿，作为父亲，你要让孩子像其他孩子一样快乐。即使上了一天的课，累极了，只要看见儿子，眸子里一定会开满温情的花朵。面对她，需要一个完整的家，一个温馨的家。

　　夜色下走着苦难的情侣，你常常避开噩梦般的病痛，你的心不再纠缠于伤心的枝节，你比她在乎那些寂寞之事，她是一个让人心疼又让人珍惜的女人，时时怕失去你，不想变得一无所有，两手空空。这是何等凄凉的无奈，冰冷的手在等着圣洁的温暖。在宿命中，寻找着此起彼伏的脉络，担心暗流让苦难的生活最后一次泛滥。回到她的安然，不为人觉察的宁静。渴望一个坚强的臂膀，在她最痛苦的岁月，还会像最初一样，在她伤心的时候牵起她的手，踏上回家的路。你一

直这样清醒，印证那句
"执子之手，与子偕老"
的名言。

你爱得深沉，总是
让人羡慕的。她说，没
有人强求你的，你没有
必要隐忍。你从没有怀
疑自己在爱吗？是责任
吗？她曾经请你先走，
去寻找你的梦。你执意
要留。黑夜抱住自己，
烟雾笼罩着蜷缩的身
体，泪水爬满苍白的
脸。她学会了侍候孩
子，学会了做饭，学会
了打字，学会了工作，
一直坚强抗争，想用一

个温暖的家，弥漫在你们的梦里，唯美落幕。

在黑色的夜，寂寞地浅唱。滴血的手指浇灌怒放的玫瑰，绚烂的花朵刺入心脏，闪闪烁烁，
没有叹息，没有回报，不计较谁亏欠谁太多太多。不离不弃，让生命牵手，咀嚼着无法解脱的伤
感，沉默的爱撒在人生的路上。

痛苦，仿佛站在花园，看着盛大灿烂、香飘四溢的花苑。伸出手，触到的原来只是脆弱的丽
影。但它兀自妖娆，自生自灭，花开在痛苦的边缘。今年春天，家里的铃兰开花了。她跟你说，
我听见了花开的声音。你只是笑笑，双眸中有莹莹的泪光。

智慧窗

一个凄美的故事，一段燃烧的岁月，一种坚忍的爱，人生有爱才完整，
有情才美丽。任何困难和挫折在真情面前都是那样的苍白无力。珍惜我们
的生活，尽管要经受风雨。泰戈尔说："错过太阳时，你在哭泣，那么你也
会错过星星。在生活中抗争后，哪怕满身疮痍，也该把无奈沉入心底。这
就是生活的哲理。"海伦·凯勒说："把生活中的每一天都当做生命中的最
后一天。"我一直把他们的话奉为经典而铭记在心，也赠送给你，祝你快
乐、吉祥、平安、幸福。

（王秀芳）

＊酒后人生百态

◇马 乐

一般来说，百分之九十以上的人，在三十岁之前都会喝醉过一次。至于喝醉之后的样子，可谓姿态百出，花样繁多，让人忍俊不禁……

我要数星星

单位年底聚餐，一个平时很沉稳的同事那天喝得眼睛血红。领导见势不好，赶紧让我把他送回家。可等我伸手招来出租车，这同事却死活不上车，反而兴致勃勃地坐在了马路沿上。只见他抬起头，很豪壮地对着天空说："谁说天上的星星数不清，今天晚上我就要把它们都数出来！"

拦警车

一次聚餐，某哥们儿喝得有些高，但看起来还算清醒，大伙就没理他。饭局散场的时候，这哥们儿忽然冲到马路中央，伸手拦住了一辆正在巡逻的110警车，然后拉开车门，向坐在里面的警察大声说："我知道你们这车每公里一块一（青岛的出租车定价是每公里一块一），可你们也用不着写这么大给我看，你们以为我是近视眼呀……"

生意真好

去饭店吃饭，有个哥们儿中途去厕所，回来后很神秘地告诉我们："这家酒店的生意太好了，连厕所里都摆着两桌！"大伙正奇怪的时候，一伙人冲了过来，揪起那哥们儿就要打。我们当然不干了，问他们："他又没惹着你们，你们打他干什么？""打他干什么？我们饭吃得好好的，可这家伙跑到我们包房里撒了泡尿就走。"

扔手表

我老爸，酒醉后总爱和人打赌，有一次他深夜不回，我们去各酒馆找他。找到他时，他正在大街上嚷嚷着要和另一个人比手表的优劣。吵到最后，他老人家把手腕上的欧米茄脱下，往街对面一扔，然后疾步走过去捡起来兴奋地大叫："你看，我的手表还在走，你也来试试？"

遭遇劫匪

有位大侠跟一帮人喝完酒，约了去某某家。走着走着，一个人就走丢不见了，另一个就去找他。大家先到某某家，坐下，过了一会儿走丢的那个人来了，很神气地给大家说他碰上劫匪了，让他连打带吓用砖头把劫匪给砸跑了。话刚说完，去找他的那个人也到了，气急败坏地说走丢的那家伙用砖头砸他，砸得他抱头鼠窜。

算 命

有一次，我的一个外地的朋友到青岛办事，朋友们去饭店聚了一下，结果他喝得有点高，到了酒店后，死活不肯把房间钥匙拿出来，没办法，我们只好去酒店前台另想办法。等我们和服务员一起回到房间门口的时候，只见他正津津有味地把自己钱包里的钞票、信用卡、名片之类的玩意儿一张一张整整齐齐地摆在地上。看到我们后，他兴奋而欣喜地说："来来来，我给你们算上一卦！"

悦客群

含笑弯刀：

　　其实大家喝酒未必是要品尝酒的醇香与美味，而是要在觥筹交错间寻找一种释放自己的状态。无论是自己月下独酌，还是众人把酒言欢，在喝到似醉非醉之间也就真的进入了一种与平时大不相同的状态，如同李白的"斗酒诗百篇"，西方所说酒神精神其实也就是这种释放自我的过程。

　　你也别把酒如此美化。我们知道的都是古人喝酒作诗的美谈，而那些喝酒闹事喝酒误事的人大概也是数不胜数吧。要释放自己当然没有问题，但关键要看时间和场合，大庭广众之下丑态百出，这样的自我还是不要释放的好。

　　酒这个东西真是奇怪，明明是那么苦涩难咽，喝多了还会头重脚轻浑身难受，保不准还得闯点小祸，可为什么还是有那么多人离不开酒，甚至还有很多人嗜酒如命，难道这酒也像毒品一样沾了就会上瘾？

　　"世上本无事，庸人自扰之"，其实酒本身没错，错的只是那些不懂得控制自己的人。世上的事都是这样，适可而止，懂得这个道理，举起酒杯后也就不会有这一幕幕的闹剧了。

 **阅览室**

水木年华——琥珀

◇秋　烟

　　暗夜低垂的瞳仁里，你是一盏不灭的灯；案前轻袅的檀烟，绕着飞舞的兰花纤指，这一世，你是我浓情挥毫的墨，蘸写一章烟雨梦。

　　梦似飞花非是梦，几度相思几度痴。

　　青青子衿，莫回头，三月烟花，四月艳阳天。

　　人间四月天。

　　键下这五个字的时候，不经意想起了林徽因的《人间四月天》。我说你是人间的四月天/笑音点亮了四面风/轻灵在春的光艳中交舞着变/……你是一树一树的花开/是燕在梁间呢喃/——你是爱/是暖/是希望/你是人间的四月天！心里霎时变得湿润、温暖起来。尘世的浮沉难忆，心愈发变得凉薄，不易感动。总是你的赤诚与执著将我一次一次地融化，甘愿此生成为你耳畔轻柔的风，发间飘落的雪，指间弹落的灰尘，在风清月白的追逐里。

　　遇见，恍若一朵花开，低头，我便闻见栀子花的清香。眉目间，浅笑轻盈。七月的炽热，一刹那，远了。初识的陌生与简单，我至今想来仍觉幻梦一场。越是不经意间，深刻越发透人心扉。白发如新，倾盖如故，莫不过我们了。相知相守，是浑然天成地胶着，无须缀饰，已然最好。

119

做个简单的女子。但要快乐，幸福。这是你对我始终如一的要求。对你我亦是如此。尘世中，物欲横流，但在你我之间，始终有一片净土。

始终不想说LOVE，只说喜欢，因为我觉得那真的会快乐很多。你的我是如此这般俗气，终食人间烟火。登峰造极，那是我的来世梦想，此生就如此了。

此刻，窗外一片暖阳。一隙阳光透过玻璃，照在我的电脑前。伸手，华光在握。抓紧，变得破碎、流离。我原本是个调皮的孩子，在你温润的目光里，渐渐变得清澈、透明。宽厚与宽容是你对我的放纵，无论多远，我始终知道你是我不知疲倦的停靠站、休憩所。有你，我便有温暖。如此简单，如此触手可及。

那夜，无风五月。你说：你陪在我身边，不要永远，因为那实在太远，你只要陪我一万年就够了。我笑了，一直笑着，久久无语。隔了荧屏，你瞧不见，有泪从我眼眶里一滴一滴滑落，湿了的不只是我的脸，还有，我的心。

浅笑在这一季的雨丝里，比露轻盈，比朝霞耀眼，比花儿绚烂。在会心相通的灵犀里，是满心的欢喜，满怀的甜蜜。

温润如酒，将此生沉淀。我，再无他想。

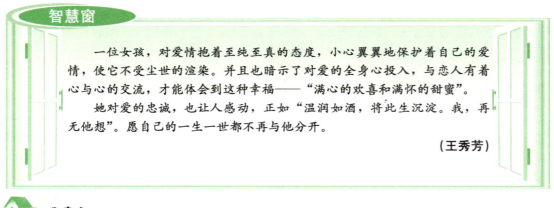

智慧窗

一位女孩，对爱情抱着至纯至真的态度，小心翼翼地保护着自己的爱情，使它不受尘世的渲染。并且也暗示了对爱的全身心投入，与恋人有着心与心的交流，才能体会到这种幸福——"满心的欢喜和满怀的甜蜜"。

她对爱的忠诚，也让人感动，正如"温润如酒，将此生沉淀。我，再无他想"。愿自己的一生一世都不再与他分开。

（王秀芳）

阅览室

多情的雨
◇辛景红

连日来，北京都在没完没了地下雨，大雨倾盆，小雨缠绵。多情的雨，最容易让感性的人，在雨中疯狂滋长某些情愫，境由心生。

那些伤感的，那些幽怨的，那些逝去的美丽，在雨中都会如潮水般涌来，淋湿心的天空，心的天空也就淅淅沥沥地下起雨来。那些曾经带给自己或喜或忧的前尘往事，变成婉约的诗句，在笔尖上汩汩流淌……

每个人的生活都有不如意的状态，心底都有最柔软的一个角落，在雨天、在夜里最容易让那些往事泛滥成灾。

有的人可能是喜欢在多情的雨中，让往事随着雨的节拍在眼前淡淡地飞，让思绪在雨中疯狂发酵，沉迷在里面酿造婉约感人的诗句，制造那些伤感的美丽！

　　现在的我最喜欢走在雨中，撑一把花伞，看着别人在雨中急匆匆地行走，而我却在雨中漫步，款款而行，让落满尘土的心在雨中洗尽尘埃，心可以驻足在雨中如诗如画的风景上，也可以展开翅膀在浩渺的宇宙中尽情飞翔。

　　前天下的一场雨，是北京入夏以来下得最大的一场雨。好多车都陷在了水中，不能行走，路面上交通堵得一塌糊涂。看着马路上的积水，被车溅起一层高过一层的波浪，真像到了海边，潮起潮落。我慢慢行走着，凉爽的风，清新湿润的空气，让心情朗润得不得了。

　　看着路边的花靓丽地在雨中张开了笑靥，清新可人；小草也快乐地唱起歌谣；柳树更是在雨中风情万种地摇曳生姿；那远山，在烟雨中更增添了朦胧的诗意；听！雨拍打在伞上，奏出一首和谐的交响乐；看！雨滴跌落到地上，溅起了一朵朵笑脸。这是大自然赋予我们的美丽画面！看着雨中的行人，都在急急匆匆地行走，无暇顾及身旁这么美丽的景致，有一点替他们可惜。

　　路过一个好大的水坑，看着好多行人，站在水坑旁不敢过去，而我是赤脚穿着凉鞋，不怕有水，勇敢地走入积水中，还慢慢地故意蹚着水行走，听着哗哗的水声，心里惬意得不得了。想起小时候经常在河边和儿时伙伴玩水的情景，仿佛真的回到了那个纯纯的少女时代，甜甜的笑在脸上荡漾着。自己都觉得自己不像奔四十岁的人了。也不怪儿子总管我叫姐姐，我经常和他抢吃的，抢电脑玩，偶尔还会让他请我吃饭、吃冰淇淋。不过，他要是做错了，我指出他的错误，他还是很听话的。

　　我爱雨天，爱雨中的万物生灵，爱那雨后的彩虹！

　　也曾经为一首歌泪如雨下，也曾在雨中品味伤感，而且喜欢沉迷在里面，让自己的心浸泡在忧伤里，无力自拔，任凭思绪把自己带到一个谷底又一个谷底，跌落到记忆的最深处，捡起已经不属于自己的美丽来折磨自己。

　　不知为什么，现在，我越来越怕这种伤感。很少让自己听一些哀怨的歌，尽量听一些欢快的歌曲，让自己的心处于一种轻盈的状态。到了这个年纪的女人，有个好心情、好睡眠真的是相当重要，所以我几乎不熬夜，更不会在夜里让过去的痛苦记忆发酵滋长，可以品味美丽，但不追忆痛苦的部分。

　　如果我爱的人，有一天离开我的时候，我会哭泣，但我不会怨天尤人，我会理智面对，我会在心里千遍万遍地告诉自己，谁都可以不爱我，唯独我自己不可以不爱我自己。爱自己，给自己的心创造一片阳光的天空，即使是天空飘着雨，也要让心的天空一片灿烂。自己爱自己是对自己最大的爱，也会感染身边的人，带给身边的人好心情。

　　现在，不管心中有多少烦心的事，我真的可以甩甩头不去想，现在解决不了的事情，不要让它来烦我，等必须面对的时候再去想。也许到时候，会迎刃而解，你会发现曾困扰自己多时的问题，根本不是问题。

　　把崎岖的人生、风雨交加的人生变成美丽的人生，要靠自己的心灵去营造，靠自己的慧眼去挖掘，你会发现，生活真的很美好。雪是美丽的，雨是多情的，风是缠绵的，花草树木皆是大自然赐给人们最好的礼物。云有云的飘逸，月有月的妩媚，星有星的顽皮，太阳更是万物生长的能量，让我们尽情享受生活赋予我们的喜怒哀乐，尽情享受上苍赋予我们的阴晴圆缺。

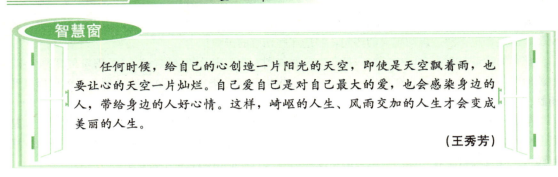

智慧窗

任何时候，给自己的心创造一片阳光的天空，即使是天空飘着雨，也要让心的天空一片灿烂。自己爱自己是对自己最大的爱，也会感染身边的人，带给身边的人好心情。这样，崎岖的人生、风雨交加的人生才会变成美丽的人生。

（王秀芳）

欢乐吧

* 一个伪球迷的心路历程

◇伊 文

我越来越发现我深陷于一个以"伪"字开头的圈套里。

比如，我成了一个彻头彻尾的伪小资、伪文青、伪莫扎特迷以及伪尼采迷。当告诉他们我无法背出"曾经有一段真挚的爱情"的上海话版、广东话版、东北话版等的时候，我又成了一个伪《大话西游》迷。当我在环保协会里坦白，我经常随手扔废电池的时候，我又成了一个伪环保者。

而事实是这样的：我喜欢小资，我喜欢文青，我喜欢莫扎特和尼采，我喜欢《大话西游》，我喜欢环保。我没有听说过这么一个格言：要么精通，要么就不要喜欢。哦，好像是有的，昆德拉笔下的那个诗人不就是信仰这么一句话吗？"要么拥有一切，要么一无所有。"我好恐惧啊，看来我将一无所有了。

上午的时候，我又体会到原来我还是一个伪网迷。因为我老老实实地问别人，代理服务器是个什么东东。于是在一大圈"伪"的光环里，又套上了"伪网迷"的花环。我顿时明白"顾名思义"是一个多么愚蠢的成语，我原本以为网迷就是迷网的人，我实在是被我愚蠢的思维逻辑愚弄了。

在更多的时候，我还以一个伪球迷的姿态粉墨登场。我在各种 BBS 和报纸的豆腐块上发表着腻腻味味的观点，套用一句时髦的话："伪球迷不是错，写来丢人就不对了。"这句话仿佛有理，就是说，一个丑陋的人，他就得待在家里，或者戴个像阿拉伯人一样的面罩儿，否则一律以影响公民食欲论罚。摸摸我的脸蛋儿，好在还算周正——可是，我伪球迷的性质怎么改变呢？

我很想我是这样一个球迷。我的家庭是一个世袭的球迷世家，我妈妈生我的时候正是 1982 年夏天，为了不影响看球，妈妈把接生婆请到家里。当马拉多纳对巴西队当胸一脚的时候，我出生了。于是不再叫翡冷翠，我叫翡马拉，外号为马拉豆腐、马拉丝基。当我 3 岁的时候，爸爸妈妈给我上足球补习班，把我出生以前的足球故事一字不落地说给我听，并且让我背诵。4 岁的时候就已经可以背出所有参加过世界杯的国家的历年阵容。现在我 19 岁了，电视台喜欢拿我去做这样一个节目，随便给我一个球员的名字，又同时在 Google 搜索里敲下 Enter 键，然后主持人发出一声尖叫——哇！她真的比 Google 搜索还全还快耶！可惜我的爸爸妈妈至今还不知道世界杯几年一次，不知道英超和英国队有什么区别。

总之，我为了成为一名伟大的不容置疑的球迷，历经万苦。可是真实球迷的眼睛是雪亮的，一眼就瞅出我这个挖球迷主义墙脚的人。

其实，最开始我不是这样的。我并不把自己划分为他们所定义的球迷中。而当我在网上，post第一篇帖子以后，特别是我成为某个MM论坛的斑竹以后，我就必须直面我球迷的这个属性了。在我这么以"伪"开头的属性里，我想到一幕：有趣的电影镜头般的画面——有人在街上大叫，他是坏蛋，抓住他！于是他就一定是坏蛋了，被抓真是活该。

在作为伪球迷的成长过程中，我是自卑的。常常看着满场不认识的人跑来跑去，听着周围挑衅的声音在喊那谁谁那谁谁。某天我被人难堪地问住了，他问我科斯塔走掉以后，我心爱的佛罗伦萨是如何更换打发的。我被这个深奥又陌生的问题蒙住了，遂觉得我不仅是个彻底的伪球迷，更是个彻底的伪佛罗伦萨迷（事实上这个观点一点没错，我喜欢佛罗伦萨是因为文艺复兴，根本和足球没关系）。等他趾高气扬地走了以后，我才回过神来，这赛季我还没有看佛罗伦萨比赛的机会呢！

我是经常被报以这样的语言。比如周日晚上我和朋友吃饭的时候忽然想起晚上有意甲联赛，于是饭也不吃地跑了过去。那时，他们通常会说："你一伪球迷，乐什么啊。"当然他们都是真实球迷，可以按照出场顺序把1990年世界杯的盛况一集一集地讲出来。这么一说，我就蔫了。好比工头在午间偷懒，而你急急忙忙地要开工，他半睁着眼睛用太监般的语调说："你急吗？"那时，我想说一句话，我想说："伪球迷就不能乐了？"但是没敢说出来。谁叫我顶着伪球迷这顶帽子呢。

写到这里，我有点犯困了。晚上还有一场比赛等着我呢。即使以一个伪球迷的身份，我也要把足球欣赏到底（本来想写看到底的，可是觉得不太朗朗上口，我这伪球迷容易吗我）。

悦客群

含笑弯刀：

一个伪球迷都能说得头头是道，看来足球的魅力实在不小。

其实足球要的就是一种气氛，一种心情，在欣赏的过程中体会到竞技的乐趣，无论你懂不懂足球，只要你愿意打开封闭的心，足球之门永远为你打开。

 阅览室

美丽的人生

◇凌 人

人们总是说："可爱的女人最美丽。"却没有人说："美丽的女人最可爱。"美丽，可以是美得冷艳，美得孤高，美得盛气凌人，也可以是美得寂寞，美得忧郁，美得一败涂地。但可爱就不同，当人们提起可爱的人，有谁会把她与冷艳、孤高、盛气凌人、寂寞、忧郁甚至一败涂地联系在一起？我们的脑海里也许不一定都会出现一张红扑扑的、圆圆的苹果脸，可是无论是怎样的一张脸，或方、或圆、或长、或扁，也许只是一张普通得不能再普通的脸，依然不妨碍她称得上可爱，因

为那上面有笑，是甜美的，是亲切的，是温和的，是平易近人的……我一直认为会笑的女人最可爱，也是最美丽的。

要成为一个美丽的女人，我认为她不一定要有勾魂的身段、天仙的脸蛋和迷人的眼睛，但一定要学会微笑，真心的微笑。就像前人所说的一样，做一件好事不难，难的是一辈子做好事；微笑一次也不难，难的是你随时都有微笑的心情。这就要拥有一颗平常的心，有一种平和的心态。

人，之所以被称为凡人，是因为我们非神非仙，我们没有神奇的功力和法术，没有对自己的人生随心所欲的能力。所以我们的人生不如意十有八九，而人是种感性的动物，有谁敢保证不为这些挫折、不幸所累？可是在这个世界上却有这么一类人：他们生活得很开心，很快乐，很幸福。其实他们也没什么特别的秘方，不过就是拥有一颗平常心和一种平和的心态，遇事不慌，不会大喜也不会大悲，只是微笑地过。把不幸当成一种锻炼，平静地去吸收；把幸福当成一种体会，慢慢品尝。我们没有能力控制明天的到来，但我们可以选择迎接明天的心态。

人生其实并不如有些人想象的那么冗长而难以煎熬。人生不过是一眨眼的工夫，而人生也不允许重来，开心也是过不开心也是过，那为什么我们要不开心地过呢？人生短暂，何不在这短暂的路途上留下精彩，留下开心，留下快乐，留下美好？

世界就是一面镜子，你对着它笑，它会给你展现一片灿烂，你对着它哭，它绝不会给你看见彩虹。生活不过如此，用一颗平常心，一种平和的心态，微笑地面对每一个明天，每一个改变。这样的人生才有可能创造出更有意义的精彩，才会明白真正的开心、快乐、幸福、美满。

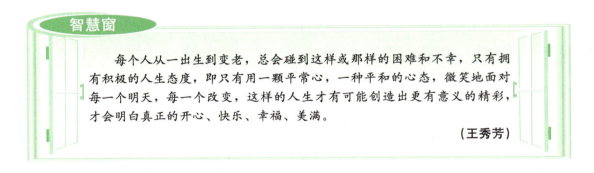

智慧窗

每个人从一出生到变老，总会碰到这样或那样的困难和不幸，只有拥有积极的人生态度，即只有用一颗平常心，一种平和的心态，微笑地面对每一个明天，每一个改变，这样的人生才有可能创造出更有意义的精彩，才会明白真正的开心、快乐、幸福、美满。

（王秀芳）

阅览室

<h2 align="center">"卑微" 人生</h2>

◇黄花菜

她是自卑的。在别人眼中，她难看，脸上有雀斑，小眼睛，大嘴巴，她竟然要和美女们一起当模特。于是她被拒绝，甚至被嘲笑和讽刺，说她痴心妄想。那些美女们笑话她，快回家照照镜子吧。

可她不认输。一直往前走往前走，从巴黎再回来时，她居然成为顶级模特了。

我们都知道她，她叫吕燕。一个不好看的女孩子，用一颗执著而卑微的心开启了成功的门。

还有我的一个同学，别人总说她笨，说她不会有什么出息。在班里，她学习成绩是倒数的，老师怀疑她智力有问题，因而她格外地用功，并不是个坏学生，可就是什么都搞不好。

可她喜欢刺绣，她绣的花跟真的一样，老师说她，你看来只能当一个女工了。

她果真没有考上大学。送我们上大学走时，她自卑地说："我永远没有上大学的机会了，以后，就好好地绣花吧。"

10年之后，当我们再看到她时，她是一家刺绣公司的老总，身价千万，她笑着跟我们说，当年，我用一颗最卑微的心来对待生活，努力地绣花，努力让自己绣出的花最好看，我想，总有一条路是属于我的。

是啊，她们都不是最出色的人，可她们能用一颗卑微的心来对待生活，不放弃努力，在努力中找到自己的机会。

前些天看电视，是一场模特大赛，开始无意地看，到后来，当出现小小的戏剧化的情节时，我紧紧地盯住了电视机。

那是20个模特在参赛。第一轮比赛之后，主持人说，这一轮，我们评一个最差模特，所谓最差，就是她的综合素质，她的着装，她的台步都是最差的。

我觉得这是件太尴尬的事情，以前大赛总是评前三，或者最上镜奖，最有人气奖，最适合做广告模特奖，但从来没有一个大赛会评选最差模特奖，我觉得这对于所有模特来说都是一件恐怖的事情。

10分钟后，最差模特评选了出来，当场公布，我为那个女孩子难过，她是14号。

主持人说，请14号往前走一步。

我看到她走了出来，如果是我，也许我会哭，但她是面带微笑走出来的。

真替她捏着一把汗，真替她难过。主持人和评委你一句我一句说着她表现得如何不好，说她着装搭配得怎么不合理。她静静地听着，点着头，人家说对了的时候她会说，我知道了，下次一定会注意。

真难为她了，就那么微笑地听着。

而其他的模特，有的居然笑起来，是一种幸灾乐祸的笑。少了一个对手，她们的竞争会轻松一些。而这个女孩子，坦然面对着最差，以微笑来接受评委们的意见。

接着是第二轮、第三轮的比赛。

我以为她会自暴自弃，反正是最次了，可她的表现一次比一次好，到最后，你能想到比赛结果吗？

她是那次模特大赛的冠军！

事后有记者问她，怎么会顶住那么大的压力来对待评委们的责难，她笑着说，因为我始终有一颗卑微的心，成功了不会骄傲，失败了会继续努力。

其实事后她才知道，评选最差是评委们的一个陷阱，他们要考验心中最好的模特的心理素质，如果她过不去这一关，那么这个冠军会授予他人。

正是那颗平静的心，让她赢得了最后的胜利。

多么难得啊，得意时不狂傲，失意时不绝望，用一颗卑微的心对待生活，努力地往前奔。能做到这一步，应该是人生的全新境界吧。

智慧窗

> 人的一生起起伏伏，难免会经历得意和失意，而本文所述对我们的启示正是：得意时不狂傲，失意时不绝望，用一颗卑微的心对待生活，努力地往前奔。能做到这一步，才能达到人生的全新境界。
>
> （王秀芳）

阅览室

感悟彩虹
◇晴　天

　　仰头看着空旷的蓝天，看得见的是白云，白云在蓝天上悠悠地起舞翩飞；看不见的是清风，那股清风在耳边轻轻地告诉我："人在旅途。"是啊！多漫长曲折的人生旅途，真的感到了身心很累很疲惫，你是否学会了放弃？

　　心闷了吗？出去走走吧，柔柔的风儿等待着你的拥抱，潺潺的流水等着你一起奔跑。狂风暴雨过后，天空出现的是美丽的彩虹，也是美丽的人生。怎样谱写自己的人生，需要在白纸上好好地描绘出属于我们的那片天空。

我知道不是每个家都那么的温馨、那么的快乐、那么的富有诗意。如同鞋穿在自己的脚上，舒服不舒服只有自己知道。潺潺的小溪不停地涌动着，生活犹如小溪里的潺潺流水慢慢地涌流。

　　有幸福就有伤痛的泪滴，就有难忘的回忆，就有一段美丽的传奇。风雨中的道路，是沟沟坎坎有悲有喜，每一步都会出现一道亮丽的风景，每一个家庭都有一个传奇的故事。

　　我有一个要好的姐妹余女士，家庭非常幸福，女儿在国外读书，她老公是公司的经理，今年55岁，刚刚退居二线，本应该享受一下美好的人生，轻松地享乐，但是却被天外的一纸调令派遣到了天堂，我的姐妹整天以泪洗面，看着她哭啼的样子我心如刀绞。

　　人生多么的短暂，我们来到这个世间上，不管生活是富有，还是艰难，我们都没有理由不好好拥抱生活，享受生活给我们带来的酸甜苦辣，从中找到乐趣。感悟彩虹——享受美丽的人生！

　　大地上有一朵挺美但不知名的野花，珍爱之余我把它移栽到了花盆里，放在屋子里欣赏。可是没想到，几天之后它就枯萎死了。原来属于它的本应该是大地，大地才是它美丽的家。

　　有些东西正因为想要得到才会失去，不属于自己的东西永远都得不到。生命是坚强的舞步，快乐却是心中的彩虹。那道雨后的彩虹与天空融在一起显得更加绚丽，迎着彩虹漫步踏上旅途征程，耳边想起了那节奏欢快的乐曲。

　　人生到底有多少幸福与伤痛？走过了，累过了，醉过了。答案只有在自己的心里头，感悟彩虹……在远处微笑着向你招手。

　　心闷了，我喜欢旅游，到海边去走走，抬头看蓝蓝的天空，眼望波涛汹涌宽阔的大海，呼吸海边特有的空气，心情爽朗，视野开阔。使人流连忘返，美，美得使人陶醉。

　　就是想了断人生也没有了勇气，在大海的面前显得那么的惭愧，那么的渺小，那道雨后的彩虹和天空在招手。什么伤痛，什么泪珠，统统抛在了脑后。看着大海真的会陶醉，我们没有理由不好好地拥抱大自然带来的美好生活。生命多宝贵，生活多美好。感悟彩虹——享受美丽的人生。

　　其实人人都会心闷，不论官做到多大，不论职位的高低，贫穷与富贵。只要你来到这个世上就有愤懑和烦恼，就要出来透透气，真正从心里学会放弃。吸吸天外带来的新鲜空气，谈谈人生，听听海啸的声音，喝口海水尝尝咸淡，跳进大海游个痛快。

　　我去年出去旅游认识了一位七旬的老者，像个老顽童似的秦先生。秦先生身体硬朗，一路上和大家谈笑风生，高兴之余毫不掩饰地谈起了年轻时和老伴处对象时的恋爱片段，他谈着笑着性格外向，耿直洒脱，其实临出家门的时候才和老伴闹了点小别扭，但是那点不愉快的小事丝毫没有影响他一路旅游兴奋快乐的心情。

　　他走起路来脚下生风，如同30岁年轻人一样的敏捷。他一路高兴的样子如同孩童。他是个酷爱旅游的老者，把自己晚年的生活安排得很丰富很精彩，每天晨练打打太极拳，晚上跳跳交际舞、扭扭东北的大秧歌，逍遥自在。他告诉我们每年都出来旅游，出来转转看看，饱览美丽祖国的大好河山，享受生活给自己带来的乐趣。

　　我也从中受到了启迪。是啊！看看人家七旬老者感悟生活的心态，是那么的精神，那么的好。学会放弃，心闷了吗？出去旅游走走吧，看看外边精彩的世界，排解心中的烦闷，感悟彩虹——享受美丽的人生。

　　好好地拥抱美丽的人生，享受美丽的人生，那道雨后的彩虹和天空是人类的瑰宝。蓝蓝的天上白云飘，雨后的彩虹显得分外妖娆。

　　人生就是一幅画，是一篇悦耳动听的乐章。画的美要靠自己亲手来创造，亲手来涂抹，感悟到了人生的酸甜苦辣，才能画出绝美的图画。乐曲的优美动听需要自己亲手谱曲创词，用自己的心去抒发情感，才能唱出悦耳动听的歌曲。

闷了就来这里转转，闷了就来这里看看。听听海边哗哗动听的乐曲，听听大海永不停息的涛声，看看海水蓝蓝的色彩。快乐才是人生的彩虹，让我们拥抱大自然，迈着轻盈的舞步走好今后的人生！

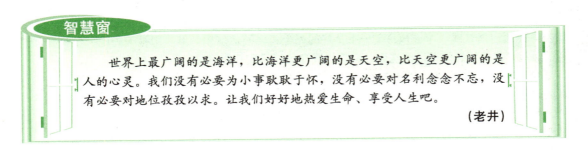

智慧窗

世界上最广阔的是海洋，比海洋更广阔的是天空，比天空更广阔的是人的心灵。我们没有必要为小事耿耿于怀，没有必要对名利念念不忘，没有必要对地位孜孜以求。让我们好好地热爱生命、享受人生吧。

（老井）

阅览室

不过如此

◇马　乐

古人语：人生天地间，忽如远行客。一位先哲也曾说过，人生的每个十年都是站台，时间是呼啸的列车，你我都是匆匆过客。

是啊，人生短暂，就像天空中的一颗流星，转瞬即逝，生命也只是一个过程罢了。偶尔在生命的某一天，也许一道亮丽的风景，一段美妙的音乐，一篇美文或拾起生活中的一些碎片，会让你心存感恩，从内心深处想起那些生命中曾与你同行的人，同时会诚挚地感谢他们给你带来的快乐和美好！

在人生路上，思想相近的人总是相互吸引。生命中许许多多的人，有的与我们擦肩而过，而有的多会陪我们走上一段距离，但时间都不会太长，因为人生的道路上岔路太多，在每一个路口，我们的选择各不相同。

也许我们选择的本该是另一个路口，可是在路的那边我们却看到了一个驻足等候的人，那竟是我们梦中苦苦寻找的那个人啊，当我们惊喜地跑过去，才发现那个人等的却是另一个人。我们的选择也许错了，但人生却没有回头路。

有时在路上，我们也想停下来等等某个人，但等来等去，那个人总是不来，或者终于等来了，不是人家熟视无睹地走过，就是人家早已有了另一个同行者。我们只好一个人重新上路，一路走来，依然是阳光灿烂，鸟语花香，但却没有了往日的闲情逸致。

我们好想有一个人能与自己一路同行。可这样的人却总是太少，一生中能遇上一个也就是我们的福分了。因为与这样的人同行，我们总是感到思维敏捷、精力充沛，无论境遇如何，都能拥有智慧和畅达的人生。然而，在我们的生命中，更多的是那些陪我们走过一小段距离的人，那是我们的朋友，我们要感谢他们，正是有他们的同行，我们才能欢歌笑语，我们才能发现和创造生活中的美好，我们才能不觉得人生中的苦和累，我们的人生才更加绚丽多彩。

让我们再回首——在天高云淡、松风月影的日子中，在漫漫人生路上，你是否还能记起曾经有多少人是擦肩而过的，又有多少人是刻骨铭心的。我想一切的一切已显得不那么重要了。生命是一个过程，善待自己，善待他人，不要错过当下拥有的友谊和情感，我想美丽人生也不过如此。

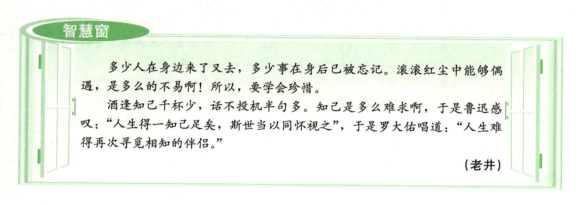

智慧窗

多少人在身边来了又去，多少事在身后已被忘记。滚滚红尘中能够偶遇，是多么的不易啊！所以，要学会珍惜。

酒逢知己千杯少，话不投机半句多。知己是多么难求啊，于是鲁迅感叹："人生得一知己足矣，斯世当以同怀视之"，于是罗大佑唱道："人生难得再次寻觅相知的伴侣。"

(老井)

阅览室

纯粹的灵魂

◇向方舟

记得在《读者》上看到这样的文章：作者要去看夕阳下企鹅归巢的情景，而去的路上，时间正是某音乐会散场的时间，担忧对面的车挡住了去路。然而，事情却相反，夕阳下的旷野，车灯亮起，对面排起了长龙，缓慢移动中，路的这边儿却畅通无阻，而路的中间没有隔离护栏，没有警察的身影，秩序美得让人感动。

这个故事不仅仅是秩序之美，更再现了道德之美，当我们提倡利益当前的时候有一种品行被遗忘，那就是人文道德，不论是个人的自私还是来自于社会的压力，贪婪和欲望让我们时刻处于缺氧的状态。

人生是美丽的，美在你的专注，成功是令人羡慕的，但失败同样也可让人感到欣慰，前提就是你是否专注地去做好一件事情。一个人当他用其全部的身心去做一件事情的时候，那专注的神情是美丽的，是无法用任何词汇来形容的美丽，如那喂奶的母亲，如那修剪花卉的园丁，如那温习功课的学生……太多太多，无法列举，而这些给人的首要感觉就是安静——爱心之后的安静、思考之后的安静、灵魂之上的静美。

两千多年前，罗马军队攻进了希腊的一座城市，他们发现一个老人正蹲在沙地上专心研究一个图形。他就是古代著名的物理学家阿基米德。在士兵的剑朝他劈来时，他只说了一句话："不要踩坏我的圆！"更早的时候，征服了欧亚大陆的亚历山大大帝视察希腊的另一座城市，遇到正躺在地上晒太阳的哲学家第欧根尼，便问他："我能替你做些什么？"得到的回答是："不要挡住我的阳光！"感叹！我可以想象得出那沙地上的老人、那太阳下哲人的表情，你可以用"贪婪"的字眼儿，但你绝不能说这不是一种灵魂的美丽。

智慧窗

当生命离不开水的时候，光同样为生命带来了色彩，还有线条和阳光的身姿。玻璃杯里阳光折射出美丽的线条，想冲一杯茶，看那绿色的飞舞。相传清朝时武夷山的天游观中有一位静参道士，善品茶，静参道士把茶的品等分为香、清、甘、活四等。我，亦喜欢品茶，喜欢看那沸水冲于透明的杯中，茶的叶儿在翻腾中舒展开来，生命就在此时被激"活"，这水只有采山中之水，方能悟出灵性美之所在。"活"这个字真的一语道破品茶的真谛，也道破了人生价值之所在。

（王秀芳）

欢乐吧

＊打死我也不信，会有那么巧的事

◇域　民

谁要是说我不美，我就和他急。为啥？我的美可是有据为证：

第一，认识我的人都曾为我的美貌而折服，亲切地叫我"沉鱼"。因为本人姓陈名鱼。

第二，我的美貌曾让月亮忌妒，并失去了光华。记得去年八月十五，一轮明月当头照，正当大家赏月的时候，我也偷偷地看了几眼月亮。没想到不一会儿，月亮就害羞地隐去了光华，当我惊讶于我的美貌真的能闭月的时候，旁边有人说，天文台预报的月食真准啊，一分钟也不差。但打死我也不信，会有那么巧的事！

第三，我的美貌曾让高飞的大雁落下。有据为证：前两天，我在院子里喂鸡，一只大雁看见了我的美貌，竟然凄惨地叫了几声，然后就直直地掉了下来。当我惊讶于我的美貌真的能落雁的时候，过来了几个防疫站的人，捡走了那只大雁。第二天，听说我们那里禽流感疫情突发。但打死我也不信，会有那么巧的事！

第四，我的美貌曾让盛开的鲜花羞愧地低下了头。有据为证：昨天，我到邻居家看他屋里刚开的一盆花。不知为什么，我就瞅了两眼，不一会儿，满盆的花就全耷拉了。正当我惊讶于我的美貌可以羞花的时候，传来了邻居骂孩子的声音："你这个败家玩意儿是听谁说的'天冷了花也怕冷'？你给花浇开水，花还能活吗？是不是欠打呀……"但打死我也不信，会有那么巧的事！

悦客群

含笑弯刀：

爱美之心人皆有之。但每个人对美的理解和追求却不尽相同。文中主人"沉鱼落雁、闭月羞花"之美貌使我们不敢恭维的原因，不是因为她会急，而是她美丽得"有据可证"……

营造人生

◇爱琴海

很多人都说人生的真谛是个未知的概念。言辞的费力诠释、艺术的着力表现，还有人类那似乎永无休止的纷繁思考，三者都苦苦追寻人生的真谛。希望走近以至完全把握存在的真谛可以令人十分狂热。有时候，有些人以自己笃信的真理为志趣，追寻真理胜于保全生命，于是就有舍生取义之举。然而，也有另外的一种人生，他们在寻求真谛的过程中灌溉生命。

过去，我常常在教堂的心意篮里面发现一些优美的小短文，有些是关于我的布道，有些是作者日常读《圣经》的感想。写这些短文的人不仅对我的一些观点加以反思，同时还会引用一些他（她）曾经读过的，令他（她）难忘又喜爱的诗人或者神秘主义者的话。我被这些短文迷住了。我看到了一个执著于追寻真与美的人。其珍而重之的字句，优美动人。我还感觉到好像那些字句也乐于让我们发现，它们是那么毫无保留地，慷慨地为这无名氏作者借用，而现在轮到这位无名氏来学习并与人分享这些美文的奥秘。分享令美愈加闪耀生辉，在这个意义上说，其实世上唯一的真理是分毫不差的。

过了很久我才见到这些短文的作者。

一个星期天早上，我被告知有人正在办公室等我。帮我应门的年轻人说："那个女人说留言是她放的。"看见她的时候我大吃一惊，因为我马上就认出她是我的教区信徒，只是我一直不知道那些短文是她写的。她坐在办公室的一张椅子上，两手相扣搁在大腿上，低垂着头。在抬头看我的时候，她微笑起来却十分费劲。那是一张破了相的脸，外科手术使她的脸皮绷得紧紧的，笑对她来说也是很困难的。为了去除脸上碍眼的肉瘤她接受了手术治疗，这令她吃尽苦头。

那个星期天早上我们聊了一会儿，并决定哪个星期再找个时间一起吃顿午饭。

但我们不止吃了一顿午饭，而是好几顿。每次一起吃饭的时候她都戴着帽子。我想可能是她接受的某种治疗使她掉了不少头发。我们分享了各自生活中的点点滴滴。我跟她讲我读书和成长的故事，她告诉我她在一家保险公司里已经工作多年了。她从来没有提过自己的家庭，我也没有问。

我们还谈到大家都读过的作家作品，不难发现她非常喜欢看书。

这些年我经常想起她，在这个以外表、地位和财富等虚名浮利挂帅的社会中，她是怎样一路挺过来的呢？毁掉的容颜使她怎么也无法变得耀眼迷人。我知道这深深地刺痛着她。

如果她长得漂亮，她的生命轨迹会不会有所不同呢？有可能。不过她有种独特的灵气和美，与外表完全无关。她的话轻而易举地征服了人心，她正是我们要聆听的声音。她的隽语出于一颗受过伤却充满爱的心，就像所有人的心一样，只不过她比别人更注重对自己心灵的关注、用心去体会生活并从中学习。她拥有一种细腻的美感。她生命里唯一的恐惧就是失去朋友。

她生命的真谛就是要透过事物的表面一睹其真正的本质。她发现了美和上帝的慈爱，而美和慈爱也待她如友，把生命的真谛呈现给她。

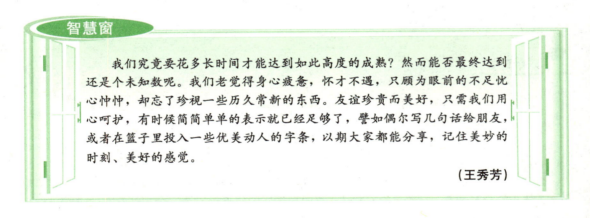

智慧窗

我们究竟要花多长时间才能达到如此高度的成熟？然而能否最终达到还是个未知数呢。我们老觉得身心疲惫，怀才不遇，只顾为眼前的不足忧心忡忡，却忘了珍视一些历久常新的东西。友谊珍贵而美好，只需我们用心呵护，有时候简简单单的表示就已经足够了，譬如偶尔写几句话给朋友，或者在篮子里投入一些优美动人的字条，以期大家都能分享，记住美妙的时刻、美好的感觉。

（王秀芳）

阅览室

笑对坎坷的人生
◇华　夏

人生在世，挫折难免。恐惧、消沉、悲哀都没有用，雨打梨花，飘零满地，但落花不会因为你的怜惜就重上枝头。滔滔江水，一往无前，它也不会因为你的痛苦就停止流动。人不可能永远不失败，而失败后再站起来，就必须学会承受，承受那些你该承受的挫折。最优秀的人也有一时的失利和遭受挫折的时候。挫折是成功的驿站，而承受就是走向下一站的脚步和力量。只要你肯努力走下去，一定会阳光灿烂。

乐观面对，勇往直前，踏平"挫折"成大路。挫折不可怕，可怕的是内心的恐惧和悲观。不要放大挫折，白白增加恐惧和痛苦。如：有位农妇不小心打破了一个鸡蛋，竟把失去一个鸡蛋的痛苦放大到失去一个养鸡场的痛苦……我们总觉得活得很累，我们总有排解不完的痛苦，原因之一是常犯一种错误——放大痛苦。我们难免失误，难免遇挫，但如果我们只针对眼前的错误和挫折，就事论事，不泛化、不扩大，就平添了许多战胜挫折的勇气。

"不幸是最好的大学"。挫折也是一笔财富，它能锻炼出坚忍不拔的意志。直面挫折，战胜自我。这是对毅力的磨炼，是对勇气的考验。只要我们拥有锲而不舍的毅力，便没有不可征服的高峰。只要我们拥有一往无前的勇气，就没有不可逾越的障碍。莫邪之剑只有经过心血与烈火的铸炼才会锋利无比，绚丽的彩虹只有在风雨洗礼之后才会出现。笑对挫折，笑对磨难，用挫折和磨难来砥砺自己、提高自己，为自己的人生写出壮丽的篇章。温室里的花朵，尽管艳丽，但是娇嫩柔弱，一旦失去了良好的环境，便会凋零、枯萎；野外的青松，虽受日晒雨淋，却能长成参天大树。

坎坷的人生是美丽的。一生孤苦不幸的贝多芬在双耳失聪之后，仍不忘告诫自己，要扼住命运的喉咙；海涅生前的最后八年，手足瘫痪，视力微弱，躺在被褥的"坟墓"里但生命之火不灭，吟出了大量誉满人间的优秀诗篇；"初唐四杰"之一的王勃，可谓"时运不济，命途多舛"，然而直面挫折，他却能达人知命，笑看人生，"老当益壮，宁移白首之心；穷且益坚，不坠青云之志"。试想，如果王勃没有开朗阔达的胸怀，哪能有他吟放出"海内存知己，天涯若比邻"的千古绝唱？原来，生命并不是脆弱的。原来，生命可以直面挫折。他们是真战士，是坎坷人生路上的强者。

所以，遭遇挫折，就当它是一阵清风，让它从你耳边轻轻吹过；遭遇挫折，就当它为一阵微不足道的小浪，不要让它在你的心中激起惊涛骇浪；遭遇挫折，就当痛苦是你眼中的一颗尘粒，眨一眨眼，流一滴泪，就足以将它淹没。

智慧窗

挫折与失败是人生最好的礼物。一个人承受打击的能力越强，自然学到的经验越多，积累的成功本钱也越多；承受打击的能力越弱，自然会想办法躲避挫折，同时丧失自我锻炼的机会。人只有在遭受挫折，被他人百般刁难、歧视、嘲讽时，才能"打醒自己"，让自己因"当头棒喝"而惊醒。这岂不是一生中最珍贵的礼物？挫折纵然无情，却给人无尽的砥砺；失败固然残忍，却使我们趋于坚强。

（王秀芳）

故园的竹叶笺

◇九 馨

案头有部辞海，平日已很少翻查。今日不经意间映入眼帘，一丝久违的情愫漫上心来，趁着这难得的秋阳，将她，我求学路上的良师益友，轻轻搬放在膝头。

凉意淡淡地漾在脸上，不经意的翻动中，竟裹挟出一枚书笺，舞动着缓缓飘落膝前。及待细看，心头陡然生出一阵惊喜——那是一片干透了的、平展展的竹叶！

是了，这是我故园的竹叶！

而今，它随着主人的懒散，失宠在层层的书页间，历经岁月的濯洗，全失了温润和柔婉，已变得薄如蝉翼，连色泽也淡得白中泛了黄。只在叶片上，那些细密而精致的纹路依然清晰可辨。

痴痴地凝视良久，终于将指尖轻触到它的纹路，心，到底也柔柔软软地疼了起来。

屈指算来，十二岁离家求学，至今已是二十年了。这中间经历过太多的世事变故，而僻远村落里陌巷深处的老屋旧院，依然是内心深处最最缠绵的牵挂。就连自己也时常困惑不已，走过的路越多，住过的地方、遇到的人越多，反而更加沉重了这一份情怀，每每入寐的，也总是故园纸糊的木格子窗，黑漆斑驳的木门，宽大温暖的土炕，还有旧时的邻居、儿时的玩伴。还有，还有窗前那几杆竹！它们每每带了清甜的气息破空而来，枝枝叶叶里抖落一地的温存，摇醒我回乡的梦。

朋友们多知我爱竹，却不知这爱，不是源于竹的风骨，却是因了一种思乡的情结啊！

想来，许是沧桑坎坷过后，那些年少时光已积淀成生命中最纯洁绚烂的记忆，于是依依不舍频频回首，也才重温起那些曾经快乐无忧的日子和心情。

那时虽然年幼，爱竹确也爱得深沉。记不清多少个清晨或是黄昏，急急跑去竹下，踮脚轻弹叶尖上的露，扒开地上的枯叶找寻刚出土的嫩笋，甚或张开手掌，用心地量着，从竹根一节一节数上去。

十二岁时开始学着写文章，题目不记得了。印象中依稀知道是写那竹如何昂首直面昼的冷暖更迭和夜的风雨交加。拿给父亲看时，心中自是忐忑的，未料一向谨言的父亲竟于看完后大笑道：丫头，这文笔大有乃父之风啊！那时听到这话有些懵懂，赞许的意味却从父亲的笑声里听出来不少。

而今的老屋早已易主。那院，那竹，那些寄存我年少稚嫩岁月的影像已于岁月的流逝中渐行渐远，而这一份眷恋，却不曾随时光的流逝而衰减，反越来越强烈地叩打着心门，一下，一下，不能释怀，也无法释怀。

合了书，捏了它干硬的叶柄轻嗅一下，不觉呆了——这薄薄的一笺竹叶，历经了二十年的封存和冷落，却并没有销蚀掉它清竹叶儿原有的甜香！一时，它那清冽冽的香气，竟湿漉漉模糊了我的双眼！

也才知道，它此时此处的飘落，原来是要紧紧靠贴到我的心上来啊！

智慧窗

　　从少不更事到成家立业，从懵懵懂懂到世事洞明，都会经历各种各样的酸甜苦辣，人生百味，细细咀嚼，慢慢品味，最后沉入心底，在平凡而忙碌的生命中，刻上我们心的历程。因了某些寄托，我们的人生之旅会更有风味，一如文中的"竹骨"，有节而虚心，是历代文人墨客咏颂的对象，也是我们做人的基本准则。

（王锋）

阅览室

<h1 align="center">家乡的韩江</h1>

◇魏清潮

　　从儿时开始，我就与家乡的韩江结下不解之缘，日夜奔腾不息、一泻千里的韩江怎禁得从春流到冬，悠悠诉说潮州一千六百年的沧桑、两岸人民的酸甜苦辣，我目睹了韩江的变化万千，也领略到韩江"变色龙"般的多张脸孔。

　　秋冬的韩江，像少妇般的风情万种，江面上涓涓流水如少妇的长发飘逸俊秀，水清几许，微风轻拂，碧波荡漾，波浪轻轻地叩击岸边的码头石，发出阵阵唰唰响声，生怕惊醒清晨还在沉睡的船夫，远处江心不时驶过几只风帆船，天蓝得可爱，仿佛一汪水似的，空中掠过几只白鹭，岸边大片的沙滩上蹲着垂钓的渔夫，悠然自乐。浅绿色的江水，那漾漾的柔波是这样的恬静、委婉，在对岸深黛色笔架山的映衬下，形成山水共一色的美景。韩江的水清冽甘甜，偶尔有赶路的人，口渴了，捧一把，喝一口，如饮雨露甘霖。

　　横跨在江面的湘子桥，始建于宋乾道年间，廿四座桥墩，历史上中间十八只梭船用大铁索连接而成，随着潮涨潮落，形成可闭可合的浮桥，颇为精致。桥面上有廿四座楼台廿四样，商贩云集，各种叫卖声还余音袅袅在我耳际。潮州民谣世代流传："潮州湘桥好风流，十八梭船廿四舟，廿四楼台廿四样，两只铁牛一只溜"。屹立于桥墩上的两只铁牛，一只是否被洪水冲走或得道成仙，成了潮人心中的千古之谜。

　　春夏的韩江，时而面目突然变得狰狞，三月桃花水刚来，加上几场暴雨，从上游梅州"三河"汇集的洪水挟带着泥沙奔涌而下，撕开温柔的面纱，像脱缰的野马，狂泻狂奔，洪水猛涨，冲撞着湘子桥墩，发出怒吼，浪卷轰雷，白练飞扬，状如釜里怒沸的滚水，形成一个个大漩涡，急绕几个大圈子向下游奔泻而去。

　　汹涌的洪水涨过了桥墩，漫过了桥面两端，远处看，浸泡在水里的铁牛只露出两只尖尖的角和眼睛、鼻子，甚是可爱，下游的龙湫宝塔耸立在韩江之滨，抬起高傲的头，观看多少潮起潮落，见证韩江的迂回曲折。

　　一江春水涨过五百多米宽的江面，虎视眈眈盯着古城超过十三点五米洪水警戒线，古城的东门、上水门、下水门、竹木门四大拱门的闸门开始关闭，头戴竹笠、身披水布的一个个壮汉抬着一块块厚重大木板，根据汛情，在拱圆形的门上逐级加高，把古城包围得像铁桶一样严实。汛水刚到，城外地势低洼的居民住着较破旧的沙灰屋，有的已露出深褐色的墙砖，他们忙于把家什往楼上或高处搬迁，有的索性锁上门寄住在城里亲戚家，几天后洪水退时，再冲洗污泥浊水，忙得团团转，很是艰辛。

"关城门啦，洪水来了！"一声吆喝，从城南传到城北、城西，古城里的居民冒雨打伞或头戴竹笠，相争携儿带女上古城楼、大堤上观看洪水，与防洪的队伍交杂在一起，观水人们的心里说不清是为了安全防患还是为了观景，但是眼前潮州八景之一"湘桥春涨"却映入眼帘，雨中的"三山一水"：笔架山、葫芦山、金山簇拥着一衣带水的韩江，一幅美不胜收的古城图尽收眼底。灰蒙蒙的天空，飘着凉凉的雨点，洒落在江面上，便成了点点雨花，与江水融汇在一起，便倏地变得无痕无踪。气势磅礴，从天际奔涌而下的洪水像一幅大绸缎覆盖整个江面，犹似大梳子平整梳理着流动的江面。水在桥下过，桥在水中行，远看像一条拱形大杉木横架江水中，煞是好看，激越的江水，向着几十公里外大海的怀抱奔涌而去，极为壮观。

我曾站在黄鹤楼上，观赏龟蛇两山锁大江的壮丽奇观，又曾在滕王阁上看长江的逶迤风姿，也曾在岳阳楼上瞭望洞庭湖的无限风光，还曾见过钱塘江的潮起潮落……目睹今天的大江大河是那样的恢宏壮阔，摄人心魄。但是，充满古朴韵律的韩江，更是潮州历史底蕴深厚的象征。

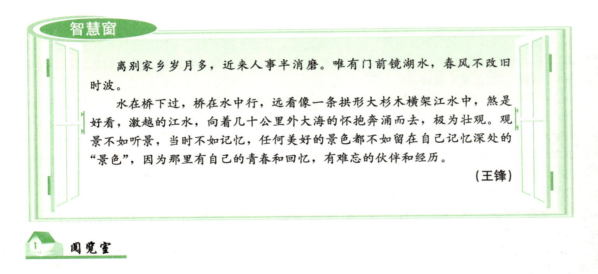

智慧窗

离别家乡岁月多，近来人事半消磨。唯有门前镜湖水，春风不改旧时波。

水在桥下过，桥在水中行，远看像一条拱形大杉木横架江水中，煞是好看，激越的江水，向着几十公里外大海的怀抱奔涌而去，极为壮观。观景不如听景，当时不如记忆，任何美好的景色都不如留在自己记忆深处的"景色"，因为那里有自己的青春和回忆，有难忘的伙伴和经历。

（王锋）

阅览室

家　狗

◇代　抄

关于养狗的事儿，最先是在奶奶那儿听说的。我说的是家狗，不是城里人养的宠物狗。

那时候我还没有出生，也就是在我爸妈刚结婚的时候。那段日子过得相当艰苦，遇到青黄不接的时候还要挨饿，闲时吃稀，劳时吃干。既然人都不能自保，狗就更不用说了。再加上狗的食量与猫、鸡、鸭比起来要大些，民间有"吃不饱的狗"这一说法。即使是这样，狗的德性还是值得村民夸赞与回忆的，毕竟没有听人说过那时候的狗去别人鸡窝里翻鸡蛋吃，或是到灶沿上偷嘴。现在的狗素质就大不如前了。

当时养的那只狗是只母狗。每次喂食的时候，必定是爸妈用饭完毕的时候。妈妈轻轻地唤它一声，躺在门外恭候好久的它就轻轻地推门进来，用感激可怜的目光朝妈妈望一望，然后走向自己的食碗。可能是饿了很久，也可能是身体太过虚弱，母狗吃食时不是人们想象中狼吞虎咽的样子，而是慢吞吞地用长长的舌条儿在碗里一舔一舔，看上去漫不经心。有时妈妈怀疑是太难吃了，于是把仅剩的一点菜和汤全给了它，上面还零星地漂浮着一点油珠子，这不亚于它最丰盛的一顿了。它还是那样吃着，一副宠辱不惊的样子，不管是饿还是饱，吃完之后就扬长而去了。因为它知道，按照惯例，主人没有东西给它加餐了。于是，它便在屋门外的某个角落里躺下，静静地听四周动静，疲倦了就美美地睡上一觉。

饥肠辘辘的狗要想在野外寻觅到食物是非常困难的。除了那种猎狗，猎人通过围追堵截将猎物围在一个范围之内后，就派猎狗冲锋陷阵了。平时除了把猎狗驯成彪悍勇猛之物，每天的喂养也是相当精致，离不开肉和蛋，如果它逮到了野物，那就得大大地犒劳它一番了。而对平常的看家狗而言，喂养得就很粗糙，几乎和喂猪一样。猪不管是生菜还是熟菜，都大口大口地吃，狗就难了。所以，饥饿的狗就一天为肚子奔波，从这家窜到那家，又从那家窜到这家，钻到别人火铺底下的喂猪桶边舔食粘在桶边缘上的一点点苞谷米花儿，哪怕还能舔到一点点稀水也好。有时因为舔得太响，冷不防被主人随手操起一个家伙在屁股上重重地劈上一棒后"汪汪"直叫，拼命夺门而出，落荒而逃。随后，那只可怜的狗还要耐心地舔舐自己的伤口，拖着一拐一扭的腿，忍着难言的疼痛与委屈，再次鼓起勇气和放下尊严，为了生活，为了不至于就这样死掉，挨家挨户，从东村到西村，冒着生命的危险一路乞食。狗做出这样的决定，是需要何等的胸襟与胆量，毅力与精神，而人们却鄙视狗的这种行为，认为它们是最低贱最让人瞧不起的了。

我家那只母狗迎来了它一生中最快乐幸福的一段时光。在一个凉风习习的黄昏它产下了一个崽儿，是妈妈在牛圈里的苞谷梗窝窝儿里发现的。那只小狗崽儿太小了，比小鸡崽儿大不了多少。饿得皮包骨头的母狗忧郁地望着妈妈，又望着自己可爱的孩子。当妈妈小心翼翼地抱着小狗崽儿走出牛圈的时候，母狗蹒跚地跟在妈妈的后面，眼睛里流淌着幸福和湿润的光泽，嘴里发出"嘶嘶"的呜咽，像是在央求妈妈要想想办法让小狗崽儿活下来，因为母狗干瘪的乳头挤不出一丝奶水。那时候，我也与小狗崽儿一前一后地来到了这个世界，妈妈也是营养不良缺乏奶水，家里穷得买不起奶粉，只好用棉球蘸糖水喂我，保住我不被饿死。妈妈同样也不能忍心小狗崽儿饿得一动不动。每当母狗看着妈妈端着碗，拿着糖水去喂小狗崽儿的时候，它就围着妈妈奋力地跑着圈儿，不停地奔跑，奔跑。

不幸的是，它们母子俩却早早地离开了我们。

智慧窗

对一只狗好，也许只花你一部分的时间，而它，却将一辈子回报于你。如果你愿意，狗，它知道怎样感动你的心。

狗的快乐，在于它知道感恩，我们的幸福是什么？我看更多的是让人对自己感恩，可我们自己呢？

（王锋）

阅览室

母亲的发髻

◇乔守山

雨中，我站着看了场电影。电影的名字叫《碧玉髻》。一个小小的发髻拨响了一曲千古绝唱，刺疼了一腔人间情爱，让几百人泪水伴着雨水如梦般地凝望了一个多小时。

曲终人散，大雨间歇，20多年过去，被雨水打湿了的我对母亲的记忆却不肯干燥，每每天相欲变，我心头的情结就会返潮、隐痛。这情结正是母亲的发髻所绾系的。

母亲的发髻不趁碧玉的，不贵金银。母亲的发髻是铜的。母亲的发髻不是哪位工匠制作的。母亲的发髻是我——她的儿子用捡来的铜丝拧成的。

母亲的发髻早先是疙瘩针加包网子。

我喜欢从被窝里探出半个脑袋瞧母亲镜前梳妆。镜上的玻璃因我的淘气缺了一块，朔望的镜子里，母亲的脸庞天天是盈圆的满月——青丝映衬着母亲杏一样酸甜的笑靥。母亲将秀发往脑后两搂巴三梳巴网兜一包巴疙瘩针一扎巴完事。母亲没有多少时间打扮自己、端详自己。母亲还要去追鸡撵鸭打狗喂猪，还要去刷锅洗碗烧火做饭，还要哄闹丫头骂淘小子侍候老的拉扯小的；生产队的钟声一响，母亲还要扛着锄头下坡地上山冈……

劳忙中，母亲的包网子网住了几条水缸里的月亮，河里的星星；休闲里，母亲的疙瘩针钉牢了几粒锅台上的鸡鸣，地头上的日头，须臾间，母亲网不住钉不牢的是自己日渐花白的青丝呵！

一日，母亲叫了我的大号："守山，妈求你件事呗……"我赶忙凑到母亲的跟前："妈，你跟你儿子咋客气起来了呢，啥事，说吧，儿子头拱地……""你看，妈的头发包不紧，扎不住了……"我猛然发现母亲的白发竟然疏落了那么多！母亲将一根"绿豆条"（6♯铁丝）递给我："给妈拧个发卡吧。"母亲指导我将"绿豆条"拧成了一个橘子瓣形状的发髻。用法是：将头发从"桔子瓣"中穿过来、绕过去，再将中间的铁丝捏紧，发髻就成了。

铁丝硬，母亲捏起来吃力，也不好看。我找来铝丝。铝丝细的没劲，夹不住头发；粗的也不抗折——几回就断了。最好是铜丝，好看又结实。屯子里找疙瘩铜丝比城里找根金条还难呢！家里剩几疙瘩铜丝，二大妈借走了，铜丝与扁豆角一锅煮了（铜能给豆角挂色，晒干后，好看）。母亲不让去要。我还是背着母亲，厚着脸皮将铜丝要了回来。我拧发髻的时候，母亲在一边叨咕：铜的，珍贵哪……抗美援朝那年，把你姥陪送我的首饰盒、箱子上的铜扣都起下来捐给国家了……拿铜做卡子，啧、啧，真是的……母亲戴上铜丝的发髻，挺乐，逢人就显摆："瞧，我老儿子给我拧的。我老儿子长大了……"

1971年9月27日，我即将登上北上的火车去大庆工作。临别时，母亲将塞得满满的帆布包递给我（里头有用铜挂了色的扁豆角干）。我将拧好的3只发髻递给母亲。"拧这么多干啥？""我……怕不够……""过年，你不是回来吗？"

春节探亲，我问母亲："发卡还有吗？"母亲说："亏你拧了仨，要不，接不上溜了。这是老三，每回都不敢使劲儿捏，怕折了……"

那几年回家，我只往家背黄豆、背白面。就是忘了给母亲买个发髻。唉，买不起玉的金的银的，买个牛角的也行啊！

已经鬓发斑白的我，有时望着脑后结着疙瘩髦别着发髻（现为一种时髦）的姑娘、少妇、老妪犯愣——我忍不住想冲那步履蹒跚的发髻背影喊一声"妈——!"……我,已经没有这个福气了。一缕甩到了嗓子眼的亲切,又被我用母亲的发髻紧紧地结在了心头。

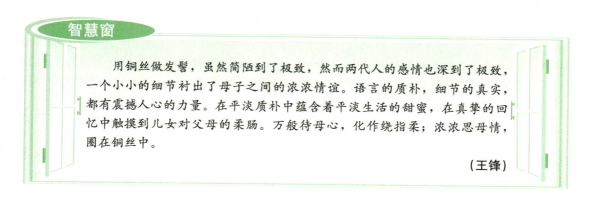

智慧窗

　　用铜丝做发髻,虽然简陋到了极致,然而两代人的感情也深到了极致,一个小小的细节衬出了母子之间的浓浓情谊。语言的质朴,细节的真实,都有震撼人心的力量。在平淡质朴中蕴含着平淡生活的甜蜜,在真挚的回忆中触摸到儿女对父母的柔肠。万般待母心,化作绕指柔;浓浓思母情,圈在铜丝中。

（王锋）

表　姐

◇王散木

　　这次来表姐家,距离上次见到表姐的时间,差不多又有十年。那次之前,几乎有二十年没与表姐见面。见到表姐时,几乎认不出她了。此前的表姐在我的记忆中,一直是一位活泼开朗、美丽大方的大美人,这不仅是我们二十几个叔伯兄弟姐妹一致公认的,就是表姐家的兄弟姐妹们也是这么看。因此,表姐自然成了三姑和姑夫的骄傲,被视若掌上明珠。

　　自古红颜多薄命。漂亮的表姐,也没有因为天生丽质躲开命运对她的不公。在那个讲究家庭出身的年代,三姑虽然也是贫下中农家庭出身,但是她后来"下嫁"的我们这位三姑夫,却是地主成分,位居当时专政对象——"五类分子"中的"地富反坏右"之首。因此,表姐从她出生那天起,就注定了她后来的特殊社会"地位"——被专政对象的子女。

　　三姑的家在我们那个县比较富庶的一个公社,说富庶其实也只是那里靠近河湾属沙质土壤,气候湿润些,一年当中能够种植两茬蔬菜（以青菜、白菜、萝卜为多）,成熟了挑到集市上卖,多少有些经济收入,就比我们居住在丘陵地区的显得生活好些。表姐大我十多岁,小时候每次去她家都给我找好吃的。比如半块玉米饽饽、一个水灵灵的青头萝卜。所以,我小时候最盼望父母亲能带我去三姑家。一来可以吃到从菜园里现拔下来的清凌凌、水汪汪、脆生生的萝卜,二来能美美地吃上黄澄澄、香喷喷、黏糊糊的玉米糁子稀饭。

　　表姐尽管家庭成分不好,但是到了婚嫁年龄,左邻右舍十里八村登门求亲保媒的,还是络绎不绝。开始的时候,无论谁提起这事儿,表姐都不答应。我的姑父姑母明白自己女儿的心事。表姐17岁那年,同村一位贫下中农出身的小伙子初中毕业参了军,表姐一直把他送上部队来公社接兵的汽车。尽管那个年代的恋人表达感情很含蓄,分手的时候,两个人还是哭了。他们是青梅竹马的小伙伴。表姐一家人很会侍弄菜园地,青菜萝卜时常接济男孩子家。十来岁的孩子在一起逮鱼摸虾不分男女,但是在一起玩耍游戏时却知道划分家庭成分,时不时就有小伙伴因为表姐家是地主，说些风凉话刺激表姐或者不让她一起玩儿。每当这个时候，表姐都会很委屈地流泪。比表姐大两岁的男孩子就跟那些说风凉话的孩子打架，而且每次都能打赢，从此小伙伴中就没人再敢欺负表姐。大两岁的男孩子一直呵护着这个家庭成分不好的漂亮妹妹。小伙子参军走的前一天，收下了表姐送的花手帕。单纯的表姐，盼望嫁个光荣的人民解放军战士，以后就不会因为家庭成分再遭人白眼。没有想到的是，两年以后，部队派人到村里搞"外调"，说是因为小伙子在部队表现好要发展入党还准备提拔为军官，部队领导明确表示：未婚妻不能是地主的女儿。三个月后，小伙子把当初表姐送的花手帕寄还了表姐。表姐表面平静，内心痛苦极了，人也一天天消瘦。我三姑一再劝慰女儿："妮子啊，认命吧，不该是你得到的，就别再憋屈自己了。"

无奈中，表姐在她还不到20岁那年出嫁了。婆家是邻村的一户殷实人家，家庭成分好，兄弟多，人丁旺。原想嫁过去以后，就不会因为家庭成分问题再遭人白眼、忍辱受气。表姐夫在他们家中兄弟姊妹里排行老大，模样虽然不"帅"，但为人勤劳本分，表姐过门后，表姐夫对她关爱有加。夫妻恩爱，尊亲敬长，全家和睦，把左邻右舍羡慕得不得了。只是公公性格有些古板，有时甚至有些不近人情。有一件事，至今说起来，表姐夫还一脸歉疚，说"真是难为了你表姐"。

那是表姐刚怀上他们第一个儿子的时候。表姐是个勤劳要强的人，尽管拖着个大肚子，无论是生产队里的农活，还是自己一大家子的家务，她从来不让别人挑出一丁点儿不是。就连妊娠反应最厉害吃不下饭的情况下，也照样起早贪黑下地干活，回来再忙家务。双腿都浮肿了，也不闲着。表姐夫实在心疼，就送表姐回娘家歇两天。结果，当天晚上收工送的，后半夜就去接她回去。看着表姐夫眼圈红红的，说话的声音里都透出委屈。通情达理的表姐十分理解老实憨厚的丈夫，她心里非常明白原因所在，什么也没说，默默收拾好东西，就随表姐夫摸黑出了门。三姑心疼，还一再挽留女儿女婿明天早晨一早再回去。表姐流着泪劝三姑："您就别难为国祥了！"

原来，当晚表姐夫送了表姐刚返回家，迎头就遭到父亲一顿臭骂："就你心疼女人！哪个女人不怀孩子？怀了孩子就不做事情不要家啦？混蛋！自留地的玉米今晚要浇水，全家老少一个不能少，马上去给我叫回来！"表姐夫乞求父亲："大，我一个人多干一些，等明早再接她回来，好吗？"

"不行！"表姐的公公立即火冒三丈，"老子叫你马上去，还跟老子讲理，现在有活就要做，老子不能白养活你们，老子老了也不让你们养活！滚！"孝敬憨厚的表姐夫连晚饭都没吃，挑起水桶一个人边流泪边使劲地挑水浇地。谁知古板的父亲下地后硬是不依不饶，表姐夫无奈，只得跑七八里夜路接回表姐。等到后半夜浇完地，表姐累得几乎走不动路，是表姐夫硬拖着她回家的。说到这件事情，表姐很动情："几十年了，你表姐夫每次提起来都心痛。"

事隔三十几年后的这个冬天，我从东莞回来，参与家乡晚报办的一个周刊，临时住在了表姐家。没成想，发誓"老了也不要儿子媳妇养活"的偏老头——表姐的年近九旬的公公，也住在这里。老头说，其他儿女家中他都不想去，就愿意跟大儿子大儿媳住在一起，就在这里养老了。

表姐表姐夫是靠他们勤劳的双手发家致富的。十年前全家就从乡下搬到这座中等城市，买下地皮盖起了楼房，并办理了城市户口，这就由农民变成市民了。表姐表姐夫不仅有他们自己的生财之道，儿女们也都各立门户、生儿育女，有各自的工作、事业、房子、车子。连表姐的公公都说，往上数多少辈也没人敢想能过上现在这样红火的日子。

表姐的楼房，除了下面两层自家居住，其余全部出租，每月光租金收入都在数千元。虽然家有积蓄，每天每月有进项，但是表姐两口子都是闲不住的人，他们就利用地处市郊的便利，搞起了家庭养猪，圈里养了大大小小十几头。整天忙着，但又快乐充实着。

上次见到表姐时，表姐夫他们还没有自己的房子。他们租住的是人家闲置的简易房，既是住处，又是堆放废品的库房。其时，表姐他们已经在这个城市打拼了十几年，手头也有了相当的积蓄。听说我这个离家十几年的表弟出差路过专程看望他们，高兴劲儿就甭提了。我和表姐夫舅舅家的儿子是折转了好多个宽胡同窄巷子才找到这里的。亲戚间久别重逢，喜悦自不用说。大概唠了一个多小时，我们要告辞，表姐表姐夫无论如何也不依。在我们家乡，到了饭时不留下来吃饭，主人家就特别没面子，何况又是多年不见的至亲。尤其是已经致富了而又热情好客的表姐夫，能留下两个拿国家工资的表弟来吃顿饭，自感是非常荣耀的事情，无论于情于理，我们俩都没有离开的道理。实在是有约在先，早已备好饭菜等候我们的一帮同学电话催了好几次。临走时，表姐抓住我的手："俺姐弟快二十年才又见这一面，要记住你今天欠下表姐一顿饭，什么时候过来都要还上。"我连连致歉："实在对不起，弟弟一定记住欠下的！"

这次来，听说我要住上一段日子，表姐夫立即给我收拾房间，表姐忙着为我换新床单新枕套。我完全是回到了自己家里的感觉。在我借住在表姐家一个月的时间里，表姐每天都是早起晚睡。我们都还没有起床，表姐就为我们准备好了早餐，并且把院内打扫得干干净净，就连她公公的洗漱用水都准备得停停当当。每顿晚饭总忘不了为公公倒上一小杯白酒。老头儿喜欢喝酒并且很有些酒量，但是表姐表姐夫不敢让他尽兴。这天早晨，表姐悄悄向我道委屈：家里本来什么菜都有，昨天中午地上解冻的冰还在融化，老爷子居然自己跑到坡下去买菜，好在左邻右舍都知情，要不然还说我们不孝敬，亏待了老爷子。那么滑的路面，倘若摔倒了，你说怎么办？晚饭时，我们委婉地提醒老爷子，今后千万别做让儿子儿媳担心的事，一旦滑倒可就是自己遭罪。老头还孩子似的辩解：顺道买的，不是专门去的，以后不了。

表姐的一言一行、一举一动，无不令我肃然起敬。我可亲可敬的已经六十好几的表姐，就是这样默默无闻、任劳任怨，为着这个家，善待着她的每一位亲人。

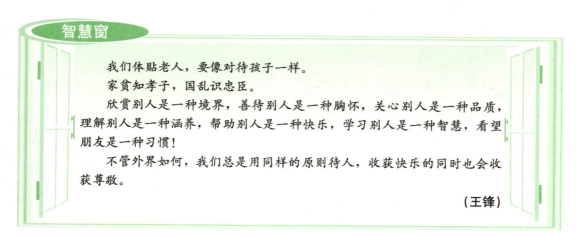

智慧窗

我们体贴老人，要像对待孩子一样。

家贫知孝子，国乱识忠臣。

欣赏别人是一种境界，善待别人是一种胸怀，关心别人是一种品质，理解别人是一种涵养，帮助别人是一种快乐，学习别人是一种智慧，看望朋友是一种习惯！

不管外界如何，我们总是用同样的原则待人，收获快乐的同时也会收获尊敬。

（王锋）

幸福存在生命里

幸福是一只蝴蝶，
你要追逐它的时候，
总是追不到；
但是如果你悄悄地坐下来，
它也许会飞落到你身上。

家有小女

◇邓素辉

望着女儿在厨房洗碗的小小身影，我蓦地感觉到：女儿似乎真的长大了。

七年前，伴随着一声异常响亮的啼哭，我的宝贝女儿呱呱坠地。粉嫩嫩的小脸，白胖胖的身子，就像个张着翅膀的小天使翩翩飘落人间，一时间，那种幸福的眩晕感占据了我的全部。

女儿蹒跚学步了，女儿咿呀学语了，女儿会自己捧着小碗吃饭了，尽管饭粒弄得满脸都是，我仍会觉得非常开心，那毕竟是我的女儿成长的点点滴滴。

转眼小女三周岁了，起初上幼儿园还哭闹着不去，可渐渐地就体会到了有小伙伴的乐趣，每天屁颠屁颠地背着小书包上学了。因为摆在她面前的是一个多姿多彩的世界，一切是那么新奇，那么有趣！她睁大好奇的眼睛打量这个未知的世界：温柔慈祥和蔼可亲的阿姨，五颜六色各种形状的好玩的玩具，还有那一跳老高的蹦蹦床，童话里城堡状的旋转滑梯……都是她欢乐童年的组成部分啊！

如今，女儿已经是二年级的小学生了，不再是那张圆圆的可爱的娃娃脸，变成了尖下颏，梳起了高高的羊角辫，眉宇间少了些孩子般的稚气，多了些小大人样的成熟。随着视野的逐渐开阔，她经常会思考并且会问我一些看起来匪夷所思的问题，比如人是怎么来的，有外星人么，舒克和贝塔就去了双子星球，我也想克隆另外一个自己等等诸如此类的问题，我真搞不懂现在的孩子小小的脑瓜里究竟藏着多少奥秘！

女儿的学习成绩很好，在班里一直名列前茅，这也让我颇感宽慰。一天，我正在厨房里做饭，女儿兴冲冲地像只小兔子似的跳过来，大声喊："妈……"尾音拖得老长，让我平静的心海似一阵微风吹过，泛起阵阵的涟漪。我微笑着迎上去，只见小家伙把手放在背后，神秘兮兮地，然后"唰"地"变"出一张试卷，扬起的小脸泛着红光，抑制不住的兴奋，仿佛得了什么稀奇宝贝。我赶忙俯身一看，试卷上方分明打了一个鲜红的一百分！"很好啊，宝贝！不错！"我高兴地在她那胖胖的小脸上亲了一口。"妈妈，你准备奖励我什么呀？"女儿睁大眼睛，充满期待地看着我，那小样，真让人不忍拒绝。"那我就给你买一本你最想看的郑渊洁童话吧！""耶！"女儿一跳老高。

女儿的一颦一笑，女儿的举手投足，似一丝柔柔的春风，如一抹淡淡的暖阳，丰盈着我生命的天空，滋润着我青春的岁月，让我对生活始终充满着无尽的激情。

有一次我生病了，浑身没劲，懒懒地躺在床上，女儿吓了一跳，小心翼翼地捧过水杯，然后跪在床边，用温暖柔软的小手先摸摸我的额头，然后皱着小小的眉头，声音轻轻地问我："妈妈，你怎么啦？哪儿不舒服呀？"漆黑的小眼睛里闪烁着紧张和不安。接着又跳下床，翻箱倒柜地给我找药。一会儿又爬上床攥起拳头给我轻轻地捶捶后背，捏捏肩膀，她的小拳头轻轻地落在身上，像夏日一股凉凉的微风，柔柔地吹过我的心海；又似冬日一抹暖暖的阳光，温暖了我的身心。我闭上眼睛静静地享受，浑身的酸痛仿佛一下子跑到爪哇国！

时间就像从高高的山崖上飞流直下的瀑布，哗哗地响过，腾起了如烟的水雾；又像脖子上挂着铃铛的小马驹，一路欢叫着跑过，留下串串清脆悦耳的铃声。

女儿的生日到了，七根彩色的生日蜡烛燃起来，闪闪烁烁，忽明忽暗。不知是因为激动还是烛火的映照，女儿的小脸变得绯红，像一朵含苞待放的花蕾，郑重地许完心愿之后，她拿起小刀把蛋糕分成几份，然后依次端给每一个人，得意地说："现在让我们来分享吧!"

我欣喜地看到，我的女儿正在长大，懂得了分享，分担，关爱他人。有这样一个乖巧懂事的女儿，我可是一个幸福的妈妈呢!

如今，我把这些美好的丝丝缕缕的记忆重新捡拾，小心放进随身的行囊，成为我人生路上最美丽的收藏。

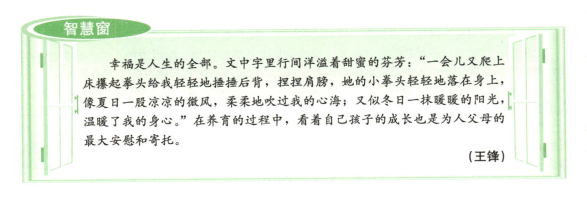

智慧窗

幸福是人生的全部。文中字里行间洋溢着甜蜜的芬芳："一会儿又爬上床攥起拳头给我轻轻地捶捶后背，捏捏肩膀，她的小拳头轻轻地落在身上，像夏日一股凉凉的微风，柔柔地吹过我的心海；又似冬日一抹暖暖的阳光，温暖了我的身心。"在养育的过程中，看着自己孩子的成长也是为人父母的最大安慰和寄托。

(王锋)

阅览室

姥姥的端午

◇王 瀛

十余年前的五月，姥姥忙碌完生命里最后一个端午，便匆匆离去。

此后每自清明夜始，随着金银花的细碎步声，临近粽香五月，便有姥姥的絮语叮咛，踱着疲惫的小脚，轻轻推门，轻轻走近，拾起床边垂落的被角，为我一掩再掩。

物质极度贫乏的岁月，端午，在童年的期盼中，总是姗姗来迟。等待中长大的日子，不知何时，青苇已隔夜盈尺。端午，似一株零虚而至的瓦楞草，无声无息落在老家的瓦房上，就在某个清晨，姥姥推醒了还在熟睡中的我们，她说，粽子熟了。烧了一夜的灶火已渐燃渐熄，大锅里还咕嘟嘟冒着些微的水泡，粽香漫过那口大锅的四周，弥漫在农家小院上空，在孩子渴望的小嘴边，在蹦跳的童歌里，飘荡。

端午粽香，萦绕岁岁年年的童谣，我们在姥姥精心赶制的一个又一个端午之后长高。姥姥一双操劳的枯手，渐托不住昔日蹒跚的娃们，当小弟也站在她身后，声渐雄浑之时，姥姥缓身回望，却已一笑白头。

姥姥的端午，从老家搬到城里，仍旧初始味道。而安逸清闲的市民生活，狭窄的蜗居，使姥姥更多地呆坐在门前，想念乡间，想念宽敞的农家小院，鸡鸣犬吠，想念清晨趟着两腿的露珠，一双巧手侍弄过的黄瓜架、葡萄秧，想念老槐树荫下，几位老邻絮絮陈年旧话，农谚桑麻。姥姥似乎在那一年忽然苍老。

最后的端午，姥姥依旧忙碌，她似乎始终是这个节日大会的主持人，任何人都可以忽略和忘记这个日子，唯她不能。当我们奔来吃粽子的时候，还丝毫没有感觉到姥姥的端午，将在这里停留。只记得姥姥唠叨了许多，关于谁该谈朋友了，谁该快点结婚了，别让姥姥这么等着。大家听着，都没有在意。

端午后几日，姥姥在一个深夜忽然丢下大堆未了的心事，匆匆撒手而去，我守在她床边仅仅一步之遥，却空着两手没留下老人家只言片语。

次年端午，凝重在无限哀思里，大家小心翼翼躲闪着，似乎稍不留意会碰落太多的哀伤。谈话间，说到童年，那苇塘、蛙鸣、老家的土炕、邻家小孩憨态可掬的猫头小布鞋……小弟忽然一句"一到端午，就想起姥姥来。"大家顿住了，都不说话，大弟站到阳台，低头点起一支烟，妈妈肩头抽动，不知谁的眼泪叮咚掉进米盆里，落在一只只秀气的青粽上……姥姥赐我农家巧手，包粽的"工艺"代代相传，粽香飘进以后的日子。

端午，翠绿与寂静，蒹葭苍苍的古韵，带着一春濡湿的水汽，简淡、玄远。芦丛摇曳，薄雾轻裳，青衣姗姗，不禁想起眉清目秀、淡妆行走在叶陌上的秀丽村姑，初见有股矜持的冷，一身素衣隔岸浅笑低吟，柔骨而就、甜而不腻，那种感觉在长久的凝视里埋藏，永远都蛰伏在心灵深处不会消失。

娴静的汨罗江，从远古走来，走过几千年光阴。姥姥的端午永远是其中一尺鲜洁的水，涤荡着我生命的五月，走过多少年，芬芳多少年。

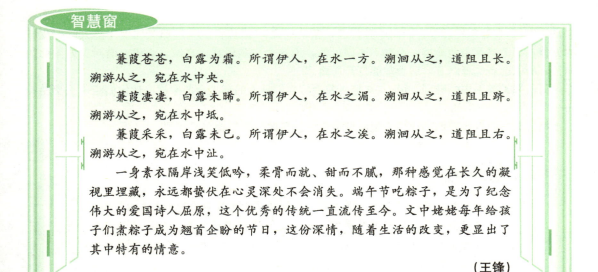

智慧窗

蒹葭苍苍，白露为霜。所谓伊人，在水一方。溯洄从之，道阻且长。溯游从之，宛在水中央。

蒹葭凄凄，白露未晞。所谓伊人，在水之湄。溯洄从之，道阻且跻。溯游从之，宛在水中坻。

蒹葭采采，白露未已。所谓伊人，在水之涘。溯洄从之，道阻且右。溯游从之，宛在水中沚。

一身素衣隔岸浅笑低吟，柔骨而就、甜而不腻，那种感觉在长久的凝视里埋藏，永远都蛰伏在心灵深处不会消失。端午节吃粽子，是为了纪念伟大的爱国诗人屈原，这个优秀的传统一直流传至今。文中姥姥每年给孩子们煮粽子成为翘首企盼的节日，这份深情，随着生活的改变，更显出了其中特有的情意。

（王锋）

阅览室

逆境中，拾起一颗自信的心
◇黄 兵

全球首屈一指的收银机经销公司——瑞士埃尔德集团在创业阶段，该公司竞争对手散布谣言，称埃尔德陷入财务僵局，令业务代表信心锐减，经营业绩下滑。公司多次辟谣，仍然收效甚微。

一天，公司总裁查菲尔召集业务代表座谈。一位业务代表牢骚满腹地说："我所负责的区域遭到了百年不遇的旱灾，商家的生意严重受挫，谁还买收银机呢？"还有一位业务代表说得更难听："公司资金吃紧，我哪有心思顾及业务呢？只想找一家效益好的公司走人。"

查菲尔沉思片刻，说："请大家安静下来，我想请大家擦皮鞋，之后，还有精彩节目。"业务代表们面面相觑，不知道查菲尔在卖什么"关子"。

一会儿，公司门前那位擦皮鞋的男孩被人叫来了，查菲尔第一个伸出脚来，一边擦鞋一边与男孩聊了起来。

"你几岁了？擦一双鞋收多少钱？"查菲尔问。

"先生，我9岁了，每擦一双鞋收5分钱。"男孩回答。

"以前，蹲在你那个位置擦鞋的是一个比你大的男孩，他为什么走了？"

"哦，他叫比尔斯，17岁了，嫌这里不好做，离开了。"

业务代表们议论纷纷，有人问他："那你为什么还选择这里呢？在这里工作能维持生计吗？"

男孩乐呵呵地说："可以的，有时候还能得到小费哩。"接着，他给大家算了一笔账："每个星期我交给妈妈10元做生活费，到银行存5元，留2元做零用，不出一年，我就可以用银行的存款买一辆自行车，给妈妈一个惊喜。"

查菲尔擦完鞋，拍拍男孩的头，给了他一元钱的小费，男孩高兴地说："谢谢，谢谢，谢谢您，先生！"查菲尔转过身，面向业务代表，激动地说："诸位肯定见过那个比他年龄大的擦皮鞋的男孩，那个男孩表情冷漠，谁都不愿靠近他，而这个男孩乐观、真诚，心中充满对美好生活的向往，所以前者选择离开，后者却能打开局面。"

男孩挥了挥手中的鞋刷，说："来吧，我会将你们鞋上的灰尘全部擦掉，让你们走出去更精神……"

第二天，业务代表们满怀信心地回到销售区。自此，埃尔德扭亏为盈。

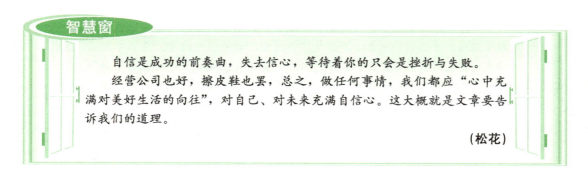

智慧窗

自信是成功的前奏曲，失去信心，等待着你的只会是挫折与失败。

经营公司也好，擦皮鞋也罢，总之，做任何事情，我们都应"心中充满对美好生活的向往"，对自己、对未来充满自信心。这大概就是文章要告诉我们的道理。

（松花）

倾听人生美丽的心声

◇星月舞剑

医生做久了，对生与死就会看得很淡，因为他们每天都要面对生离死别。然而，那些躺在病床上与死神时时刻刻抗争着的人，对生的无限眷恋着实令人感动。

虽然天堂被文人墨客描写得十分美丽，现实中的人们又感到十分的无奈与苦闷，可是谁都不想踏入那美丽天堂的门槛半步，去偷窥里面所谓的欢乐，却愿苦守在现实中，备受折磨。当然，也包括那些把天堂描绘得像花园一般美丽的文人们。

人呀，最容易掉进别人为你早已设计好的陷阱里，不能自拔。那些陷阱的设计者们，则隔岸观火，像在公园里看猴耍把戏。

不可否认，陷阱的设计者自己也是当局者迷，时常自己骗自己，这是人的劣根性。你别不愿听，谎言说千遍，就会变成真理。

那天一场秋雨，淅淅沥沥地下个不断。阴雨天，人心就像灌了铅似的，显得沉甸甸。

已经入院两个月的张姓病人，病魔欲把他的骨髓吸干，却没有吸干他大脑细胞的思维能力。人最痛苦的不是一瞬间的死亡，而是让你活着，然后再一点一点地蚕食你的肌体与灵魂，直至被上帝像捡破烂似的收去，飘升到天国那边。

张大爷已是青灯燃尽、黄卷释手的时候了，家属早有心理准备。黄泉路上的服饰和行头，已经准备妥当。

我仍然定时巡诊观察，见他嘴角总是翕动着，似有话要说。家属不在跟前，因为他们的悲痛和泪水已经流干，心渐渐地归于平淡，近几天也不怎么经心的样子。

"张大爷，你有话说吗？我是医生，可以信任！"

他竭力地睁着眼，瞳仁里发出散淡的光，只余留着一缕残生的活气。嘴唇儿还在不停地颤动，却无声。突然从被子下面，伸出一只手，朝我示意。

见那僵直筋露的手里，握有一张小纸条。接过来看，上面写着一行字，淡菊宅电：4356×××。这张薄纸片早已被汗水浸透且卷曲着毛边儿，看得出写了已好些日子了。

我俯在他的嘴边，隐约听他嗫嚅："你能打个电话给她吗？让她来看我。"

我答应了他的请求。"人之将死，其言也善，鸟之将死，其鸣也哀。"不知怎么，自己的心里突然冒出这句话来，细细地琢磨滋味，有股悲悯之情冲击着自己的心灵。我及时通知了电话里的人，才知她是一位女士。

当天的下午，那位叫淡菊的女士来了。轻轻地像一阵风，先找到我，问方不方便见那张大爷，家属在不在？很神秘的样子，我感觉这里面有蹊跷。嘴上没说，心里基本明白是怎么回事儿。

把她领到床前，她见到了老人后，泪水就流出来。低俯在病人面前，侧耳凑到他的嘴边，可他什么也说不太清楚，她依然断断续续地点头，似乎能听得懂他的心言。人世间有许多的情与爱

147

是语言无法传达的，因为语言相对真情与厚爱则显得太苍白。

两位老人都说了些什么，我弄不明白。因为年轻一代无法了解这人世间那些藏储在心底，已被蹉跎岁月风化后，凝结成固体晶莹剔透，似宝石般的人生经典故事。

老人安详地走了，带走了一世的风风雨雨，也带走了他人生的一抹彩虹，终于没有遗留憾事在人间，无牵无挂地升入天国仙境……

每逢阴雨天，我就回忆起这段如烟的往事。这人生美丽如歌的心曲，永远在自己的心里吟唱，也想让朋友们与我一起传唱。

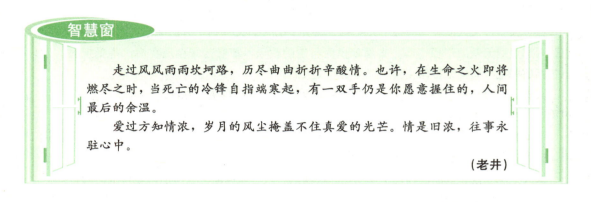

智慧窗

走过风风雨雨坎坷路，历尽曲曲折折辛酸情。也许，在生命之火即将燃尽之时，当死亡的冷锋自指端寒起，有一双手仍是你愿意握住的，人间最后的余温。

爱过方知情浓，岁月的风尘掩盖不住真爱的光芒。情是旧浓，往事永驻心中。

（老井）

阅览室

人生有爱

◇纯　纯

一个人的生命，有亲情、友情和爱情，那么，一定是完整的生命。

17岁的时候我爱上了我的老师，在25岁时，我终于发现，用了8年时间，我在心里塑造了一个连老师本人也无法超过的神，从那天开始，我知道什么是我真正的爱情。

我的运气总是很好，林和阿伟都用了很长的时间给我他们的爱情，可惜我总是很专心，所以我看不见我拥有的是什么。当他们相继离开我后，我能给他们的，是永远的思念。

现在我爱你，30岁女人的躯壳里，依然能跳动一颗至纯至真的心，这实在是我的骄傲。

我想这是我唯一的，真正的爱情，我想和你在一起的所有日子，是我生命里最光辉的片段。

其实我从来没想过要去做个杰出的人，我只在厌恶的时候表现出非同凡俗，而事实上，我对爱情的全部解释就是一辈子为你洗衣做饭生儿育女。

我总是想，如果我把家收拾得干干净净等你回来，如果我做好一桌你爱吃的菜，如果我每天比你起得更早为你准备好出门的衣服，如果我在你累的时候给你捶捶背，你是不是会说我是你最爱的人？

爱情其实就是点点滴滴的琐碎。

我一直都倾听你，我也把我的烦恼倒给你，我为你哭，也让你为我哭，我要你为我骄傲，因

为我永远为你骄傲，我要你抱着我，直到我的生命终结。你说，你将来一定会死在我怀里，你是个多么自私的男人啊，怎么可以让我承受失去你的苦痛？怎么可以让我甘心让你孤单远行？

男人，所有诗人的文字都不能和我的吻媲美，我可以把生命凝铸在我的亲吻里，而不仅是我的爱情。

爱人，所有的力量都不能阻拦我不顾一切地奔向你，我可以让一生的时间，浓缩于和你在一起的那每一分每一秒里。

不要怪我向你发脾气，我给了你哄我的权力；不要怪我在你面前哭，我给了你拥抱我的理由；不要怪我反复怀疑你是否爱我，我给你再说一遍爱我的机会；不要怪我小心眼吃醋，我给了你爱情的痕迹。

我们有多少个 50 年，可以让我们奢侈地说，50 年后再见？我梳理你头发的时候是浪漫，我牵你的手漫步是浪漫，我看你整理瓶里的花是浪漫，我偷偷吐掉你倒给我的酒也是浪漫。浪漫，不需要 50 年来写，我爱你，很浪漫地爱你，从现在到将来。

有爱的人生，如此美丽。

智慧窗

　　作者在文中展现了一个少女对爱情的美好憧憬，在她看来，爱情其实就是点点滴滴的琐碎。"我一直都倾听你，我也把我的烦恼倒给你，我为你哭，也让你为我哭，我要你为我骄傲，因为我永远为你骄傲，我要你抱着我，直到我的生命终结。"而人生不正是因为有自己爱的人和爱自己的人才变得更加美丽吗？

（王秀芳）

149

欢乐吧

＊寝室夜话

◇分 铭

大一的时候我上铺一哥们儿天天说梦话，一夜，他羞涩地说："我怀孕了。"我们全体晕倒。

一个平时在寝室受尽"凌辱"的男生，半夜喊出一句："坦克来啦！"据查实，真的是梦话。

一大哥，半夜突然坐起来，大叫一声："看我一枪打死你！"然后躺下继续睡觉。

以前听寝室哥们儿告诉我，半夜里我突然说道："我的工商卡密码是……是……"结果"是"了好久都没"是"出来，把那两个哥们儿急得不行。听后我马上出去把密码改了。

记得以前追一个女孩，管人家要电话号码，怕忘了就嘴里不停地絮叨。没想到晚上睡觉在梦里也絮叨，结果让我老妈听到了，第二天就打电话找到那个女生。搞得那女生再也没理我，郁闷……

我们在部队里军训一个月，天天伙食控制得很厉害，有个哥们儿半夜里大叫一声："那块红烧肉是我的，不要抢！"

大一的时候，深夜！其他人都睡了，我一个人在玩电脑，突然一人坐起，平静地说道："那花儿朵朵绽放……"把我吓坏了，问了句："你干吗？"他就倒下去了。一会儿他又坐起来："那甜蜜好似蜂糖……"

同学中有 G 君一人，平日 CS 玩多了。一夜，我进寝室开灯后，猛地听到："啊！谁扔闪光弹？"

话说我们寝室有一人极爱睡觉，鼾极大！有一次晚上突然没打鼾，我狂喜……然后到凌晨两点多，只听轰隆一声！整个宿舍的人都醒了，原来他把脚边的书柜踢倒了，书压了他一身。然后就听见他翻了个身说了句："你们脑子有病！"众人无语，继续睡。早上五点左右时他醒了，先是"咦"了一声，然后破口大骂是谁干的！众人一起晕倒！我一辈子也不会忘记……

同宿舍一哥们儿，上铺，一日，床边挡板坏了，睡觉之前担心地说："晚上不会掉下来吧？"半夜，突然"扑通"一声，此君坐在地上，裹着被子，自言自语道："哎呀，还真的掉下来了……"

我们寝室才绝呢，一个人半夜突然喊了句："救命。"另一个人回道："这么晚谁喊救命？"然后两人继续呼呼大睡。

夜里忽然醒来，看见一个人影，站在老三床前晃来晃去。开灯！是隔壁寝室的老六，摸着我们老三的脑袋，嘴里在念叨："瓜熟了，瓜熟了。"后来我们睡觉再不忘锁门……

俺们寝室一位兄弟晚上说梦话大叫："求求你不要杀我！"众人郁闷，猜测不已。第二天去食堂吃早饭，听见旁边桌一群 MM 说她们寝室一 MM 昨晚说梦话："我一定要杀了你！"

寝室某君夜半而起，大叫："我爱拉芳！"

一女生坐起来，双手呈接雨状，头抬起，嘴里念着："下吧，下吧，我要开花。"

一次夜半看书，对面床的 MM 突然坐起，直勾勾地看了我 10 秒钟，点点头说："嗯，好。"我问："你要干吗？"她哼了一声就睡下了，好怕怕的……

寝室里一个女孩子半夜突然说出："两块面包，两个帅哥，面包变质了，帅哥不见了……"

悦客群

含笑弯刀：

　　大学生活充满乐趣，不仅表现在课堂上的天南海北，下课后的海阔天空，球场上的挥汗如雨，寝室里的喜怒哀乐，就连这本该安安静静的睡觉也不得安宁，若是把这些趣闻拍下来，那真能是一部绝好的喜剧大片了。

 阅览室

那一夜足可美丽一生

◇轻柔的霞

　　有一种美，让人信赖，如两座并肩的山。这种美，因为距离，显得庄严而圣洁；因为不设利益，愈发长久而纯粹。简单自然中，漾着一种忧伤的思索和感激。

　　我无比珍视，我们之间横亘着这样一种远——一份夺目而纵深的美，贯穿南北，爱才被演绎得羞涩、矜持而专情。像醉酒后的眼泪，像一场梦里的雨。

　　其实，那个梦开始的时候，没有雨，也没有雪。却有烛光，和一条窄窄的小巷……

　　醉酒后，你轻轻地敲开花朵的门，植下一粒种子，在盼念不到的春天中，迅速地发芽。那些芽在缕缕如水的时间里，穿透赤裸裸的自负，以桀骜不驯的姿势在我的白天行走，在夜晚疯长。

　　于是，思念如棉，一匹匹地覆盖着我，不是在孤独的时候想你，也不是在寂寞的时候想你，而是每时每刻。

　　从雪飘到雨飞，我们在爱情的细节上驻足，投入我们的泪、我们的笑、我们的激情。有潮涌，像柔柔的浪，拍打着低低的耳语；有相思，像细细的雨，飘过我们相视的眼眸。我们躲在年轻的梦里，静静地享受转瞬即逝的青春。吮吸清新、芳郁、琥珀般晶莹的阳光。纯真的情感，纵容思绪飞扬，任目光长长地眺望，享受那种百感交集的、狂放不羁的美。带着幻惑的魅力和诡异的芳香。

　　就这样，时间如十二月的雪花，点点滴滴，纷纷扬扬，闪闪烁烁，连同笑和泪，一起融入新梦的襁褓……

　　你是生日夜晚，上帝送给我的一份最特殊的礼物。滴着露珠一样的忧伤和美丽。

　　我以一种温柔的心情守口如瓶，永远珍藏着那个夜晚神话般的一条短信，一个谜语，一首诗歌。如一盏不眠的灯，一束亮丽的花，我们站在花朵中央。就这样不为人知地牵手走着，一种封闭的盼，一种隔世的缘。

　　让我们牵着手，顺着那条窄窄的小巷，慢慢地走，慢慢地欣赏——欣赏枯叶，欣赏花开；欣赏月落，欣赏日升。投入我们的黑发和皱纹。

　　那一夜，足可美丽一生。此后经年，纵山重水复，只需抚一支清远的笛，吹一曲真挚的祝福，便会有美丽的梦从诗里来，从赋里来，从水墨丹青里来，从那盏不眠的灯里来……

智慧窗

　　人间最伟大的感情莫过于爱，而男女之间的爱是神圣的、高尚的。文中的作者表达了对那种彼此信任、单纯的、无私的爱的向往，正如文中表达的那样，"有一种美，让人信赖，如两座并肩的山。这种美，因为距离，显得庄严而圣洁；因为不设利益，愈发长久而纯粹。简单自然中，漾着一种忧伤的思索和感激"，而人生若能真爱一次才不枉一生。

（王秀芳）

阅览室

美丽心情

◇点　滴

　　在不同人的眼里，生活便有不同的理解。有人说生活是享受，有人说生活是无奈，有人说生活是甜蜜，有人说生活是苦闷，有人说生活是艰辛，有人说生活是梦想……

　　其实生活有享受也有艰辛，生活有甜蜜也有苦闷，生活有梦想也有无奈，生活有欣慰也有困惑……生活犹如一枚还未成熟的果子，含在嘴里，慢慢品尝，细细嚼，便发现有许多滋味在你的舌尖蔓延，有苦，有甜，有酸，有涩。你也会发现，慢慢地，你喜欢上了这种充满变幻的滋味。

　　也可以说，生活是一种心情，犹如人生的四季变幻，有时如春，觉得眼前一切都充满生机，是播种希望的季节；有时如夏，热情如火，用火热的激情奋斗着未来；有时如秋，在满心喜悦中收获曾经的艰辛与汗水；有时如冬，在喜悦背后细细品味着曾经的酸甜苦辣。

　　只要你心中充满欢喜，充满快乐，你的胸襟盛满爱意，盛满激情，你会发现，整个世界在你眼里会变得真实而美丽，喜多于愁，甜多于苦。

　　生活本身只是一些简单元素的组合，因为有了人的喜怒哀乐才变得丰富。"如果说生活是弦，心情就是拨动琴弦之手。弦音是否悦耳，很大程度上取决于拨弦之手的灵动。好乐师把握琴弦，让音符畅流，琴再差，环境再糟，他一样可以控制自如。因为他的音乐素养是发自于内，不可灭没的。"

　　用心品味，生活本来有滋有味。

　　因为有一份美丽的心情，匆匆忙忙中，你偶尔抬头望望天空，便会发现上方明净和空旷，天是那样的蓝，阳光是那样的明媚；当夜深人静，你为某些事情而烦躁时，你抬头看看月儿，你会发现，月儿散发的光是那么的温柔、那么的温馨，你会被淡淡地融化；在淅淅沥沥的小雨中漫步，你便会滋生一种清新而淡雅的诗意，感觉小雨飘向心里，洗掉了心中的尘埃，又是一个崭新的自我；在飘飘洒洒的飞雪中等车，你便会增添一种明洁与亮丽的风韵，一片白白的世界是那么纯洁，那么高贵，仿佛自己已置身于童话中。

　　因为有一份美丽的心情，也会用乐观的态度对待生活，即使在没有尽头的泥泞中跋涉，也会始终如一地向着远方的曙光欣然前去，即使在茫茫的大海中寻觅，也会坚定不移地扬起风帆，驶向你生命的彼岸。

漫漫人生旅途中，或许感到疲惫，或许有些沉重，但只要有一份美丽的心情，就会觉得欣慰，就会充满自信。好好地珍惜人生，尽情地拥抱生活，虽然辛苦，也会咀嚼出甘甜与芬芳的美美神韵。心情寂寞时，可以看一看一草一木、一花一石，寻觅到可以陶冶情操的情趣；心情激荡时，可以忘掉眼前的荣辱与悲欢，使心情平静下来，然后再回到原先，重新审视时间与空间，这时，我们所决定的也许与以前不一样；心情忧郁时，可以牵引自己投入大自然的怀抱，让天籁的悸动与大地的胎音，拨响麻木的心弦；心情浮躁时，可以将自己沉浸在柔婉的音乐氛围里，让流淌的音符去浣洗心灵悬浮的泥沙。

亮丽自己的心情，也就解开了自己生活中的难题。我们懂得了"怕小人不算无能，敬君子方显有德"。调整自己的心情，也就校正了自己的生活坐标。我们懂得了"退一步海阔天空，让三分心平气和"。

因为有一份美丽的心情，生活就会充满浪漫，充满诗意。锅碗瓢盆交响曲也如小提琴协奏曲般扣人心弦。只要你浪漫地解释生活，你就会因为生活的多彩而拥抱她，只要拥有了好心情，我们便拥有了美好的人生。

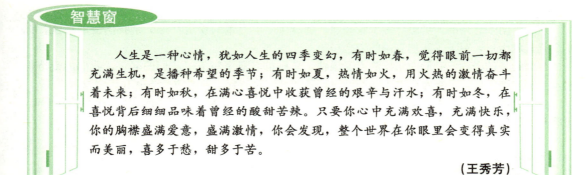

智慧窗

　　人生是一种心情，犹如人生的四季变幻，有时如春，觉得眼前一切都充满生机，是播种希望的季节；有时如夏，热情如火，用火热的激情奋斗着未来；有时如秋，在满心喜悦中收获曾经的艰辛与汗水；有时如冬，在喜悦背后细细品味着曾经的酸甜苦辣。只要你心中充满欢喜，充满快乐，你的胸襟盛满爱意，盛满激情，你会发现，整个世界在你眼里会变得真实而美丽，喜多于愁，甜多于苦。

（王秀芳）

阅览室

你美丽了我一生

◇狂　野

　　五年了，就在那个七月流火的离别快要成为我永久的伤痛的时候，邮差给我送来了一个沉甸甸的包裹，也寄来了五年的相思和幽怨，从此也开启了我沉积了五年的伤痛记忆……

　　包裹里塞满了信笺，满是泪痕的信件，写满了这五年来的思念和艰辛。在其中的一封信里夹着一枚琥珀和一首精巧的小诗：我不是冬天飘落在你手中的一片雪花/转瞬即将消融/我是你此刻手中的这枚琥珀/把爱酿成了永恒/从此/伴你到永远。看着这些已经有些发黄的信笺，我内心充满了愧疚和伤痛，泪花早已不知不觉地迷蒙了双眼……

　　自从离开校园后，我辗转到了许多地方，最后落脚在南方这个小山城，成了一名中学教师。

当初悄悄离开学校时，刻意地没留下任何地址和联络方式，我真不知道她是怎么找到我的。我的一位同事对我说：难得这份真情，再放弃，你会后悔终生的。

后来我听我的同学说，自从校园一别，我杳无音讯。这个后来成了我妻子的女孩发动了同学和校友满世界找我，幸好我的文学爱好没随我的初恋一起消失，南方的一个校友在报纸上发现了我的名字，几经周折才将这个信息转告给她。我的同学说这番话的时候，激动的心情也流露在他的眼里，他用很郑重的语气说："这份情难找啊，不要再轻言放弃了。"

我何尝不在日夜思念着你啊，但是我不忍心把奔波的艰辛融入你的生活啊，这些年我到处奔波，饱尝了生活的艰辛，我能把这些强加给你吗？我悄悄离开，不是在刻意地躲避啊……我按包裹上的地址寄去了我的相思、无奈和歉意。

不久，北方的鸿雁频频传来她的深情和执著，此时的我，再也无法拒绝，从此我的爱怜和衷肠被这深情的执著所牵引……

一个金秋的黄昏，校园的林荫道上飘来了一个四处张望的靓丽倩影，门卫大伯拉长了富含南方韵味的嗓门：阿舟，有人找！

一个学生风风火火地把这个消息传给了我，我惊异奔出，几乎和靓丽的倩影撞了个满怀。一刹那，就像电影里的定格，把这意外的相聚永远地定格在浪漫的记忆里，五年的相思之苦就在这一刹那融化，五年的艰辛就在这爱的定格里化为浪漫的开始。

从此，南来北往的人群里，多了我和她；蜿蜒在千山万水的铁道，记下了我们爱的足迹；机车轰鸣过的山川，写下了我们真诚的爱恋……

也许是爱的激励，我们的工作注入了激情，奖励的名册里写下了我们的名字，我们的爱情也感动了周围的人们，后来在许多人的帮助下，我和她同时调到了湖南的一个小山城。

这个已经成了我爱人的女孩，用她执著的深情，美丽了我那个金色的黄昏，美丽了我十年，也将美丽我的一生……

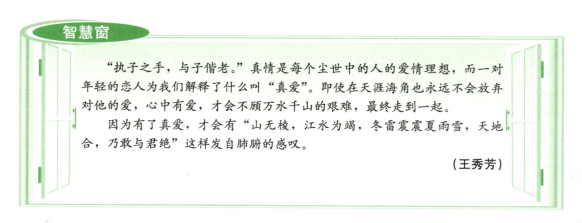

智慧窗

"执子之手，与子偕老。"真情是每个尘世中的人的爱情理想，而一对年轻的恋人为我们解释了什么叫"真爱"。即使在天涯海角也永远不会放弃对他的爱，心中有爱，才会不顾万水千山的艰难，最终走到一起。

因为有了真爱，才会有"山无棱，江水为竭，冬雷震震夏雨雪，天地合，乃敢与君绝"这样发自肺腑的感叹。

（王秀芳）

妈妈为我缝制一生的美丽

◇李浩然

　　生命的长河中总有一朵朵美丽的浪花滋润着我们前行的心，每当回首，都会有温馨丝丝缕缕地缠绕。因为年少，当一些真情真切地围绕在我们身边时，没有刻意地去想此情可贵，然而当岁月匆匆划过，才感觉到原来往事已沉淀成一杯佳酿。

　　记得小时候，家里并不富裕，甚至可以说是穷，穿新衣可以说是件奢侈的事。而那个年代的美丽又是单色的，素净的，远没有如今的蕾丝、碎褶、花边。在我的印象里，妈妈是一位能干、利落、坚强的女性。最让我难忘的是妈妈那双灵巧而具有魔力的手，她总是把我打扮得与众不同，同样的一块布，邻居家的孩子只能穿出单调的红、黄、蓝，而在妈妈精心设计之后再穿到我的身上时，就会宛如春日的花。因为买成品衣服很贵，妈妈就会在工作之余给我用家里的缝纫机做衣服。每每在我熟睡时，妈妈依然在静夜里为我精心缝制一份美丽。

当然，那份美丽中包含着妈妈的爱和期盼。我想那个时候妈妈的眼里一定会认为女儿是最美的，因为妈妈的心里装着浓浓的爱。

风中晾起的那件淡蓝色的衣服，是我少年时代美丽的印记，总是和妈妈的爱紧紧相连。那是一块淡蓝的的确良布，泛着天边的浅蓝，若有若无的蓝白色像纯净的年少青春，那一年我15岁。妈妈说：我要为我的宝贝女儿做件漂亮的衣服。花季少女对于美丽应该是不打折扣的向往和憧憬，于是在妈妈说过以后，我便整日里变得更为乖巧，努力地分担家务，目的是想快些穿上那件漂亮的衣服，因为那件衣服有我喜欢的颜色，再加上妈妈的兰心蕙质，一定会打造出完美的效果。果然，不出几天的一个清晨，我在睡梦中被妈妈叫醒了，当我睁开惺忪的双眼时，简直被眼前的美丽震撼了。妈妈的笑脸沐在早晨的阳光里，站在我的床头手撑起那件已做好的衣服，所有的轮廓被浴上一层亮色，那一刻我兴奋极了，像一只快乐的鸟儿，唧唧喳喳叫个不停，笑个不停。

其实现在想起来，真的应该给妈妈脸颊送上一个叫做幸福的吻。妈妈把那块布裁剪成小西服领的样式，并镶上咖啡色的边，袖口钉上同色系的纽扣，在那个年代来说，真的美丽极了。同学们都羡慕我，还有几个同学竟然拿着样子也做了同样的衣服。其实那个时候的心里真的是喜悦的，穿上那件衣服后，感觉到有妈妈的别出心裁，自己的青春也是多彩的。

幸福的往事总是面对微笑地回首，我想如今我爱美的性格也是当年妈妈培养出来的。再看看如今的妈妈，虽然已60出头，但总是把自己打扮得很得体，心里也有着说不出的欣赏。追求美丽，总会让一份心情释怀，追求美丽，让我心飞扬。

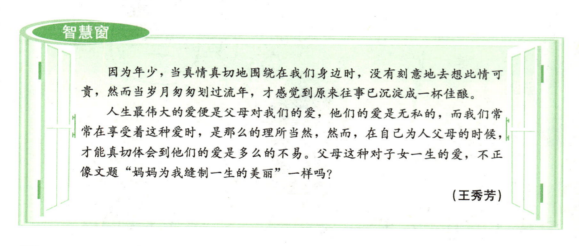

 智慧窗

因为年少，当真情真切地围绕在我们身边时，没有刻意地去想此情可贵，然而当岁月匆匆划过流年，才感觉到原来往事已沉淀成一杯佳酿。

人生最伟大的爱便是父母对我们的爱，他们的爱是无私的，而我们常常在享受着这种爱时，是那么的理所当然，然而，在自己为人父母的时候，才能真切体会到他们的爱是多么的不易。父母这种对子女一生的爱，不正像文题"妈妈为我缝制一生的美丽"一样吗？

（王秀芳）

 阅览室

人生快乐的问题

◇李 想

生之享受包括许多东西：我们自己的享受，家庭生活的享受，树、花、云、弯曲的河流、壮观的瀑布和大自然形形色色的享受，此外又有诗歌、艺术、沉思、友情、谈话、读书的享受，后面这些享受都是心灵交流的不同表现。有些享受是显而易见的，如食物的享受，欢乐的社交或家庭团聚，天气晴朗的春日游；有些享受是较不明显的，如诗歌、艺术和沉思的享受。我觉得不能够把这两类的享受分为物质的和精神的，一来因为我不相信这种区别，二来因为我要做这种分类时总是不知所从。当我看见一群男女老幼在举行一个欢乐的野宴时，我怎么说得出在他们的欢乐中哪一部分是物质的，哪一部分是精神的呢？我看见一个孩子在草地上跳跃着，另一个孩子用雏菊在编造一只小花环，他们的母亲手中拿着一块夹肉面包，叔父在咬一个多汁的红苹果，父亲仰卧在地上望着天上的浮云，祖父口中含着烟斗。也许有人在开留声机，远远传来音乐的声音和波涛的吼声。在这些欢乐之中，哪一种是物质的，哪一种是精神的呢？享受一块夹肉面包和享受周围的景色（后者就是我们所谓的诗歌），其差异是否可以很容易地分别出来呢？音乐的享受，我们称之为艺术，吸烟斗，我们称之为物质的享受，可是我们能够说前者是比后者更高尚的欢乐吗？所以，在我看来，这种物质上和精神上的欢乐的分别是混乱的，莫名其妙的，不真实的。我疑心这分类是根据一种错误的哲学理论，把灵和肉严加区别，同时对我们的真正的欢乐没有做过更深刻更直接的研究。

　　难道我的假定太过分了，拿人生的正当目的这个未决定的问题来做论据吗？我始终认为生活的目的就是生活的真享受。我用"目的"这个名词时有点犹豫。人生这种生活的真享受的目的，大抵不是一种有意的目的，而是一种对人生的自然态度。"目的"这个名词含着企图和努力的意义。人生于世，所碰到的问题不是他应该以什么做目的，应该怎样实现这个目的，而是要怎么利用此生，利用天赋给他的五六十年的光阴。他应该调整他的生活，使他能够在生活中获得最大的快乐，这种答案跟如何度周末的答案一样地实际，不像形而上学的问题，如人生在宇宙的计划中有什么神秘的目的之类，那么只可以作抽象而渺茫的答案。

如果我们必须有一个宇宙观的话，让我们忘掉自己，不要把我们的宇宙观限制于人类生活的范围之内。让我们把宇宙观扩大一些，把整个世界——石、树和动物——的目的都包括进去。宇宙间有一个计划——我的意思是说，宇宙间有一个模型；我们对于这整个宇宙，可以先有一种观念——虽然这个观念不是最后固定不移的观念——然后在这个宇宙里占据我们应该占的地位。这种关于大自然的观念，关于我们在大自然中的地位的观念，必须很自然，因为我们生时是大自然的重要部分，死后也是返回到大自然去的。天文学、地质学、生物学和历史学都给我们许多良好的材料，使我们可以造就一个相当良好的观念（如果我们不做草率的推断）。如果在宇宙的目的这个更广大的观念中，人类所占据的地位稍微减少其重要性，那也是不要紧的。他占据着一个地位，那已经够了，他只要和周遭自然的环境和谐相处，对于人生本身便能够造成一个实用而合理的观念。

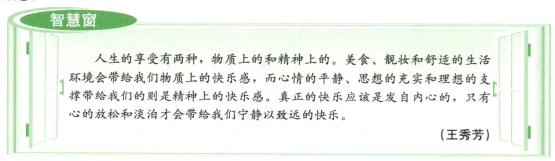

智慧窗

人生的享受有两种，物质上的和精神上的。美食、靓妆和舒适的生活环境会带给我们物质上的快乐感，而心情的平静、思想的充实和理想的支撑带给我们的则是精神上的快乐感。真正的快乐应该是发自内心的，只有心的放松和淡泊才会带给我们宁静以致远的快乐。

（王秀芳）

阅览室

快乐不需要理论

◇凤凰影

伟大的中国古典文化曾经那样辉煌地照耀过历史的天空。如今，在那些自作聪明、自以为是的现代人眼里，它似乎正在灰飞烟灭，似乎早已过时，根本不值得我们抱残守缺。即使是那些学者，对它也只有怀旧与考古的兴趣。很少有人注意到，它对于人类生活的重要性。

弗洛伊德说，快乐是一种虚构。马斯洛不同意弗洛伊德的看法，他认为所谓快乐就是有良好理由的痛苦，因为在战胜痛苦之后，就能够赢得苦尽甘来的快乐。但他又说，在经历了短暂的快乐之后，我们就必须准备好接受无法避免的失望。他认为，人类只能永无休止地寻求越来越多的快乐。

如果人类只能永无休止地寻求越来越多的快乐，那就说明人类没有办法让快乐长时间停留。与此相反，一旦你不去寻求快乐，那么你就只能让自己长时间地停留在痛苦中。痛苦是如此真实而深刻，快乐却是如此虚幻而浅薄，以至于寻欢作乐（马斯洛把它分类为低级的寻欢作乐和高级的寻欢作乐）成了人类欲罢不能的选择。更有甚者，犹如吸毒者对毒品的需求一样，人类的痛苦也在越来越多，以至于他们只能永无休止地需求着越来越多的快乐。马斯洛并没有推翻弗洛伊德的理论，恰恰相反，他证明了弗洛伊德的理论。所以，你在弗洛伊德那里找不到真正的快乐，在马斯洛那里也找不到真正的快乐。他们在试图用一种逻辑结构来理解快乐，他们希望通过一种推理来获得快乐，但他们失败了。唯一不同的是，弗洛伊德承认了自己的失败，马斯洛却在屡败屡战。

　　所谓"踏破铁鞋无觅处，得来全不费工夫"。快乐一直都在那里，一直都在给你暗示。只要你能够安静一会儿，就能够奇迹般地发现它。在中国，这种发现被称之为"悟"。这个"悟"字，左边一个竖心，右边一个吾。吾者，我也。它的意思是说，从心灵中才能发现你的真我。真我是你的宝藏，而你的快乐就在那里。

　　老子是一位"悟"者，他后来成了中国神仙文化中的太上老君。庄子也是一位"悟"者，他后来也成了中国神仙文化中的南华真人。在过去的五千年甚至更长时间的历史中，有许多有名和无名的中国人通过"悟"的方式理解了快乐，成了让人羡慕的神仙。所谓神仙，就是那些找到了真我的人。找到了真我，就意味着你从此可以爱我所爱，并因此而富于想象力和创造力。富于想象力的人生是童话的人生，富于创造力的人生是快乐的人生，只要你找到了真我，你就能像小树一样在快乐中成长，像小鱼一样在快乐中遨游。

　　生活中其实没有任何重要的事情值得我们关注，除了快乐。

智慧窗

　　事实上，快乐不需要理论，快乐只需要方向。如果你的方向错了，南辕北辙，给你再多的理论也无济于事。理论是狡猾的，它在试图用逻辑和推理来证明某种自作聪明的错觉。理论是狭隘的、封闭的，就像一条公路，你只能通过它到达一个既定的地点。如果那个地点不叫快乐，你就只能继续前行，直到公路的尽头。但是，如果你能够在路边休憩一会儿，看一看远处的山岚，闻一闻花儿的香味，你会忽然明白什么是快乐。

（王秀芳）